Carol Kuykendall

Gelassen loslassen!

Kinder brauchen Wurzeln –
Kinder brauchen Flügel

BRUNNEN

VERLAG GIESSEN · BASEL

Für alle, die vor der großen Aufgabe stehen,
zu lieben ... und loszulassen

Die Originalausgabe ist erschienen im Verlag
Zondervan Publishing House, Grand Rapids, Michigan
unter dem Titel „Loving and Letting Go",
(vormals: „Learning to Let Go")
© 1985, 2000 (rev. und erw. Fassung) Carol Kuykendall

Aus dem Amerikanischen von Gerlind Krause
Lektorat: Petra Lütjen

© der deutschsprachigen Ausgabe
2003 Brunnen Verlag Gießen
www.brunnen-verlag.de
Umschlagfoto: IFA Bilderteam, Frankfurt
Umschlaggestaltung: Ralf Simon
Satz: DTP Brunnen
Herstellung: St.-Johannis-Druckerei, Lahr
ISBN 3-7655-1272-9

Inhaltsverzeichnis

Vorwort

„Was ist der Unterschied zwischen einem Rottweiler und einer Mutter?"

„Ein Rottweiler lässt irgendwann los." (S. 134)

Mit Biss und Witz, immer leicht zu lesen – so schreibt Carol Kuykendall in ihrem Buch „Gelassen loslassen" über ihre Geschichte als Mutter. Und sie trifft damit Mütter und Väter ins Herz, weil Väter (und noch mehr Mütter) ihre Kinder so gerne beschützen, besitzen, kontrollieren wollen ... und weil all dies so leicht mit Liebe zu verwechseln ist.

„Die Liebe kommt von selbst – aber das Loslassen ist so schwer" – das ist die Botschaft dieses Buches.

Die Autorin weiß aber auch, wie's leichter wird.

Mit Humor und Einfühlungsvermögen lädt sie ein, sich diesen emotionalen Vorgang „Loslassen" an vielen Alltagsbeispielen bewusst zu machen und die eigenen Fallen und Hürden zu entdecken. Diese Entdeckungen werden Sie garantiert beim Lesen machen und dabei irgendwie das Gefühl nicht loswerden: „Ich glaub, die Autorin kennt mich!"

Dieses Buch hilft den Lesern, zu sich selbst, den persönlichen Prägungen und Lebensmustern Abstand zu nehmen und spricht dabei in verblüffender Weise Eltern von Kindern aller Lebensphasen an.

Denn die Aufgabe des Loslassens beginnt mit dem ersten Atemzug des Elternwerdens und hört nicht auf bei den Verlusterfahrungen der Mütter und Väter, die ihre herangewachsenen Kinder ziehen lassen und „mit einem leeren Nest" zurückbleiben und ihnen „von Erwachsenem zu Erwachsenem" neu begegnen.

Egal, ob Ihre Kinder ...
... entzückend anstrengende Kleinkinder,
... entspannte, quirlige Grundschüler,

... manchmal in die Verzweiflung treibenden Pubertierende
... motorisierte Heranwachsende oder
... „echte Erwachsene" sind

– die Autorin gibt praktische, lebensnahe Tipps und Hilfen für diesen emotional so schwierigen und doch so notwendigen Prozess des liebevollen Begleitens und Loslassens.

„Das Ziel der Liebe ist, dass unsere Kinder fähig sind, ohne uns zu sein." (S. 31) – Was für ein Elternprogramm!

Claudia Filker,
Theologin, Autorin und Mutter von sechs Kindern

Einführung

Bevor ich Mutter wurde, habe ich mir oft vorgestellt, wie es sein würde, Kinder zu haben.

Ganz sicher würden durch sie meine besten Seiten zum Vorschein kommen. Ich würde meine Zeit, meine Gefühle und meine Kinder voll im Griff haben. Ich würde die richtigen Entscheidungen treffen und sie ausführen. Ich würde meine Kinder sehr lieb haben – sie aber problemlos der Selbstständigkeit überlassen.

Natürlich, ich würde sie immer mehr loslassen. Würde den Verstand vor die Gefühle schalten. Die Situation mit klarem Kopf bewältigen. Das sollte man ja wohl von Eltern erwarten können.

Ja, so hatte ich mir das vorgestellt ...!

Von dem Augenblick an, in dem ich Mutter wurde, begann ein Verwandlungsprozess, der mein ganzes *Ich* bis heute nachhaltig verändert hat.

Von der Geburt jedes meiner drei Kinder an entstand in mir eine starke, wachsende Mutterliebe, die mein ganzes Denken und Handeln zu bestimmen begann. Sie erfüllt mich noch immer bis zum Bersten ... und raubt mir zeitweise die ganze Kraft. Manchmal verschlingt und verwirrt sie mich. Sie bringt die besten und die schlimmsten Seiten in mir zum Vorschein. Sie umgarnt mich und verhindert oft richtige Entscheidungen, selbst wenn mir klar ist, was richtig wäre. Die Mutterliebe hält mein Herz fest im Griff und macht mir das Loslassen schwer, diesen vielleicht schwierigsten Teil der Elternschaft.

Nun, je älter ich werde und je älter meine Kinder werden, desto mehr erkenne ich, wie Gott unsere Kinder auch gebraucht – so wie er alle Erfahrungen unseres Lebens gebrauchen kann –, um uns wirklich wichtige Lektionen zu lehren, besonders den Prozess zu lieben *und loszulassen* ... ein Prozess fürs ganze Leben, habe ich den Eindruck!

Als ich begann, dieses Buch zu schreiben, wurden unsere Kinder gerade eingeschult und begannen, bei Freunden zu übernachten – eine Zeit, in der mir der Konflikt zwischen Kopf und Herz zum ersten Mal richtig bewusst wurde. Ich lebte für sie und von ihnen: von den Bedürfnissen der Kinder, ihrer endlosen Fragerei und der Wärme ihrer Umarmungen. Was ich aus dieser Zeit über das Loslassen schreibe, ist die unmittelbare Erfahrung einer jungen Mutter.

Ich habe dieses Buch nun überarbeitet und erweitert um die Erfahrungen einer neuen Lebenssituation, der Situation „des leeren Nestes":

Nun leben mein Mann Lynn und ich wieder zu zweit, zusammen mit unseren beiden Hunden und der von meiner Tochter hinterlassenen Katze, die immer noch klagend nach ihr miaut. Die Kinder, von denen hier erzählt wird, sind erwachsen geworden. Derek ist achtundzwanzig und verheiratet. Lindsay, sechsundzwanzig, lebt und arbeitet in San Diego, und Kendall, dreiundzwanzig, ist verlobt.

Mit der Überarbeitung enthält nun jedes Kapitel auch die Perspektive des Rückblicks auf die Erziehung der früheren Jahre. Das durchgängige Thema dieses Buches ist:

Die Liebe kommt von selbst, aber Loslassen ist schwer.

Doch gerade das Loslassen ist der entscheidende Teil der Elternschaft, denn er erfüllt das wichtigste Bedürfnis des Kindes: in eine gesunde Unabhängigkeit hineinwachsen zu können. Und das muss unser Ziel als Mutter und als Vater sein.

Diese Aufgabe beginnt nicht erst mit der Pubertät, sondern ganz früh. Die frühkindlichen Muster unserer Erziehung bestimmen den Ton in der Familie: Wählen wir Abhängigkeit oder Unabhängigkeit? Neigen wir zum Überbehüten oder ermutigen wir die Kinder, eigene Wege zu gehen?

Soll ich zusehen, wie das Kleinkind hinfällt oder immer seine Hand halten, wenn es zu laufen beginnt?

Mit zunehmendem Alter der Kinder verändern sich die Fragen, aber sie haben denselben Ursprung. Ist er alt genug, um allein über die Straße zu gehen, kann er schon mit dem Fahrrad zum Freund fahren? Ist sie fähig, ihre Kleider allein zu kaufen, sich die richtigen Freunde auszusuchen? Wann kann ich – ganz im Vertrauen auf Gott – die „Kontrolle" aus der Hand geben?

Ursprünglich wollte ich zu diesem Thema eine wissenschaftliche Untersuchung machen, bis ich merkte, dass andere Eltern die gleichen Fragen hatten und sagten: „Ich habe viele Bücher über die richtige Eltern-Kind-Bindung gelesen", so eine Freundin, „aber keine einziges darüber, wie diese Bindung sich auf gesunde Weise wieder lockert, damit ich sie irgendwann weiter lieben aber ganz loslassen kann."

So fing ich an, Informationen von Müttern, Vätern, Pfarrern, Beratern, Kinderpsychologen, Lehrern und Autoren zu sammeln. Ich stellte ihnen Schlüsselfragen:

Was bedeutet Loslassen?
Warum ist es so schwer?
Warum ist es nötig?
Was sagt die Bibel dazu?
Wie sieht es praktisch aus?
Wann fangen wir damit an?

Ich fand, dass die brauchbarsten Antworten von Eltern wie wir selbst kamen, die erlebt hatten, dass Loslassen mehr ist als eine intellektuelle Entscheidung oder ein äußerlicher Akt. Ja, es ist ein komplizierter emotionaler Vorgang, der uns vielleicht das Herz zerreißt und das Fundament unserer Familie erschüttert.

Sie finden in diesem Buch viele selbst erprobte Tipps, praktische Anwendungshilfen, Literaturangaben und Zitate, die ich im Laufe der Zeit gesammelt habe. Am Ende jedes Kapitels findet sich ein Text zur Besinnung, der Sie noch einmal zum Kern des Kapitels führt.

Wann wir unsere Kinder festhalten oder loslassen sollen, ist uns oft nicht klar. Dieses Buch soll helfen, den Unterschied zu erkennen. Ich weiß nicht, ob die gesammelten Informationen das Loslassen leichter machen, aber ganz sicher können sie uns helfen, unsere

Verantwortung in der Liebe – und im Loslassen – besser wahrzunehmen.

„Kennen Sie das ...?"

Szenen aus dem Alltag einer Mutter, die das Loslassen noch übt

„Hör' mal, Kind, zieh' lieber diese Jacke an."
„Ich friere doch gar nicht!"
„Aber mir ist kalt ... da muss dir doch auch kalt sein!"

*

„Mein Schatz, wenn du dich nur ein bisschen mehr anstrengen würdest, könntest du Klassenbeste sein", sage ich zu meiner Tochter. „Da liegt mir nichts dran, Mama", antwortet sie mir im Ton völligen Desinteresses.

„Dir liegt nichts daran? Wieso liegt dir nichts dran?", frage ich ungläubig. Mir lag immer etwas an meinen Noten, und plötzlich möchte ich eine Vene in meinem Arm öffnen und an eine ihrer Venen anschließen, um etwas von meinem Ehrgeiz direkt in sie zu übertragen.

*

Meine Tochter kommt in Tränen aufgelöst vom Abschlussball nach Hause, weil sie herausgefunden hat, dass ihr Tanzpartner in Wirklichkeit eine andere wollte.

Während ich sie tröste, wird mein Herz ganz heiß vor Schmerz und Solidarität – die Ablehnung, die sie erfahren hat, lässt jede eigene Ablehnung in mir lebendig werden, die mir selbst in diesem Alter widerfahren war.

*

Ich betrachte das Abiturfoto meines Sohnes ... und sehe keinen acht-zehnjährigen Sohn. Ich sehe einen Dreijährigen. Unglaublich, aber wahr.

KAPITEL I

Unruhe im Nest

Jemand sagte mir, dass Kinder wie Vögel sind,
die wir loslassen müssen, wenn sie zu fliegen beginnen.
Das habe ich getan.
Aber ich verstreue immer ein bisschen Vogelfutter,
sodass sie regelmäßig zurückkommen.
Ich bin wirklich gesegnet.

Beverly Cook, „A Mothers Touch"

Der frühe Septembertag dämmerte herauf, kühl und klar. Ich saß mit der Kaffeetasse am Küchentisch und kreiste in Gedanken um die Bedeutung dieses denkwürdigen Tages. Denn heute begann die Vorschule, und Kendall, unsere Jüngste, hatte nun endlich das ersehnte Alter von fünf Jahren erreicht, das sie dazu berechtigte, ihren Rucksack mit all den neuen Schulsachen zu packen, zur Tür hinauszumarschieren, die Einfahrt hinunter und zum Schulbus hinein, um ein Leben voller neuer Abenteuer zu beginnen.

Plötzlich erschien sie in der Küchentür, fertig angezogen und bereit – eine volle Stunde zu früh.

„Ist es schon Zeit, Mama?", fragte sie, ließ ihren Rucksack fallen und setzte sich auf den Stuhl neben mir, wie eine über Nacht erwachsen gewordene Person. Sie war offensichtlich aufgeregt, während ich auf bittersüße Weise hin- und hergerissen war zwischen den Regungen von Freude und Bedauern.

Ich hatte mich, trotz gelegentlicher Versuchungen, das „Nur-Mutter-Sein" aufzugeben und wieder einen Vollzeit-Job anzunehmen, in den letzten elf Jahren entschieden, zu Hause zu bleiben, Teilzeit-Arbeit zu erledigen und ansonsten mein Leben um Erdnussbutter- und Marmeladebrote, Windelnwechseln und hektische Fahrten zur Schule herum zu arrangieren.

Eigentlich, ja eigentlich sollte dieser Tag ein Symbol der Freiheit sein, die ich mir seit Jahren herbeigewünscht hatte: der Freiheit, aufgeschobene Träume zu verwirklichen; der Freiheit, vernachlässigte Freundschaften zu pflegen; der Freiheit, die Möglichkeiten zu entdecken, die sich mir im nächsten Lebensabschnitt bieten würden. Statt der freudigen Erwartung fühlte ich aber vor allem Traurigkeit über all das, was mit diesem Moment endgültig zu Ende gehen würde. Ja, es wurde mir, als ich ihr die Getreideflocken in die Schüssel schüttete, sogar bewusst, dass dieser Tag auch das Ende in einer Phase meines Mutterseins markierte. In dem Augenblick, in dem Kendall den Bus bestieg, würde sie in eine neue, nur ihr gehörige Welt eintreten, während ich einen Schritt zurücktreten musste, um die ständig abnehmende Teilzeitstelle im Leben meiner Kinder einzunehmen.

Wie schnell das alles vorbeigeht ..., dachte ich, als ich mein kleines Mädchen betrachtete, das auf seinem Küchenstuhl thronte und mit den Speckfingerchen eines Vorschulkindes die Schätze seines Rucksacks vor sich ausbreitete. Ich griff die Kamera, die in der Ecke lag, und verewigte den Augenblick.

„Ach Kendall, ich möchte nicht, dass du groß wirst und zur Schule gehst. Kannst du nicht für immer hier bei mir zu Hause bleiben?"

Sie verdrehte die Augen: „Manno, Mama", sagte sie nur.

Eine knappe Stunde später versuchte ich, meine Nostalgie zu verscheuchen und mich mit Kendall zu freuen, während ich sie, wieder mit der Kamera bewaffnet, zum Schulbus brachte. Als der große, gelbe Bus vor unserem Haus zum Halten kam, umarmte ich sie, drückte sie fest an mich ... dann ließ ich sie gehen.

> Ich umarmte sie, drückte sie fest an mich ... und ließ sie dann gehen.

Die Tränen liefen mir übers Gesicht. Ich

machte gerade noch einen Schnappschuss von ihr, als sie ihm Bus verschwand. Er fuhr ab ... und markierte damit den Beginn einer Zeit, in der ihr Leben sich außerhalb meiner Sichtweite abspielen würde. Hinter der Fensterreihe voller lachender Gesichter konnte ich sie schon nicht mehr entdecken.

Ich drehte mich um und ging die lange Auffahrt zum Haus zurück.

Mit einer frischen Tasse Kaffee wanderte ich ziellos durch das seltsam stille und leere Haus. Warum machte mich dieses normale und längst erwartete Geschehen so traurig? Ich wollte doch diese Selbstständigkeit für mein Kind!

Ich ließ mich in einen Sessel am Fenster niedersinken und blies über die sich kräuselnde kochend heiße Oberfläche des Kaffees und nahm die Bibel von dem kleinen Tisch. Draußen erblickte ich einen wunderschönen großen Vogel, der elegant über das Feld hinschwebte, in flammenden Farben mit klaren weißen Flecken und weit gespannten kraftvollen Schwingen.

Vogelmütter

Vögelmütter machen es richtig, kam mir in den Sinn. Sie kümmern sich um ihre Babys, füttern und hegen sie, und wenn es dann eines Tages Zeit ist, machen sie das einzig Richtige: Sie drängen ihre Kleinen aus dem Nest, ganz ohne Skrupel. Sie machen sich nicht verrückt vor Sorgen über die große feindliche Welt der Raubtiere draußen. Sie kreisen nicht voller Wehmut einsam um das leere Nest. Die Babys werden hinausgeworfen, sie fliegen fort, die Mütter leben ihr eigenes Leben. Lebensabschnitt abgeschlossen. Aufgabe erfüllt.

Und hier saß ich, den Blick wie hypnotisiert auf mein Dasein im leeren Nest gerichtet, das mir so schrecklich öde erschien – und so inhaltslos. Erst vor ein paar Tagen hatte mich eine Freundin besucht, nachdem sie das letzte ihrer fünf Kinder aufs College verabschiedet hatte. „Es ist furchtbar", gestand sie mir mit dem Versuch zu lachen, obwohl ihre Stimme zitterte. „Nach sechsundzwanzig Jahren mit Kindern um einen herum ist das Haus jetzt viel zu groß und zu einsam. Ich weiß nicht, wo die Jahre geblieben sind."

Ich schaute dem großen Vogel am klarblauen Himmel nach. So gefangen war ich von seinem kreisenden Flug, dass ich den kleineren, identisch gezeichneten Vogel zunächst gar nicht bemerkte, der mit kurzen aufgeregten Flügelschlägen um ihn herumflatterte.

Ich merkte sehr schnell, dass hier eins der Jungen seine Flügel ausprobierte, während der große Vogel ihm kreisend folgte, unter das Kleine tauchte und wieder eigene Kreise zog. Nachfolgend, sich entfernend, zurückkommend, kreisend und wieder nachfolgend vollzog der größere Vogel unermüdlich und aufmerksam sein Flugmuster. Für die beiden Vögel war dieser Moment nur eine ganz normale Übungseinheit. Für mich offenbarte er die Prinzipien des Loslassens. Vögel drängen ihre Kleinen aus dem Nest, aber danach sind sie noch nicht mit ihnen fertig. Das war für mich wie eine Offenbarung und öffnete mir einen neuen Blick auf etwas, das ich über Adler und ihre Jungen gelesen hatte.

In der Bibel gibt es eine Stelle, die den Vorgang des Fliegenlernens beschreibt: „Er ging mit ihnen um wie ein Adler, der seine Jungen fliegen lehrt: Der wirft sie aus dem Nest, begleitet ihren Flug, und wenn sie fallen, ist er da, er breitet seine Schwingen unter ihnen aus und fängt sie auf" (5. Mose 32,11).

Für Adlermütter ist das Loslassen ein Prozess in zwei Stufen. Zuerst schaffen sie Unruhe im Nest, indem sie die weichen Lagen entfernen, bis die rauen oder stachligen Zweige freigelegt sind, was die Jungen dazu bringt, das Nest zu verlassen und ihre Flügel auszutesten. Diese Ungemütlichkeit im Nest ist ein Akt der Liebe, denn ein Adler muss fliegen lernen, fliegen können, sonst ist er verloren.

Danach starten die Adlereltern ein Training, bei dem sie während der Flugübungen ihren Jungen immer nahe sind, über ihnen flattern, die Flügel ausbreiten, um sie beim Fallen aufzufangen, sie geduldig unterrichten, korrigieren und immer wieder zum Weitermachen ermuntern. Wenn das Adlerjunge dann so weit ist, fliegt es fort, allein, stark und frei, zu allem bereit und durch das gute Training in der Lage, seine eigenen Lebensmöglichkeiten zu finden.

Die Vögel vor meinem Fenster zogen bald weitere Kreise und verschwanden aus meinem Gesichtsfeld. Gemeinsam. Da wusste ich, dass ihr Erscheinen am Himmel kein Zufall gewesen war. Es war Gottes liebevolle Erinnerung an mich, dass im menschlichen Lieben und Loslassen ein Sinn steckt, der sich auf seine ganze Schöpfung bezieht.

Es ist kein einmaliger Vorgang, sondern ein immer während er Prozess des Lernens und der Ermutigung. Und genau wie die Adlermutter sollte ich dazu beitragen, meine Kinder in diesem Prozess das werden zu lassen, was ihr Schöpfer sich als Bestimmung für sie gedacht hatte.

Während die Kinder bei uns im Nest sind, haben wir die Aufgabe, sie zu nähren und zu pflegen. Und obwohl wir in dieser Zeit so unendlich viel Freude, Liebe und Erfüllung erfahren, müssen wir im rechten Moment das Nest aufstören und sie dazu bringen, ihre Flügel zu benutzen, so wie am ersten Tag im Kindergarten oder am ersten Schultag.

Auch wenn das Aufstören des Nestes nicht so harmonisch und liebevoll aussieht wie das Hegen und Pflegen der Jungen, gehört es doch zum lebensnotwendigen Ablauf ihres und unseres Lebens. Wenn sie nicht fortgehen, können sie ihre Bestimmung nicht finden. Wenn wir sie nicht gehen lassen, gewinnen wir nicht den freien Blick auf die Möglichkeiten, die Gott im nächsten Lebensabschnitt für uns selbst bereithält.

Ich war Gott so dankbar, dass er mir diese Gedanken in dem Augenblick schenkte, wo ich sie am meisten brauchte. Aber es zeigte sich auch, dass ich in den kommenden Tagen, Wochen und Jahren noch immer mit vielen Fragen und Herausforderungen zu tun haben sollte.

Loslassen – lohnt sich das?

Als ich eines Tages mit einer frisch verheirateten Freundin auf einer Parkbank in der Nähe ihres Büros ein schnelles Mittagessen verzehrte, während meine beiden Kinder daneben auf der Schaukel saßen, sagte sie etwas, was mich sehr überraschte. Sie meinte, dass ihr Mann und sie wohl keine Kinder haben würden. „Du investierst dich emotional total, du machst dir Sorgen ohne Ende, fragst dich, ob du alles richtig machst und ob bei ihnen alles gut läuft – und in kürzester Zeit sind sie aus dem Haus! Das bringt doch nichts als Kopf- und Herzschmerzen", sagte sie. „Vielleicht leih' ich mir mal ein Kind von dir, wenn mir danach ist!"

Für den Augenblick war ich sprachlos. Erstens konnte ich mir ein Leben ohne meine zwei Kinder – drei und fünf – nicht vorstellen, zweitens war ich etwas abgelenkt, weil ich sie gerade beobachtete und um ihre Sicherheit fürchtete.

„Pass auf, Lindsay!", schrie ich, als sie von der schwingenden Schaukel herunterklettern wollte. Derek, ganz „älterer Bruder", kam ihr schnell zur Hilfe, indem er in einer plötzlichen Aufwallung brüderlicher Fürsorge die Schaukel stoppte und ihr die Hand beim Absteigen hielt. Wie konnte ich meiner Freundin je das Gefühl begreiflich machen, das mich beim Anblick dieser Szene zwischen meinen zwei Kindern überkam?

Wie erklärt man, dass ein Kind zu haben die Schmerzen bei der Geburt wert ist, die schlaflosen Nächte, die emotionalen Kosten von Liebe und Verlust – obwohl ich zu dieser Zeit erst wenig Verlust erfahren hatte? Dass sich all die Sorgen lohnen, die Fahrt zur Notaufnahme ins Krankenhaus, die Ängste um die Zukunft? Und das alles im Austausch gegen klebrige Küsse, an den Kühlschrank geheftete Malereien von eckigen Sonnen und welligen Regenbögen und der Erklärung, dass du „die beste Mama auf der ganzen Welt" bist.

Wie konnte ich ihr beibringen, dass sich die ganze Hingabe lohnt? Ihr, die sie doch ein kinderloses, romantisches, unkompliziertes Leben lebte (von ihrem Hund abgesehen) und darüber hinaus vielleicht sogar den berüchtigten Ann-Landers-Artikel gelesen hatte, nach dem einer Umfrage zufolge 70 Prozent aller Eltern angaben, sie würden ein zweites Mal keine Kinder mehr haben wollen?

Dann fiel mir unser Hund ein, den wir als frisch verheiratetes Paar hatten und der fast unser „erstes Kind" war. Ich erzählte ihr von Rhody, unserem Golden Retriever von Rhode Island, wo wir lebten, als Lynn bei der Army arbeitete. Ich zog sie als kleinen Welpen groß – mit Zeitungs- und Gehorsamstraining, Hundeschule und allem, was dazu gehörte. Sie war eine gute Hündin, hatte aber ihre Macken. Zum Beispiel liebte sie es, „Flucht" zu spielen, besonders, wenn ich zur Arbeit oder einer Verabredung das Haus verlassen wollte. Viele Jahre lang suchte ich immer wieder voller Sorge in der ganzen Nachbarschaft nach ihr.

Sie „kostete" uns eine ganze Menge, nicht nur Rechnungen vom Tierarzt und Hundehütten, sondern auch Mietkosten. Wir hätten gut in Appartements leben können, suchten ihretwegen aber immer ein kleines Haus oder Reihenhaus mit einem Hof, sodass Rhody Auslauf und Platz zum Spielen hatte. Nicht selten verzichteten wir auf spontane Ausflüge oder das gemeinsame Essen im Restaurant nach der Arbeit, weil wir nach Hause und den Hund raus- oder reinlassen mussten. Sie brauchte Auslauf und Training und ließ uns ihren nass gekauten Tennisball stundenlang vor die Füße plumpsen, um uns zum Spielen zu bewegen.

Aber ich entwickelte in den dreizehn Jahren eine tiefe Bindung an diesen Hund, und als wir sie irgendwann auf dem Feld hinter unserem Haus begraben mussten, weinte und trauerte ich lange. Sie hatte unser Leben bereichert, unsere Liebe vermehrt und uns viele wichtige Lebenserfahrungen verschafft. Ich vermisste sie, ich vermisste, wie sie im Haus umherstöberte, all ihre Laute und Bewegungen, aber ich bin ewig dankbar dafür, dass sie eine Zeit lang ein Teil unserer Familie war.

Ob meine Freundin verstand, was ich ihr sagen wollte? Das war mir damals nicht ganz klar, aber drei Jahre später war sie eine glückliche (und sehr müde) Mutter. Jawohl, lieben und loslassen ist, wie sie es vorausgeahnt hatte, nicht immer leicht. Es kann ungeheuer wehtun. Für die meisten Mütter gilt: Je tiefer die Hingabe an die Kinder, desto größer der Schmerz. Je mehr wir unser Leben um sie herumbauen, desto schwieriger ist das Abbrechen und In-eine-neue-Phase-Treten.

Das erscheint vielleicht ungerecht. Aber bei Gott zählen andere Dinge als nach den „üblichen" Maßstäben. Und in der Bibel ist zu lesen, dass die wichtigen und wertvollen Erfahrungen im Leben dort zu finden sind, wo wir sie vielleicht nicht vermuten würden. Und im Rückblick macht oft erst Sinn, was sich auf den ersten Blick womöglich paradox anhört und schmerzlich anfühlt: Dass wir empfangen, wenn wir geben, dass wir geben sollen, ohne Dank oder Lohn zu erwarten. Entsprechend kann uns auch die Liebe, die wir geben, viel kosten. Doch beim Muttersein geht es nicht zuerst um uns und unsere Lebenserfüllung, sondern vor allem um das, was für unsere Kinder das Beste ist.

Warum ist Loslassen so schwer?

Wir ziehen Kinder groß, um sie selbstständig zu machen. Wir wissen, dass das der richtige Weg ist. Warum nur fällt es uns dann zur gegebenen Zeit so schwer, sie freizugeben? Warum kleben wir am Vertrauten und halten fest, wenn wir loslassen sollten? Warum ist das so schwer?

Ich habe über Jahre mit diesen Fragen gekämpft und inzwischen einige Antworten darauf gefunden.

Erstens ist der Instinkt des Festhaltens ungeheuer stark entwickelt. Jede Mutter, die ihr Kind über neun Monate unter ihrem Herzen getragen hat, weiß, dass seine Tritte schmerzhaft waren, aber auch kostbar, weil sie ein Zeichen waren für das sich im eigenen Leib vollziehende Wunder.

Viele Frauen haben während der Geburt das starke Bedürfnis, das Kind zu sich zu holen und es endlich im Arm zu halten. Das Kind wird abgenabelt – und nun gibt es eine unsichtbare Nabelschnur durch die psychische Bindung. Mutterschaft bedeutet eine lebenslange Verbindung zwischen zwei eigenständigen Wesen.

Was bedeutet diese Verbindung für das Kind?

Zunächst begreift es sich als eine Erweiterung der Mutter, als Teil der Mutter. Die Mutter ist das Zentrum und der Sicherheitspunkt. Diese uneingeschränkte Abhängigkeit des kleinen Kindes von der Mutter – die saugenden Lippen, der Babygriff der Fingerchen, das erste Lächeln – bewirken einen schützenden Nestinstinkt, der in den frühen Tagen, Monaten und Jahren lebenswichtig ist. In diesem Lebensstadium ist Liebe fast identisch mit Beschützen, mit physischer Nähe und lückenloser Fürsorge.

Aber die Dinge ändern sich.

Die lebenserhaltenden Antriebe der ersten Zeit müssen sich mit dem Älterwerden des Kindes weiterentwickeln. Diese Veränderungen sind oft schmerzhaft, sogar wenn wir sie positiv sehen. Ich vergesse nie das bittersüße Gefühl beim Abstillen jedes der drei Kinder – es war jedes Mal ein Vorgeschmack auf all die kleinen und großen Trennungen, die uns noch bevorstanden. Ich denke an das erste Mal, an dem ich, die Mutter, bis dahin die Vertrauensperson Nummer Eins meiner Tochter, durch eine Freundin „abgelöst" wurde. Normale, gesunde, aber schmerzhafte Veränderungen.

Nicht die Intensität unserer Liebe ändert sich, wenn die Kinder älter werden, sondern die Art und Weise, wie wir diese Liebe ausdrücken, muss sich ändern, ebenso, wie sie sich bei den Kindern ändert. Während sie heranwachsen, müssen wir uns nach und nach von dem Drang nach Kontrolle und Behütenwollen verabschieden, damit sie lernen, sich selbst zu schützen und zu kontrollieren.

Loslassen ist auch deshalb schwierig, weil wir den Alltag und die Wirklichkeit mit den Kindern oft genug zwiespältig erleben. Obwohl wir unsere Kinder lieben, ärgern wir uns auch über sie, und in unseren schwächsten Augenblicken, wenn der Lärmpegel im Haus hoch genug und unser Zufriedenheitspegel niedrig genug ist, sehnen wir uns schon einmal nach einem friedlichen Leben ohne Kinder. Doch noch am selben Abend, wenn sie wie duftende kleine Engel in ihren Betten liegen, können wir uns ein Leben ohne sie nicht vorstellen; alles ist gut, so wie es ist und war, ja, wir möchten die Zeit am liebsten anhalten. Diese Ambivalenz gehört wohl zu jeder engen Familienbindung, aber sie verwirrt uns. Die Verwirrung lässt uns zweifeln, ob wir vielleicht gar nichts richtig machen.

Ob es Adlermütter da nicht leichter haben?!

Für mich, die ich vom Typ her eine „Nestbauerin und Beschützerin" bin, ist das Loslassen eine ständige Herausforderung. Ich liebe jedes meiner drei Kinder so, dass ich fast alles für sie tun würde – mit der Folge, dass ich manchmal die Perspektive verliere und zu viel tue, sie aus falsch verstandener Liebe verwöhne, anstatt sie zu zwingen, wie die kleinen Adler die eigenen Flügel zu benutzen und sich „hinauszuwagen".

Ja, es ist schon vorgekommen, dass ich aus aufrichtigen Motiven heraus alles falsch gemacht haben. Und warum? Weil ich sie liebe.

Und dann kam er, der Tag, an dem ich zum ersten Mal vor dem „Bitte-nicht-stören"-Schild an der Tür zum Zimmer meines Kindes stand, zu dem ich bisher immer selbstverständlich Zutritt hatte, das erste Mal, an dem ich meinem Kind keinen Abschiedskuss geben durfte, weil ein Freund dabeistand, der Tag, an dem ich hören musste: „Bitte zieh *das* nicht zum Schulfest an, Mama" oder: „Bleib einfach im Auto sitzen, bis ich rauskomme". Dabei gab es einmal eine Zeit, da konnte ich nichts falsch machen. Ich durfte den Toast anbrennen lassen, ihre Kleider aussuchen, ja sogar dem Friseur sagen, wie die Haare geschnitten werden sollten, ohne ein einziges Mal kritisiert zu werden, bis es irgendwann so weit kam, dass ich nicht einmal mehr meine eigene Kleidung tragen konnte, ohne ständig Kommentare zu ernten.

Mit der Teenagerzeit und danach kommen unweigerlich die nächsten Zeichen der Ablösung: Die ersten Ferien ohne das Kind, das lieber zu Hause bleiben will; das erste Weihnachtsfest mit einem leeren Platz am Tisch; das Verschwinden mehr oder weniger lieb gewordener Türdekorationen samt der bekannten „Bitte-nicht stören"-Schilder ... weil die Bewohner ausgezogen sind. Alles vollkommen voraussehbare, ja wünschenswerte Schritte in die

Unabhängigkeit, die aber wehtun, weil jeder Einzelne die weiche Nestschicht abbaut und ein weiteres Stück der rauen Unterlage freilegt.

Unsere Herausforderung als Eltern besteht darin, diese Schritte in die Unabhängigkeit nicht vor allem mit Trauer, sondern mit Freude über die Entwicklung der Kinder zu betrachten – denn diese Schritte zeigen uns, dass wir gute Eltern sind. Jeder Meilenstein auf dem Weg in die Selbstständigkeit beweist uns, dass wir dem Ziel unserer Elternschaft näher kommen: Kinder zu erziehen, die in der Welt auch ohne uns zurechtkommen können, Kinder, die sich nicht auf uns, sondern auf sich selbst und auf Gott verlassen.

Natürlich ist das nicht immer leicht. Und Gott hat uns nicht versprochen, dass gute Ziele leicht zu erreichen sind. Nichts Großes im Leben kann wohl ohne ein gewisses Maß an Opfer erreicht werden. Doch Gott hat uns seine Nähe versprochen; er lässt uns erfahren, dass diese Veränderungen die nötige Reife für uns und unsere Kinder bewirken.

Wenn ich heute auf Kendalls ersten Tag in der Vorschule zurückdenke, sehe ich, wie schnell ich mich doch anpassen konnte und auch einen neuen Energieschub spürte, lang ersehnte Projekte zu verwirklichen.

Leitlinien zum Leben und Loslassen

Bevor wir weiter in das Thema Lieben und Loslassen einsteigen, finden Sie hier auf einen Blick die Grundgedanken, die Sie in den Schilderungen und Überlegungen des Buches immer wieder entdecken werden.

Beim Lesen späterer Kapitel oder beim späteren Nachschlagen können sie Ihnen helfen, den Überblick zu behalten sowie ihre eigene Geschichte im Spiegel des allgemeinen Prozesses von Lieben und Loslassen zu sehen.

1. **Loslassen gehört zu den wichtigsten Aufgaben aller Mütter und Väter,** damit das Kind eine gesunde Selbstständigkeit und Eigenverantwortung entwickeln kann – eine wichtige, wenn nicht *die* wichtigste Grundlage für sein ganzes Leben.

2. **Loslassen ist ein lebenslanger Prozess.**
Er beginnt, wenn die Nabelschnur durchtrennt wird, und geschieht Tag für Tag, Schritt für Schritt, bis das Kind erwachsen ist und darüber hinaus.

3. **Mit dem Loslassen verändert sich die Art und Weise zu lieben und „das Beste" für das Kind zu tun,** von der absoluten Aufsicht und Kontrolle in der Kleinkindzeit bis zum völligen Verzicht auf jede Art von Kontrolle, wenn das Kind erwachsen geworden ist. Ziel ist es, den Sohn oder die Tochter zu begleiten und nur so lange für das Kind zu sorgen, bis es selbst für sich sorgen kann.

4. **Zum Loslassen gehört ein wachsendes Maß an Freiheit und Verantwortung für das Kind,** angepasst an das jeweilige Alter und an den aktuellen Entwicklungsstand.

5. **Loslassen heißt, die Schritte des Kindes in die Freiheit als Erfolg anzuerkennen.**
Dazu muss seine Selbstständigkeit gestärkt, gefördert und nicht (weder bewusst noch unbewusst) behindert werden. Der „Erfolg" des Kindes ist unser Erfolg!

6. **Loslassen heißt, das eigene Kind zum Weggehen zu erziehen.**
In diesem Erziehungsprozess bereiten wir
a. *das Kind* auf ein Leben außerhalb unserer vier Wände und
b. *uns selbst* auf ein Leben ohne das Kind vor.
Ziel ist es, aus der elterlichen Verantwortung mehr und mehr herauszuwachsen und eine partnerschaftliche Beziehung zum Kind aufzubauen.

Es heißt, dass Kinder Wurzeln und Flügel brauchen – und wir Eltern sind dazu da, ihnen beides entwickeln zu helfen.

Oder um es im Bild der kleinen Adler zu sagen: Kinder brauchen Nester und Flügel.

Ein warmes, behagliches Nest vermittelt dem Nachwuchs Ruhe und Sicherheit. Hier ist er willkommen, wird gehegt, gepflegt und gegen gefährliche Angreifer geschützt. Ein solches Nest aus Banden der Liebe ist der Ort, wo man Nähe empfangen und geben lernt, wo Erinnerungen geschaffen und Traditionen weitergegeben werden – ein wärmender, nährender Ort.

Die wachsenden Flügel – sie weiten den Horizont und schaffen einen Blick für die eigenen Gaben, mögliche Aufgaben, Perspektiven und Hoffnung. Diese Flügel entwickeln sich besser, wenn die Behaglichkeit im Nest auch schon einmal aufgestört wird. Die Flügel gewinnen an Kraft und Sicherheit durch Testflüge, bei denen wir als Begleiter ermutigen und noch (noch!) in der Nähe bleiben. Und kräftig gewordene Flügel sind es letztendlich, die es den Kindern erlauben, irgendwann selbstständig frei und nah bei Gott zu schweben.

Kinder brauchen beides – ein Nest und Flügel.

Sie haben es sicher schon bemerkt: Das mit dem „warmen Nest" liegt mir und fällt mir leicht. Mein Problem ist das mit den Flügeln.

GEBET FÜR UNSERE KINDER

Ich bete ...

... *dass sie Jesus kennen lernen.*
... *dass sie andere lieben können, voller Zärtlichkeit und Hingabe.*
... *dass sie den Unterschied zwischen falsch und richtig erkennen und das Richtige zu leben und zu tun suchen.*
... *dass sie Selbstkontrolle und Selbstdisziplin entwickeln.*
... *dass sie echte Autoritäten anerkennen können.*
... *dass sie nach den richtigen Freunden Ausschau halten.*
... *dass sie Versuchungen widerstehen und die Wahrheit verteidigen können.*
... *dass sie Freundschaften und Beziehungen pflegen, aber auch Grenzen ziehen lernen.*
... *dass sie den richtigen Partner finden und im Bereich der Sexualität auf ihn warten können, um sich ihm ganz verschenken zu können.*
... *dass Gott sie mit seiner Hoffnung erfüllt.*

Carol Kuykendall

KAPITEL 2

Kopfwissen und Herzflimmern

Viele Elternbücher vermitteln den Eindruck,
dass man nur die richtige Formel anwenden muss,
um immer Erfolg zu haben.

Elizabeth Cody Newenhyse,
„Sometimes I Feel Like Running Away From Home"

Während meiner ersten Zeit als Mutter wurde ich zur regelrechten Expertin für Elternbücher. Ich las Bücher und hörte Kassetten. Mein Mann und ich besuchten jeden Elternkurs und Themenabend in der Kirche oder anderswo im Umkreis von achtzig Kilometern. Ich sah mir Talkshows an, hörte Radiosendungen und saugte jede Information von denjenigen Eltern auf, die ich bewunderte.

Mein Kopf war eine Sammelstelle von angeeignetem Wissen, und ich nahm an, dies sei die Garantie dafür, eine gute Mutter zu sein und gute Entscheidungen treffen zu können. Und dann kam die Überraschung: Manchmal war all dieses Kopfwissen wie weggefegt, weil etwas viel Stärkeres alles in mir in Beschlag genommen hatte: Mein Herz. Meine innersten Gefühle.

Ein typisches Beispiel dafür:

Eines späten Nachmittags, während ich mit einem Kleinkind und einem Vorschulkind im Wagen meinen Einkauf im Supermarkt absolvierte (mit den gleichen Kindern, die mich schon den ganzen Tag lang an meine Grenzen gebracht hatten), verlor ich vollständig die Kontrolle über mein rationales Denken. Sie quengelten, weil sie

Hunger hatten. Ich selbst war auch hungrig. Wir waren alle müde. Sie wollten Kekse. Ich auch, ehrlich gesagt. Und noch mehr als Kekse wollte ich Ruhe. Kein Gequengel.

„Bitte Mami, bitte Mami. Mami! Kekse! Wir wollen Kekse!"

Etwas in meinem Kopf sagte mir, *du gibst Kindern keine Kekse, nur weil sie danach quengeln. Du gibst Kindern keine Kekse eine Stunde vor dem Abendessen. Wenn du jetzt sagst, es gibt keine Kekse, stärkst du ihren Charakter und trainierst das Aufschieben von Kurzzeitwünschen, außerdem verstärkst du ihr Bewusstsein dafür, dass du – ihre Mutter – hier die Zügel in der Hand hast.*

„Bitte Mami, ich will einen Keks! Kekse!", nölten sie im Chor und zeigten auf die Packungen im Regal.

Etwas in mir schnappte zu. Ich weiß nicht genau, was. Aber ich erinnere mich, wie ich mit einem Griff die Packung aus dem Regal zog, sie aufriss und den Kindern die Kekse gab. Ich meine mich sogar zu entsinnen, dass ich auch welche aß.

Es war unlogisch, es war inkonsequent, aber es verschaffte mir Ruhe, und das wollte ich in diesem Moment mehr als Logik, auch wenn meine Entscheidung jeder pädagogischen Regel widersprach.

Als die Kassiererin die halb leere Kekspackung vom Band zog, schämte ich mich sichtlich.

„Schon in Ordnung", sagte die Frau und grinste, „ich hab' auch Kinder."

Einen Moment lang waren wir vereint in dem gemeinsamen Erfahrung, dass Gefühle manchmal stärker sind als der Kopf.

Wir wissen als Eltern viel über Lieben und Loslassen. Aber aus irgendwelchen Gründen – Leidenschaft, Müdigkeit, Ungeduld, Unsicherheit oder dem schlichten Verlangen heraus, den Kindern eine Freude zu machen – beachten wir manchmal unser Kopfwissen nicht und handeln aus dem Gefühl heraus.

Bevor wir uns diese Gefühle näher ansehen, wollen wir das Kopfwissen klar beschreiben, das die Basis ist für den Prozess, das Loslassen zu lernen und zu leben.

Was genau ist Lieben und Loslassen? Warum ist es so wichtig?

Loslassen ist ...

Loslassen ist ein Konzept. Darin steckt der Schlüssel zur Bewältigung der Alltagsprobleme. Ganz allgemein bedeutet es, etwas aus der Hand geben zu können – einen geliebten Schatz, eine quälende Erinnerung, einen Groll, den Stolz, einen unerfüllten Traum –, um etwas Besseres und Wichtigeres zu empfangen. Flapsig gesagt: ein Kurzzeit-Verlust gegen einen Langzeit-Gewinn.

Dazu muss man oft den Kopf vor die Gefühle schalten, dazu den Verstand vor die Sache stellen und den Glauben höher als die Angst. Wenn wir etwas loslassen wollen, ist es gut, sich die widersprüchlichen Gefühle bewusst zu machen, sie aber dann beiseite zu schieben oder uns über sie hinwegzusetzen beziehungsweise das Richtige trotzdem zu tun.

Loslassen bedeutet, etwas aus der Hand zu geben, um etwas Besseres und Wichtigeres zu empfangen. Ein Kurzzeit-Verlust gegen einen Langzeit-Gewinn.

Loslassen ist ein gutes Konzept für alle Lebensbereiche, nicht nur für die Eltern-Kind-Beziehung. Dazu ein Beispiel.

Als unsere Kinder noch klein waren, lebten wir viele Jahre Tür an Tür mit meiner Mutter, die ein Lungenemphysem hatte. Mein Vater war schon gestorben, und sie lebte allein. Wir bauten unser Haus auf dem Nachbargrundstück, damit ich in erreichbarer Nähe war und die Kinder direkt zu ihr laufen konnten, um sie zu besuchen. Das war die Freude ihres Lebens – und die der Kinder.

Im letzten Stadium ihrer Krankheit lebte auch eine Frau namens Dessie im Erdgeschoss ihres Hauses, die ihr notfalls nachts helfen konnte. Dessie rief mich früh an einem Morgen im August an. „Ihre Mutter denkt, dass sie einen Herzinfarkt hat", sagte sie, „sie braucht Sie."

Ich raste los nach nebenan, ins Haus und an ihr Bett.

„Schon gut, Mutter", sagte ich, indem ich ihre Hand ergriff und die aufsteigende Panik in mir zu bekämpfen suchte. „Entspann' dich und atme regelmäßig, so wie ich", bat ich sie. Ich legte meinen Kopf zu ihr aufs Kissen und versuchte, ihr das Sterben auszureden.

Sie schüttelte ganz leicht den Kopf. „So wollte ich es gern haben", flüsterte sie und bezog sich dabei auf ihren Wunsch, schnell sterben zu können, wenn es so weit war. Sie hatte jahrelang gelitten und fürchtete ein qualvolles Sterben durch Ersticken bei dieser unbarmherzigen Krankheit.

Sie hielt meine Hand und entspannte sich, und einen Augenblick später war alles vorbei. Meine siebenundsechzigjährige Mutter war tot.

Noch Wochen später konnte ich die intensive Erinnerung an meine Hilflosigkeit angesichts ihres Sterbens nicht abschütteln. Um mit dem Tod meiner Mutter fertig zu werden, um sie und die Sterbeszene loslassen zu können, musste ich ganz bewusst und unter Gebet die mich ständig verfolgenden Bilder loslassen und sie durch positive aus gesünderen Zeiten ersetzen lassen und ihren persönlichen Sieg im Sterben größer werden lassen als alles andere.

Der Entschluss zum Loslassen kann ein freieres, zufriedeneres inneres Leben für uns bedeuten. Eine Frau lässt ihre unrealistischen Träume über die Ehe los und entschließt sich, den Mann zu lieben und zu akzeptieren, mit dem sie schon zehn Jahre verheiratet ist.

Eine Mutter lässt ihren fanatischen Wunsch nach einem blank geputzten Haus los und erlaubt ihren Kindern, Plätzchen zu backen, Freunde einzuladen und für den naturwissenschaftlichen Wettbewerb zu experimentieren.

Ein Vater, Trainer des Fußballclubs im Viertel, verzichtet auf seinen Ehrgeiz, das wichtige Spiel zu gewinnen (was ihm gelingen würde, wenn er nur die Star-Spieler einsetzen würde) und entschließt sich, turnusgemäß alle Spieler aufs Feld zu schicken.

Ein Mensch muss vielleicht seine Wut und Abneigung loslassen, um Raum für Vergebung zu schaffen, ein anderer seine Zukunftsängste abgeben, um die Freude des jetzigen Tages zu spüren.

Loslassen ist der Schlüssel, um unseren Glauben und unser Leben ausleben zu können. Loslassen ist auch der Schlüssel für die Ziele, die wir als Eltern erreichen wollen. Ich möchte einige Gründe nennen, die uns deutlich machen, wie wichtig es ist, unsere Kinder loszulassen.

Wir lassen sie los, weil ...

Wir lassen sie los, weil wir sie lieben

Der erste überzeugende Grund loszulassen ist der, dass wir unsere Kinder lieben und das Beste für sie wollen. Lassen Sie uns einen Moment lang an die Hoffnungen denken, die wir für sie haben. Was soll das Leben ihnen bringen? Welche Eigenschaften wünschen wir uns für sie, wenn sie das Haus verlassen?

Als man diese Fragen in einer Runde von Eltern stellte, die Christen waren, kam es spontan zu folgenden Antworten, die ich hier ohne besondere Reihenfolge nenne:

- Eine persönliche Beziehung zu Christus
- Wunsch nach geistlichem Wachstum
- Einen guten Charakter
- Gut entwickelte Selbstachtung und Fähigkeit zu vertrauen
- Die Fähigkeit, Gruppendruck standzuhalten
- Ein Bewusstsein der eigenen Gaben und Stärken
- Ein gutes Familienbewusstsein
- Verantwortungsbewusstsein
- Die Fähigkeit, gute Entscheidungen zu treffen

Wenn wir uns diese Ziele betrachten, wird uns klar, dass der Weg zu ihrer Verwirklichung nur über die allmähliche Ablösung der Kinder von den Eltern hin zu einem selbst verantworteten Leben führt.

Wir wünschen uns eine persönliche Beziehung zu Christus für sie, aber die können wir nicht weitervererben. Die erwachsen werdenden Kinder müssen – auch – diese Wahl selbstständig treffen.

Wir hoffen, dass sie generell gute Entscheidungen fürs Leben treffen, ihre Stärken erkennen und Verantwortungsbewusstsein entwickeln, aber diese Qualitäten erreicht man nur, wenn man lernt, nach einem Fehler weiterzumachen, ohne dass jemand anderes Hilfestellung leistet.

Kinder können ihr Selbstvertrauen nur aufbauen, wenn wir

ihnen die Freiheit geben, Vertrauen in sich selbst zu setzen und nicht allein in uns. Wir müssen loslassen. Denn sie müssen fähig werden, ohne uns zu sein. Sie sollen lernen, sich auf sich selbst und genauso auf ihren himmlischen Vater zu verlassen, der immer bei ihnen ist. Wir sind es nicht.

Wir lassen sie los, weil Liebe auch erdrücken kann

Weil wir unsere Kinder lieben, stehen wir in der Gefahr, ihre Entwicklung zur Selbstständigkeit durch Überbehütung zu verhindern, auch wenn das nicht unsere Absicht ist. Das geschieht ganz leicht, denn man beschützt, was man liebt.

Als ich vor Jahren meinen vierundsiebzigjährigen Schwiegervater nach einer kleineren Operation im Krankenhaus besuchte, war er innerlich sehr aufgewühlt. Er sprach mit mir über seine Angst, seine Frau nicht genügend auf ein Leben ohne ihn vorbereitet zu haben.

„Ich habe ihr immer zu viel abgenommen", sagte er in einem Ton der Reue, „habe sie überall hingefahren, alle Rechnungen bezahlt, alles repariert. Jetzt mache ich mir Sorgen, dass sie nicht allein zurechtkommt."

Wenn wir jemanden lieben, macht es uns Freude, etwas für ihn zu tun, aber wir haben trotzdem die Verantwortung, die Eigenständigkeit des anderen nicht zu behindern – besonders nicht die eines Kindes. Zu viel Fürsorge kann ihm schaden.

Wir tragen die Verantwortung, dass unsere liebevolle Fürsorge das Wachstum unserer Kinder nicht behindert.

Obwohl wir bei Kindern vieles, was ihnen schaden könnte, unter Kontrolle haben, lernen wir schnell, dass diese Kontrolle nie total ist, besonders nicht bei älteren Kindern. Ein Vater berichtete mir, wie er das Loslassen in Situationen gelernt hatte, die er nicht mehr kontrollieren konnte. „Wir haben mit unseren vier Kindern viele Probleme in der Oberstufe und während der Ausbildung gehabt. Drogen,

Schulversagen, Essstörungen und totaler Antriebsmangel", erzählte er. „Der entscheidende Punkt in jeder Krise war das Loslassen. Wir sagten ihnen, dass wir ihr Verhalten nicht immer kontrollieren könnten, sodass die Verantwortung und damit die Konsequenzen ihres Verhaltens bei ihnen lägen. Wir boten ihnen weiterhin Unterstützung und Beratung an, aber wir traten ganz bewusst in den Hintergrund. Das erforderte manchmal eine unglaublich harte Liebe. Aber in jedem einzelnen Fall erreichten wir dadurch eine dramatische Veränderung. Die Kinder mussten die Kontrolle und die Verantwortung allein übernehmen und lernen, ihre Probleme selbst zu lösen."

Wir lassen sie los, weil wir Gott gehorchen

Loslassen hat auch zu tun mit Gottes Konzept für Familien, das in der biblischen Anweisung für die Ehe steckt: „Darum verlässt ein Mann seine Eltern und verbindet sich so eng mit seiner Frau, dass die beiden eins sind mit Leib und Seele" (1. Mose 2,24). Indem wir sie loslassen, bereiten wir unsere Kinder auf ein Leben als Erwachsene vor, in dem sie – unabhängig von uns – Ehefrauen und Ehemänner und Eltern einer eigenen Familie werden können.

Der Apostel Paulus benutzt ein alltägliches Bild, um geistliches Wachstum zu beschreiben: „Darum habe ich euch nur Milch und keine feste Nahrung gegeben, denn die hättet ihr gar nicht vertragen" (1. Kor. 3,2). Damit meint er, dass ein reifer Mensch feste Nahrung braucht, nicht Babynahrung. Er sieht das Reifen eines Menschen so: „Als Kind redete, dachte und urteilte ich wie ein Kind. Jetzt bin ich ein Mann und habe das kindliche Wesen abgelegt" (1. Kor. 13,11).

Solange unsere Kinder von uns abhängig sind, werden sie ihr kindisches Verhalten nicht ablegen, egal wie alt sie inzwischen geworden sind. Sie können nicht zur Reife heranwachsen, wenn wir nicht die Kontrolle über ihr Leben abgeben und ihnen eine altersgerechte Selbstständigkeit zugestehen und einräumen. Wir müssen ihnen die

Freiheit geben, sich zu entwickeln; nur so können auch Gottes Ziele mit ihnen erreicht werden.

Aber sagt nicht Jesus, dass wir wie die Kinder werden müssen, um in Gottes Reich zu kommen (Markus 10,15)? Widerspricht das nicht der Aufforderung des Paulus, das kindische Wesen abzulegen? Zwischen einem kindischen Verhalten und Kindlichkeit (spontanes Vertrauen, das noch staunen kann) liegen Welten. Jesus selbst ist das beste Beispiel eines Kindes, das seine Eltern verließ, um den Willen seines himmlischen Vaters zu erfüllen.

Wir wissen, dass Gott etwas vorhat mit unseren Kindern, so wie er auch mit unserem Leben etwas vorhat: Er will sie ganz zu sich ziehen. Ihnen Hoffnung und Zukunft geben. Das gute Werk zu Ende führen, das er in ihnen begonnen hat. Unsere Kinder gehören in erster Linie ihm. Nicht uns. Wir müssen sie loslassen, um Gott Gelegenheit zu geben, sie seinen Plan für sie entdecken zu lassen.

Wir lassen sie auch zu unsrem eigenen Besten los

Die zunehmende Unabhängigkeit unserer Kinder kommt nicht nur ihnen, sondern auch uns zugute. Wir haben von der Kinderphase gewisse Vorstellungen: Während der Baby- und Kleinkindzeit richten wir uns auf eine hohe Beanspruchung unserer Zeit und Energien ein, für die Schulzeit erwarten wir schon eine gewisse Erleichterung, weil die Kinder nicht mehr den ganzen Tag zu Hause sind, mehr allein unternehmen und eine Reihe eigener Entscheidungen treffen können. Wenn wir diese Veränderungen nicht auf natürlichem Weg zulassen, wird uns das Leben bald sehr ermüden, ja es kann zu dem berüchtigten Burn-out kommen, der nicht nur Manager, sondern auch Eltern befallen kann. Joseph Procaccini, eine Autorität auf dem Gebiet der familiären Beziehungen und Autor eines Sachbuchs zum Thema, beschreibt den Burn-out als körperliche, seelische und manchmal auch geistige Erschöpfungsreaktion auf den Stress der Kindererziehung. Er schätzt, dass etwa die Hälfte aller Eltern in den USA Burn-out-Symptome zeigen,

Mütter wie Väter. Nach Procaccini sind besonders diejenigen Eltern anfällig für den Burn-out, die ihre Kinder auch im Erwachsenenalter noch unter Kontrolle halten wollen. Solche Eltern halten das Drehbuch in der Hand, nach dem sich alles richtet, sie sind der Regisseur, und die Kinder haben entsprechend zu agieren.

Solche Eltern stehen in krassem Gegensatz zu Eltern, die „Entwickler" sind – Menschen, die die Grundlagen zum Wachsen und Gedeihen ihrer Kinder legen, sich aber mit ihnen ständig den Veränderungen stellen.

Wir lassen sie los zum Besten der Kinder

Bei genauerem Nachdenken wird deutlich, wie erschreckend es sich auswirkt, wenn Eltern nicht loslassen: Kinder, die nie in der Kleinkind-Gruppe der Gemeinde oder mit dem Babysitter zu Hause eine Trennung von den Eltern erleben, Kinder, die nicht lernen dürfen, allein über die Straße zu gehen, nie einkaufen geschickt werden und aufs Wechselgeld achten müssen, nie selbst eine eigene gute Auswahl treffen dürfen ...

In späteren Kapiteln wird von der angemessenen Erziehung von Kindern in den verschiedenen Altersphasen noch die Rede sein. Im Augenblick sollen nur einige Symptome dieser lähmenden Überbehütung angesprochen werden, zu der ich auch die unangemessene Kontrolle der Umgebung des Kindes rechne.

Die Vorschul-Lehrerin unserer Kinder nannte sie „Puppenmütter", die Mütter, die sich länger als nötig in den Räumen des Kindergartens herumdrückten, die Jacke ihres Kindes aufhängten, ihm die Malschürze festbanden, ihm halfen, die Erdnussbutter auf dem Brot zu verteilen – alles Dinge, die ein Kind in diesem Alter schon sehr gut allein tun kann.

„Nicht nur, dass es ungesund für die Mütter ist", sagte die Lehrerin, „es raubt dem Kind auch das für dieses Alter so wichtige Selbstvertrauen, das sich in dieser Phase entwickelt."

„Helicopter-Mütter", das ist eine weitere Bezeichnung für Mütter, die ständig über ihr Kind wachen, wie mit ausgebreiteten Armen über ihrem Kind schweben, allzeit bereit, es aus jedweder unangenehmen Situation herauszuholen. Auch das ist eine Form der Überbehütung.

Meine Tochter hatte eine Freundin, deren Mutter immer eine Entschuldigung parat hatte, warum das Mädchen nicht mit uns zum Schwimmen durfte, nicht bei uns übernachten oder mit ins Kino konnte. Das Kind ging fast nirgendwohin ohne seine Eltern. Diese Mutter konnte nicht begreifen, warum ihr Kind nach der vierten Klasse eine solche Angst vor der weiterführenden Schule hatte.

Die Folgen der Überbehütung

Als Mutter weiß ich vom Kopf her genau, dass Überbehüten gewisse Folgen hat. Überbehütung kann sehr leicht unsere eigentlichen Erziehungsziele durchkreuzen. Wir gehen das Risiko ein, seelisch behinderte Kinder zu erziehen, die zur Abhängigkeit von den Eltern verdammt sind. Ihnen mangelt es an Vertrauen, neue eigene Erfahrungen zu machen, eigene Entscheidungen zu treffen oder das Leben allein bewältigen zu können. Sie sind zweiundzwanzig oder dreiundzwanzig und leben bei Papa und Mama zu Hause, immer noch auf der Suche nach sich selbst, während die Eltern die Rechnungen bezahlen, das Essen kochen und die Wäsche erledigen.

Aber nicht jedes Kind toleriert die Überbehütung. Es kann zur Rebellion kommen, in der das Kind die Eltern bekämpft und sich den Weg aus der erdrückenden elterlichen Kontrolle freikämpft. Auch Magersucht, Bulimie und andere Essstörungen sind manchmal das Ergebnis von Überbehütung.

Von zu Hause weglaufen ist eine weitere Erscheinung bei überbehüteten Kindern. Eines Tages verschwand eine Sechzehnjährige, einzige Tochter von überbesorgten Eltern, die darauf bestanden, sie täglich zur Schule und zurückzufahren, spurlos. Sie, bisher immer lieb und angepasst, flüchtete ohne Geld und ohne Freunde auf die Straßen von New York, um der unerträglichen Fürsorge der Eltern zu entkommen. Als sie schließlich doch zurückkam, begriffen die Eltern, dass sie ihr größere Unabhängigkeit und das Recht auf eigenes Denken zugestehen mussten.

Eine Studie über Ausreißer und ihre Eltern zeigt drei Fehlformen auf, in denen Eltern bewusst oder unbewusst die Ablösung ihrer Kinder verzögern oder verhindern und dabei oft genug genau das Gegenteil erreichen, indem sie es zur Rebellion treiben und verlieren.

Affektive Bindungen werden durch Eltern geschaffen, die das Kind mit Belohnungen überschwemmen. Geschenke dieser Art haben weniger mit den wirklichen Bedürfnissen des Kindes zu tun als mit dem elterlichen Drang, eine starke dirigierende Kontrolle über das Kind zu bewahren.

Kognitive Bindungen entstehen, wenn Eltern einem Kind ihre Weltanschauungen und Wertvorstellungen so einimpfen, dass sie dessen eigene Wahrnehmungen oder jedes eigene Denken unterdrücken. Das Ergebnis sind eine geringe Selbstachtung und die Anfälligkeit, auf alle Stimmen von außen zu hören, die eigene innere Stimme aber nicht zu kennen. Auf diese Weise werden sie anfällig für Gruppendruck und Massenmeinungen und werden immer von anderen bestimmt, die stärker als sie selbst sind, denn sie sind ja gewöhnt, das zu tun, was man ihnen sagt.

Super-Ego-Bindungen sind das Ausnutzen der kindlichen Treue zu den Eltern. Kinder werden dazu gebracht, sich bei dem geringsten Gedanken, der die Solidarität mit den Eltern beeinträchtigt, schuldig zu fühlen.

Alle drei Fehlformen elterlichen Verhaltens bewirken das: Sie binden die Kinder unnatürlich eng an die Eltern.

Viele Eltern glauben, dass ihre Fürsorge dem Kind Liebe und wichtige Werte vermittelt. Sie glauben, das Kind erhalte die Botschaft: „Du bedeutest mir so viel, dass ich mich ganz besonders um dich kümmere."

Aber genau das Gegenteil ist der Fall.

Das Kind erhält eine ganz andere Botschaft: „Du bist nicht fähig, dich um dich selbst zu kümmern". So wie ein Kind seiner Mutter sagte: „Jedes Mal, wenn du mir auf diese Weise hilfst, machst du mich hilflos."

Solche überzogenen Versuche von Eltern, ihren Kindern „totale Fürsorge" zu geben, münden in mangelndes kindliches Selbstvertrauen und schwaches Selbstbewusstsein.

Überbehütung versetzt Eltern in die ewige Elternrolle und weist dem Kind die ewige Kind-Rolle zu. Wenn sie erkannt wird, muss an die Stelle der Überbehütung ganz klar und in wachsendem Maß für das Kind die Freiheit der eigenen Entscheidung treten – ebenso wie die Freiheit, versagen und Fehler machen zu dürfen.

Loslassen – als Fundament der Freiheit

Wir wollen drei Prinzipien des Loslassens und der allmählichen, altersgerechten Erweiterung der Freiheit betrachten.

Die Freiheit, Entscheidungen zu treffen und die Konsequenzen zu tragen

Immer wieder im Leben sind Entscheidungen gefragt: Was anziehen, welche Fächer wählen, welche Aufgabe zuerst machen, welchen Beruf ergreifen?

Weil wir ihr Vertrauen in die eigene Entscheidungsfähigkeit stärken wollen, erlauben wir unseren Kindern bestimmte Freiheiten, und zwar solche mit nicht ganz so weit reichenden Konsequenzen, wenn sie noch relativ klein sind. Wenn sie größer werden, geben wir ihnen immer mehr Freiheit und beschränken uns selbst nach und nach auf die Rolle des Ratgebers. Wir geben weniger Befehle und mehr Informationen. Wir helfen ihnen, ihre Möglichkeiten zu sehen und jeweils das Pro und Kontra zu benennen.

Nicht *was* sie denken, machen wir zu unserem Ziel, sondern *wie* sie denken und entscheiden lernen. Und – so habe ich es erlebt – je mehr wir ihnen das eigene Denken zugestehen, desto mehr interessieren sie sich für unser Denken. Sie merken, dass wir sie nicht dazu zwingen, so zu denken wie wir. Wir hören ihnen zu, wenn sie eigene Meinungen und Vorstellungen entwickeln, und lassen sie zur gegebenen Zeit ihre eigene Entscheidung treffen.

Wenn sie älter werden, müssen wir verstehen, dass sogar manchmal unser gut gemeinter Rat ihnen die Entscheidung nicht leichter, sondern schwerer machen kann. „Bitte sag' mir deine Meinung nicht dazu, Mama", bat mich der vierzehnjährige Derek einmal, „es fällt mir zu schwer, sie von meiner eigenen zu trennen."

Ein paar Jahre später, als Derek gerade mit dem College begonnen hatte und schon sicherer in eigenen Entscheidungen war, führte er oft lange Ferngespräche, um unseren Rat einzuholen. „Ich wüsste gern, was ihr denkt, ob ich im Basketball-Team weiter spielen soll oder nicht", sagte er. „Aber ihr wisst ja, dass ich am Ende meine eigene Entscheidung treffe, und nicht unbedingt eurer Meinung folge." Weil diese Entscheidung uns finanziell nicht betraf, war es ihm völlig überlassen, diese Entscheidung allein zu treffen.

Wenn die Kinder das Haus verlassen haben, besteht unsere Rolle im Zuhören und Beraten, wenn das gewünscht wird. Die letzte Entscheidung aber liegt bei unserem Kind oder besser gesagt: bei unserem Sohn oder unserer Tochter, der/die ja nun kein kleines Kind mehr ist.

Die Freiheit, Fehler zu machen

Auch wenn es uns schwer fällt, sollten wir unsere Kinder nicht davor bewahren, Fehler zu machen. Denn wie bei uns bestimmt der Umgang mit den Fehlern und Misserfolgen ihr Leben mindestens so sehr wie der Umgang mit den Erfolgen ... und ist entsprechend wichtig zu lernen.

„Ihr braucht nicht verzweifeln, wenn euer Glaube immer wieder hart auf die Probe gestellt wird. Im Gegenteil: Freut euch darüber! Denn durch solche Bewährungsproben wird euer Glaube fest und unerschütterlich", so steht es im Jakobusbrief (Kapitel 1, Verse 2-3).

Schwierigkeiten und Leid können die Seele stark machen. Wenn wir unseren Kindern liebevoll und unterstützend beistehen, lernen sie auch aus ihren Fehlern, so wie der verlorene Sohn. Der Junge verlangte sein Erbe und verließ das Haus. Sein Vater wusste, dass er mit so viel Geld und so viel Freiheit nicht fertig werden würde. Unweigerlich verschleuderte er das Erbe in einem lockeren Lebenswandel und war bald darauf ohne einen Cent in der Tasche und in großer Not. Wie sehr muss dieser Vater den Wunsch gehabt haben, seinem Sohn zu helfen. Ihn zu bewahren. Aber er tat es nicht. Dadurch konnte der Sohn aus eigener Erfahrung lernen und aus eigenem Entschluss zurück nach Hause kommen, um Vergebung zu erhalten.

„Gib mir bitte die Freiheit, eigene Entscheidungen zu treffen. Erlaube mir, Fehler zu machen, damit ich aus ihnen lernen kann. Dann werde ich eines Tages die Entscheidungen treffen können, die das Leben von mir fordert", heißt es in so genannten „Zehn Geboten von Kindern für Eltern", von denen ich einmal hörte.

Die Freiheit, selbst Verantwortung zu übernehmen

Weil wir unsere Kinder lieben, übernehmen wir zu oft die Verantwortung, wenn wir sie ihnen eigentlich lassen sollten. Hier ein typisches Beispiel aus der Grundschulzeit unserer Kinder, frühmorgens vor der Schule:

Die Digitaluhr am Herd blinkte und zeigte die Minuten bis zur endgültigen „Zündung", die genau um 8.06 Uhr erfolgte, wenn nämlich der Schulbus am Ende der Straße auftauchte. Die Kinder verschlangen ihr Frühstück, der Hund bellte hungrig, es setzte die letzte hektische Suche nach Büchern, Heften, dem Springseil und dem blank polierten Erzählstein ein. Dann war es so weit, ein Endspurt zur Tür, endlich Ruhe! Minuten später entdeckte ich, während ich die Krümel unterm Küchentisch wegfegte, dass Kendall die Hausaufgaben liegen gelassen hatte, die sie am Abend zuvor mit so viel Sorgfalt angefertigt hatte.

Dieses Heft auf der Küchentheke löste einen größeren Konflikt zwischen Kopf und Herz in mir aus. Sofort war da der Impuls loszulaufen. Und gleichzeitig die Herausforderung loszulassen. – Was sollte ich tun? Ihr die Aufgaben in die Schule bringen ... oder nicht?

Mein Kopf sagte mir, ich solle die Hausaufgaben genau da liegen lassen, wo sie waren. Richtige Antwort. Doch ich bekenne wieder einmal: Manchmal übernimmt bei mir etwas Stärkeres das Kommando.

Und das war wieder einmal mein Herz.

Ich rannte – wie manches Mal – zum Auto, überholte den Bus und wartete mit den Hausaufgaben am Schultor auf sie. Und ihr Gesicht, erleichtert und dankbar, ließ mein Herz singen. Ich gebe ja zu, dass es mir Spaß machte, die „Große Mutter" zu spielen und sie aus der Not zu retten. Aber noch mehr hoffte ich, sie würde in dieser Geste eine Spur von Gottes Freundlichkeit und Güte erkennen und sie veranlassen, auch anderen mit der gleichen Freundlichkeit zu begegnen. Nicht, weil wir Menschen diese Freundlichkeit *verdienen,* sondern einfach deswegen, weil wir geliebte Kinder sind.

Aber, keine Frage: Wir müssen unseren Kindern Verantwortung übertragen – und sie dann auch konsequent bei ihnen lassen –, weil Kinder ohne Verantwortung verantwortungslose Erwachsene werden.

In einer gesunden Familienstruktur erwarten die Mitglieder voneinander, dass jeder die volle Verantwortung für seine Handlungen übernimmt. Das bedeutet auch, dass jeder, auch die Kinder, mit den Folgen unverantwortlichen Handelns leben muss. Und *unsere* allererste elterliche Verantwortung besteht darin, Kinder in Verantwortung hineinwachsen zu lassen und nicht, sie ihnen abzunehmen, „weil sie doch unsere Kinder sind".

Man könnte dies einen Balanceakt zwischen Gnade und Wahrheit nennen, der für die Entwicklung eines Kindes unbedingt wichtig ist. Ein Mensch braucht Gnade (unverdiente Freundlichkeit) und Wahrheit (klare Strukturen). Das über längere Zeit zuverlässig zu erleben, ist für ein Kind die beste Voraussetzung, einen guten, ausgeglichenen Charakter zu entwickeln.

Gnade bedeutet Unterstützung, Hilfe, Liebe, Hingabe, Vergebung und all diese Eigenschaften Gottes in seiner Beziehung zu uns.

Wahrheit ist die klare Struktur des Lebens; sie zeigt uns die Regeln, nach denen wir leben sollen und nach denen das Leben gelingt.

Konflikte zwischen Kopf und Herz

Nicht immer ist die Balance zwischen Wahrheit und Gnade oder Kopf und Herz so leicht zu finden, wie es in vielen Erziehungsbüchern klingt. Einige Autoren scheinen davon auszugehen, dass die kindliche Welt rational und geordnet abläuft, sodass man nur die richtige Formel anwenden muss, um Erfolg zu haben.

In unserem ganz normalen Alltag aber stehen wir vor der Herausforderung, immer wieder die Balance zu finden – die Balance zwischen unserem Kopfwissen und den Gefühlen unseres Herzens –, und dann vor der Herausforderung, Entscheidungen zu treffen, die mit der Zeit die Kinder positiv prägen. Dazu ist es gut, uns mitten in der inneren Auseinandersetzung des Alltags immer wieder auf das zu besinnen, was wir ihnen grundsätzlich vermitteln wollen – und es neu ins Visier zu nehmen.

Diese Lektion habe ich vor Jahren beim Tennisspielen gelernt.

Ich begann Tennis zu spielen, als unsere Kinder noch klein waren. Ich mochte die Übungsstunden, denn sie stillten meine Sehnsucht nach einem unmittelbaren Erfolg all meiner Anstrengungen. Ich trainierte den Aufschlag gleich mit einem ganzen Korb von Bällen. Zu Beginn der Stunde waren vielleicht fünf von zehn Aufschlägen gut, nach einer Stunde waren es schon acht von zehn. In dieser Lebensphase gab mir der messbare Erfolg, den ich sonst beim Windelnwechseln, Putzen und Wäschesortieren so gar nicht spürte, einen großen Auftrieb.

So spielte ich Tennis, wann immer es ging, und nahm Unterricht bei einer strengen Trainerin, die meine Schwächen in der Sekunde wahrnahm, in der ich nachlässig oder müde reagierte.

„Carol!", schrie sie dann über den Tennisplatz. „Bleib' konzentriert! Besinn' dich ...!"

Ich wusste immer, was sie meinte. Müdigkeit – dieses schreckliche Gefühl, an die eigenen Grenzen gekommen zu sein – brachte mich dazu, die wichtigsten Dinge zu vergessen: Auge am Ball, Körper in Position, den Ball in der Mitte des Schlägers treffen, mit dem Körper nachfolgen. Gute Tennisspieler vergessen diese Grundpositionen nie, unabhängig von ihrer jeweiligen Verfassung. Das bringt ihnen den Erfolg ein.

In der Erziehung gelten die gleichen Regeln.

Wir wissen fast alles über die Grundlagen. Wir haben die wichtigsten Punkte begriffen ... wenn es um die Kinder anderer Eltern geht. Bei der Erziehung der eigenen hindern uns manchmal unsere Gefühle an der richtigen Entscheidung. Da gerät das „Herz" oft dem Kopf in die Quere.

Wir wissen, dass wir Kinder zu einer guten Entscheidungsfähigkeit erziehen wollen, durch richtiges Loslassen ihre gesunde Selbstständigkeit fördern, ihr Verantwortungsbewusstsein stärken und sie die Konsequenzen ihres Tuns tragen lassen sollen. Aber unsere Müdigkeit oder der Beschützerinstinkt oder die Sehnsucht nach momentaner Harmonie sind manchmal stärker als die Kraft, „gerade jetzt" auch noch das Langzeitziel zu verfolgen.

Wir halten es oft nicht so leicht aus, zuzusehen, wie sie mit dieser Aufgabe kämpfen. Wir können es nicht abwarten, bis sich das neun Monate alte Baby in den Schlaf geweint hat, bis das Kindergartenkind sich selbst verteidigt, wenn ein anderes ihm das Spielzeug wegnimmt, bis der Sechsklässler selbst den Entschluss fasst, die Lehrerin um Hilfe zu bitten. Wir reißen lieber die Kekspackung aus dem Regal ... und entschärfen den Konflikt.

Ich erinnere mich an ein Interview, das ich mit einer Psychologin und anerkannten Erziehungsexpertin führte, die selbst Kinder hatte. Sie kannte alle Antworten, wusste alles darüber, wie man Kindern Verantwortung überträgt, vom Tellerspülen bis zum Mülleimer-Ausleeren, und es klang völlig unkompliziert.

Zum Schluss, als ich mich schon wie der letzte Versager fühlte, ließ ich meinen Stift sinken und fragte: „Und klappt das wirklich bei Ihnen zu Hause genauso, wie Sie mir gesagt haben?"

„Natürlich nicht", sagte sie lächelnd, „bei den eigenen Kindern siegt oft genug das Mutterherz über alles Wissen im Kopf. Aber man merkt es ja gewöhnlich, und dann kann man sich auf das besinnen, was man ja ‚eigentlich' weiß."

Zurück zu den Grundsätzen.

Unabhängigkeitstag

Es war mein erster Schultag. Ich geriet in Panik, fing an zu weinen und rannte zum Auto meiner Mutter zurück, ich raste auf sie zu: „Mama! Nimm mich wieder mit nach Hause!"

Ich dachte, dass sie ganz glücklich sein würde, weil ich sie brauchte, ihre Liebe, ihre Gegenwart, ihren Schutz. Ich saß innerlich schon lächelnd auf dem Vordersitz und hörte, wie das Auto ansprang, noch bevor sie den Zündschlüssel drehte. Aber sie drehte den Zündschlüssel nicht.

Heute erst verstehe ich die Tränen in ihren Augen, als sie meine Hand nahm und mich in die Klasse zurückbrachte.

„Mama, hasst du mich denn?"

„Überhaupt nicht, ich hab' dich sehr lieb."

Was sie eigentlich sagte, war: Geh jetzt weg von mir – damit du leben kannst.

Und hier stehe ich, die erste Klasse lange hinter mir, ein Bücher schreibender Erwachsener, und ich lebe. Meine Mutter trauerte bei allen Trennungen, aber wunderbarerweise bin ich heute ihre Freude und ein lebendiger Beweis für ihre liebevolle Konsequenz. Ja, beides. Beides, liebevoll und konsequent sein, beides ist ein unglaublicher Akt der Liebe.

Walter Wangarin, „Measuring the Days"

KAPITEL 3

Kontrolle, Loslassen und Gott (an-)vertrauen

Halte alles locker in der Hand,
damit es nicht wehtut,
wenn Gott dir die Finger davon löst.

Corrie ten Boom

Loslassen aus Hilflosigkeit. Sonntagmorgen, der 22. März 1981. Dieser Tag wird für immer in mein Gedächtnis eingegraben sein. Wir dachten, dass unser neunjähriger Derek in der Nacht zuvor die Darmgrippe bekommen hätte, weil er sich pausenlos übergab. Er hatte die unruhige Nacht auf einer dicken Federdecke neben unserem Bett zugebracht, der besondere Platz für kranke Kinder in der Familie. Kaum aus dem Bad heraus, musste er schon wieder aufstehen, die ganze Nacht, und am Morgen sah er bleich und ausgetrocknet aus. Ständig hatte er Durst, aber brach sogar den Eiswürfel wieder heraus, an dem er gelutscht hatte.

Ich belästigte den Arzt höchst ungern am Sonntagmorgen, aber dieses Kind brauchte ganz offensichtlich etwas, das das Erbrechen stoppte. Unser Kinderarzt stellte zunächst einige Routinefragen, als ich ihn anrief, und bat mich dann, in einer halben Stunde in seine Praxis zu kommen. „Und bringen Sie bitte eine Urinprobe mit." Kein Problem. Derek war ja ständig auf der Toilette.

Mein Mann Lynn fuhr mit den beiden Mädchen zum Gottesdienst. Ich sagte ihnen, dass ich vor ihnen wieder zu Hause sein würde.

Beim Arzt angekommen, half ich Derek aus dem Auto. Er sah plötzlich so schwach und viel dünner aus. Der Arzt begrüßte uns im Flur, setzte uns ins Untersuchungszimmer und brachte die Urinprobe ins Labor am Ende des Ganges. Ich hörte das Klappern der Instrumente und dann seine sich nähernden Fußtritte, die in der leeren Praxis ungewöhnlich widerhallten. Er kam herein und sah auf Derek, der wie ein Häufchen Elend auf dem Untersuchungstisch zusammengesunken war.

„Wir haben es mit Diabetes zu tun", verkündete er mit ruhiger Stimme. „Sie müssen sofort mit ihm ins Krankenhaus. Ich rufe schon mal an, damit sie alles für eine IV-Stabilisierung bereit machen können." Der Rest seiner Worte ging in der ersten betäubenden Schockwelle unter, die über mir zusammenschlug und mich momentan vor dem Schmerz bewahrte, die volle Wahrheit zu begreifen.

Diabetes. Während mir das Wort im Kopf herumtobte, zuckten mir die Bilder von schwachen, kränklichen Opfern durchs Gehirn. Lynns Cousin, in den Zwanzigern, war kürzlich an dieser Krankheit gestorben. Das Wort, das alles hatte doch nichts mit Derek zu tun, einem normalen sportlichen gesunden Kind.

Innerhalb von Minuten waren wir auf dem Weg zum Krankenhaus. Ich war mit dem Gedanken an eine Darmgrippe zum Arzt gekommen und hatte erwartet, ein Rezept und ein paar gute Ratschläge zu bekommen. Stattdessen saß ich hier mit Derek und der furchtbaren Bedrohung einer unheilbaren Krankheit im Auto. Es war das erste Mal, dass ich für ein Kind kein Rezept bekam, kein Heilmittel.

Schließlich erreichte ich Lynn telefonisch. Er kam ins Krankenhaus. Die nächsten Stunden verbrachte ich wie in Trance, aber ganz langsam, während die Ärzte und Schwestern auf unsere Fragen antworteten und uns erklärten, was die Krankheit für Dereks Leben bedeutete, sank die Schwere der Diagnose in mich hinein.

Aus irgendeinem Grund produzierte Dereks Bauchspeicheldrüse nicht mehr genügend Insulin. Er würde von jetzt an täglich seine Spritzen haben müssen, um zu überleben. Außerdem musste er einer strengen Diät folgen und jede Mahlzeit durch regelmäßige Kontrollen austarieren. Wir mussten seine Kontrollen durch tägliche Bluttests überwachen und lernen, die unausweichlichen und beängstigenden Insulinreaktionen zu erkennen und zu behandeln. Trotz dieser Vorsorgemaßnahmen drohten Derek womöglich noch alle typischen Komplikationen wie Blindheit, Nierenversagen oder Herzprobleme, wenn nicht bald, dann vielleicht in einigen Jahren. Die Informationen waren erdrückend und beängstigend.

Während der Arzt sprach, lag unser kleiner Junge still auf dem Bett. Zwar begann die IV-Stabilisierung schon zu wirken und schenkte ihm langsam seine Kraft zurück, aber er verstand die Bedeutung von allem noch nicht. Vielleicht war es möglich, ihn wenigstens für den Anfang vor der schmerzhaften Erkenntnis zu bewahren, dass der Diabetes ihm seine unbeschwerte Kindheit rauben und seine Zukunft gefährden konnte.

Später am Abend saßen Lynn und ich Hand in Hand neben Dereks Krankenhausbett. Der Tag war seelisch ungeheuer aufreibend gewesen, und das Herz tat uns weh, als wir auf unser schlafendes Kind blickten, dessen Körper mit vielen Schläuchen ans Bett gefesselt war. Er sah so klein und so hilflos aus.

Auch wir waren hilflos. Zum ersten Mal wurde uns klar, dass wir Dereks Zukunft nicht mehr in der Hand hatten. Wenn das überhaupt jemals der Fall war.

„Lass uns beten", sagte Lynn, und so knieten wir neben dem Krankenhausbett nieder und beteten still, während wir unser Kind dem Herrn anbefahlen. Soweit ich mich erinnern kann, beteten wir so: Herr, es fiel uns immer schwer zu glauben, dass du unsere Kinder mehr liebst, als wir sie lieben, und dass du dich noch mehr als wir um sie kümmerst. Wir wissen, dass wir immer mehr oder weniger die Kontrolle über ihr Leben hatten. Aber nun, Herr, stehen wir zum ersten Mal vor einem Problem, das wir als Menschen nicht mehr lösen können. Wir können diese Krankheit nicht behandeln und nicht heilen. Herr, wir kommen heute Abend voller Demut zu dir und legen dieses Kind ganz in deine Hände. Du hast etwas vor mit seinem Leben. Bitte sorge für Derek und hilf uns, seinen Weg voller Vertrauen und in liebevoller Fürsorge für ihn zu akzeptieren und mitzugehen. Amen.

In dieser Nacht kapitulierten wir aus Hilflosigkeit heraus, aber in den darauf folgenden Tagen, Monaten und Jahren haben wir erfahren, wie Gott als Folge dieses „Wir vertrauen ihn und uns dir an"-Gebetes so für uns sorgte, wie wir es brauchten. Er gab uns den inneren Frieden und die Kraft, immer wieder neu loszulassen, denn wir hatten uns geschworen, dass Derek trotz seiner Krankheit ein normales Leben führen sollte – ein paar Wochen später schon mit seinem Springseil-Team zu einer Vorführung in einen anderen Bundesstaat fliegen, zwei Monate später einen 10-Kilometerlauf mitmachen und schließlich Leistungssport in der Oberstufe und der Besuch eines College in einem anderen Bundesstaat.

Gott kann nur ganz im Leben eines Kindes wirken, wenn wir unser Kind loslassen und es Gott anvertrauen.

Bewusste Übergabe

Diese Nacht im Krankenhaus war ein Wendepunkt in Dereks Leben – und im Leben seiner Mutter, die gern immer die Kontrolle behält. Von jetzt an hatte ich die Wahl, dieses Kind zu seinem Schutz ganz eng und fest an mich zu binden oder im Glauben an Gottes Fürsorge an der langen Leine zu lassen. Der eine Weg würde seine Entwicklung behindern und ihn in lähmende Abhängigkeit versetzen, der andere würde ihm Wachstum und Unabhängigkeit bringen. Die richtige Entscheidung erforderte es jeden Tag neu, Derek loszulassen und Gott anzuvertrauen. Ich lernte, dass das für alles im Leben galt, was mir wertvoll war.

Je wertvoller etwas für uns ist, desto mehr beschäftigen wir uns damit und desto mehr fürchten wir für den Verlust. Unsere Kinder sind das Höchste für uns. Wir lieben sie mit einer Liebe, für die wir keine Worte haben. Darum haben wir die Ängste um sie, die wir haben, deshalb wollen wir sie fest in der Hand halten, wollen sie nicht verlieren, wollen sie vor Leid bewahren.

Lynn und ich hatten uns entschlossen, – im Bild gesprochen – die Finger um Derek zu lösen und ihn ganz Gott anzuvertrauen, aber die Verwirklichung im Alltag erforderte immer wieder neu Glauben, immer wieder neu tiefes Vertrauen in Gott. Ein Kind loszulassen und Gott anzuvertrauen ist eine Herzenseinstellung, bevor es im Alltag Wirklichkeit wird.

Loslassen ist eine Herzenseinstellung, bevor es im Alltag Wirklichkeit wird.

Im Kopf wissen wir um diese Wahrheit, aber vom Moment der Geburt an entwickeln wir einen unterschwelligen Besitzanspruch. Wir machen uns Gedanken um den Namen des Kindes, lesen all die kleinen Büchlein mit den Bedeutungen der Namen und suchen den aus, der unserem Traum von diesem Kind entspricht. Das Kind erhält unseren Nachnamen, der ihn zum Mitglied der Familie macht. Wir freuen uns an Bemerkungen wie „Er hat deine Augen" oder „Sie hat dein Lächeln".

Außerdem sind wir vollkommen verantwortlich für unser Neugeborenes, und es ist vollkommen abhängig von uns. Wir kleiden es nach unserem Geschmack. Wir ernähren es nach unseren Prinzipien. Wir berichten, *„mein* Kind macht dieses", *„mein* Kind hat jenes". Wenn der Kinderchor singt, deuten wir mit dem Finger stolz auf das dritte von links in der zweiten Reihe von oben. „Das ist *mein* Kind", erklären wir der Person neben uns. Kein Wunder, dass das Wort *mein* eine tiefere Bedeutung in uns gewinnt.

Und dennoch müssen wir uns als Eltern, die Christen sind, immer und immer wieder – täglich, manchmal stündlich – in Erinnerung rufen, dass unsere Kinder Gott und nicht uns gehören. Als Mutter wie auch in allen anderen Bereichen des Lebens sind wir Verwalter von Gottes Gaben.

Das bedeutet:

- Alles, was wir haben, ist uns von Gott nur anvertraut.
- Gott gibt uns das Recht und die Verantwortung, für alles zu sorgen, was uns anvertraut ist, für unsere Begabungen, unsere Zeit, unser Geld, unser Zuhause und … genauso unsere Kinder.

- Gott fordert uns dazu auf, alles, was uns anvertraut ist, „locker in der Hand zu halten" und andererseits unsere Kinder loszulassen, dankbar und im Vertrauen auf Gottes guten Absichten mit ihnen. All das beginnt zunächst in unserem Herzen.

Übergabe/Übergeben, Loslassen, Gott anvertrauen – klingt in diesen Worten nicht ein negativer Beigeschmack mit, etwas Zwingendes, etwas wie Aufgeben oder Kapitulieren? – Ja, das Ganze ist eine absolut notwendige, eine gute, aber manchmal auch schmerzhafte Angelegenheit, und wir sollten uns klar machen, dass wir uns dabei tatsächlich in die Hände einer Macht begeben, die größer ist als wir.

Aus Dankbarkeit losgelassen – die Geschichte einer Übergabe

In den ersten beiden Kapiteln des Buches Samuel lebt eine Mutter namens Hannah in einer Haltung von Loslassen und Verzicht von dem Augenblick an, in dem das Kind empfangen wird. Hannah war kinderlos, ein schrecklicher Makel für eine hebräische Frau. In ihrer Verzweiflung und in großer Furcht bat sie Gott um einen Sohn. Ihr Gebet enthielt ein Versprechen: Wenn Gott sie mit einem Sohn segnete, würde sie ihn ihm für den lebenslangen Dienst weihen. Als Gott ihr antwortete und ihr einen Sohn schenkte, nannte sie ihn Samuel, das bedeutet „von Gott erhört", denn Gott hatte ihr Gebet erhört.

Für einige wenige Jahre widmete sich Hannah liebevoll dem körperlichen Wohl ihres kostbaren kleinen Kindes, stillte es und entwöhnte es dann. Schon das ist vielsagend: Wir können ein Kind nur entwöhnen, wenn wir es zuvor gestillt, das heißt, genährt haben, und wir können es nur loslassen, wenn wir es lieben.

Diese Fürsorge Hannahs hat Samuels Charakter in den prägenden Kleinkindjahren den mütterlichen Stempel unauslöschlich aufgedrückt, und schon als Kind entwickelte er zu Gott eine besondere Beziehung.

Nachdem der Junge entwöhnt war, wahrscheinlich mit drei Jahren, nahm sie ihn, wie versprochen, mit zum Tempel und stellte ihn unter Aufsicht des Priesters Eli in den Dienst des Herrn.

Als sie von ihm ging, pries sie Gott und dankte ihm in einem Gebet, das mich erstaunt. Ganz sicher war sie vor Schmerz fast außer sich, denn sie wusste, dass sie dieses Kind erst in einem Jahr wiedersehen würde (sie schickte ihn ja nicht einfach halbtags zum Kindergarten). Er war das Kleinod ihres Herzens. Was für ein Opfer! Und doch war ihre Dankbarkeit für das Geschenk Gottes so groß, dass sie sagen konnte: „Der Herr erfüllt mein Herz mit großer Freude, er richtet mich auf und gibt mir neue Kraft" (1. Samuel 2,1).

Dieser Verzicht, das Kind bei sich zu haben, ist nahezu unvorstellbar. (Auch wenn ich Tage kenne, wo ich nur zu gern zur Kirche gefahren und meinen Dreijährigen dem Pastor überlassen hätte!) Doch das zugrunde liegende Prinzip ist klar: Wir leben nach der Erkenntnis, dass unsere Kinder nicht unser Besitz sind, sondern uns von Gott anvertrautes Leben, das wir nur lose in Händen halten, das wir loslassen und ihm anvertrauen, zumindest in unseren Herzen.

> **Unsere Kinder sind nicht unser Besitz, sondern uns von Gott anbefohlenes Leben, das wir loslassen lernen und wiederum ihm anvertrauen.**

Hannah hatte sicher nicht das Gefühl, schon alles für dieses Kind getan zu haben. Sie hatte wohl kaum das Gefühl, als Mutter nicht mehr gebraucht zu werden, und doch traute sie Gott zu, dass er für Samuel da sein und – auch durch andere Menschen – bis zum Schluss für ihn sorgen würde. Dieses Vertrauen musste sie täglich erneuern, da sie bei all der Korruption im Tempel vielleicht sogar um seinen Glauben fürchtete.

Vielleicht ist Hannas Situation unserer Situation gar nicht so unähnlich: Auch wir begleiten und prägen unsere Kinder, drücken ihnen den Stempel unserer Liebe und unserer Wertmaßstäbe auf, solange sie noch klein sind, und angesichts der „Korruption in der Welt" können wir auch nicht anders, als sie täglich Gott anzuvertrauen, damit er sie bewahrt – eine große Herausforderung.

Und hier noch etwas mehr über Hannah und ihren Sohn:

Jedes Jahr nähte ihm seine Mutter ein neues Obergewand und brachte es mit, wenn sie mit ihrem Mann zum jährlichen Opfer nach Silo kam. Bevor sie wieder heimkehrten, segnete Eli die Eltern Samuels. Er sagte zu Elkana: „Möge der Herr dir und deiner Frau noch weitere Kinder schenken als Ersatz für diesen Jungen, den ihr ihm zurückgegeben habt." Und wirklich: Der Herr schenkte Hannah noch drei Söhne und zwei Töchter. Samuel aber wuchs auf als Diener des Herrn.

1. Samuel 2,19-21

Scheinbar nur ein Detail in der Geschichte, die Bemerkung von dem Mantel, den sie ihm jedes Jahr nähte – aber nur scheinbar ein Detail. Denn wir erkennen darin Grundlegendes über das Loslassen wieder, wie wir es in Kapitel 1 besprochen haben. Als Hannah ihr Kind entwöhnt hatte, zu Eli brachte und freigab, veränderte sich auch der Ausdruck ihrer Liebe zu Samuel. Keine Frage: In ihren Gefühlen blieb sie treu und stark an seiner Seite. Aber ihre Liebe fand andere Ausdrucksformen.

Außerdem entdeckte Hannah, die dankbar, aber unter Schmerzen ihr Kind für Gott freigegeben hatte, den Segen Gottes an einem weiteren, vielleicht gar nicht mehr erwarteten Geschenk: Sie brachte fünf weitere Kinder zur Welt und hatte die Freude, Samuel als gottesfürchtigen Mann aufwachsen zu sehen, der auf Gott hörte und mit ihm lebte.

Die Geschichte einer Übergabe aus Glauben

In der Bibel gibt es noch eine weiter Elterngeschichte, die bei mir einen bleibenden Eindruck hinterlassen hat. In dieser Geschichte ist der lange Weg eines Vaters bis hin zum absoluten Loslassen seines Kindes zum Sinnbild vieler eigener Kämpfe ums Lieben und Loslassen geworden, ganz allgemein im Leben und auch im Blick auf meine Kinder. Ich bin in Stück weit in den Fußstapfen dieses Vaters gegangen, als ich mit Dereks Diabetes und seiner ungewissen Zukunft fertig werden musste. Und ich bin immer wieder ein Stück in diesen Fußstapfen gewandert, als ich das Loslassen lernte, und ich habe mich gefragt, wie er diesen Weg gehen konnte, der Vater in dieser Geschichte: Abraham.

Wertvoller Schatz seiner Eltern

Abraham war hundert Jahre alt und seine Frau Sara neunzig, als Gott ihnen einen Sohn versprach.

„Lächerlich", sagte Sara und meinte es wirklich, als sie die Nachricht hörte, „völlig unmöglich. Ich wüsste nicht, wie."

„Ist für Gott etwas unmöglich?", fragte darauf der Bote Gottes. Eine rhetorische Frage, die durch die Jahrhunderte schallt bis heute, zu jedem, der nicht glauben kann, dass Gott hält, was er verspricht. Natürlich ist Gott nichts zu schwer. Er hat etwas vor mit unseren Kindern, er hat etwas vor mit uns: Er will uns Zukunft und Hoffnung geben (Jeremia 29,11). Als Gegenleistung verlangt er nichts, als dass wir ihm vertrauen und die Finger nicht zu fest um unsere Schätze klammern, sondern sie im Vertrauen auf ihn auch wieder loslassen. Unser Vertrauen in Gott soll einen höheren Stellenwert haben als die Sorge um unsere Kinder, dann ist alles „an seinem Platz" und damit so ausgelotet, dass es Gott, dem Leben unserer Kinder und unserem Leben dient – und deswegen angemessen ist.

Die Beziehung zu Gott an erster Stelle sehen, ihm zuerst vertrauen – dass sich dann alles in guter, in bester Weise nachordnet, ist nicht immer auf den ersten Blick zu erkennen und deswegen eine Frage des Vertrauens.

Abraham bewies dieses Vertrauen, indem er zunächst einmal der Zusage Gottes glaubte, in seinem hohen Alter noch Vater zu werden.

Dabei erschien die Erfüllung dieses Versprechens ganz und gar unmöglich. Denn er selbst war fast hundert Jahre alt, und auch seine Frau Sara konnte in ihrem hohen Alter nach menschlichem Ermessen keine

Kinder mehr bekommen. Dennoch zweifelte Abraham nicht und ver-
traute Gottes Zusage. Mit seinem unerschütterlichen Glauben ehrte er
Gott. Er war fest davon überzeugt, dass Gott erfüllen würde, was er
versprochen hatte.

Römer 4,19-21

Abrahams Glaube erhielt eine Antwort – mit dem späten, gemeinsamen Sohn, den er mit seiner Frau Sara bekam.

Wir können nur ahnen, wie sehr Abraham diesen Sohn liebte, auf
den er so lange warten musste. Von der Sekunde an, in der Abraham
Isaak in den Armen hielt, wurde er offenbar der Augapfel seines
Herzens. In dem Maße, wie Isaak wuchs, wuchs Abrahams Liebe zu
ihm. Während Abraham für sein Kind sorgte, wurde die Bindung
zwischen ihnen enger und enger. Man mag sich fragen: Wurde die
Liebe zum Sohn wichtiger als die Liebe zu Gott? Verwechselte Abraham die Prioritäten? Setzte er unbewusst Isaak an die erste Stelle
seines Lebens?

Ein Vater wird geprüft

Erhielt Abraham deshalb den Befehl von Gott, seinen Sohn Isaak
zum Berg Moriah zu bringen und ihn dort zu opfern? Es ist kaum
vorstellbar, dass Gott jemals die Absicht hatte, Abraham seinen
Sohn opfern zu lassen, denn bei dem Gott der Bibel gab es zwar zur
Zeit des Alten Bundes durchaus Opfer, aber ausschließlich Tier-
opfer. Vielleicht war diese Prüfung Abrahams nur dazu bestimmt,
ihm die Augen für sich selbst und die Prioritäten seines Lebens zu
öffnen?

Trotz seiner Gefühle konnte Abraham mit Gott nicht über diesen
Befehl diskutieren. Er wusste, dass Isaak ein Geschenk Gottes und
nicht sein Eigentum war. Abraham ging den von Gott gebotenen
Weg gehorsam, weil er glaubte, das heißt: weil er Gott vertraute. Er
sattelte den Esel, nahm seinen Sohn, ein Messer und das Kleinholz
fürs Feuer und machte sich auf die dreitägige Reise zum Berg

Moriah. In dem lähmenden Konflikt zwischen dem Befehl in seinem Kopf und dem Schmerz seines Herzens bestieg er den Berg. Wie muss ihm die schreckliche Angst um die ungewisse Zukunft seines Sohnes die Kehle zugeschnürt haben! Aber trotz seiner schlimmsten Befürchtungen vertraute er offenbar darauf, dass Gott da war und auch noch jetzt für ihn sorgte.

Als er schließlich mit Isaak den Gipfel des Berges Moriah erreicht hatte, baute Abraham einen Altar, schichtete das Feuerholz darauf, fesselte den Jungen und legte ihn auf den Altar. Und in dem Moment, in dem Abraham das Messer in seinen Sohn stoßen wollte, sprach der Engel des Herrn zu ihm und gebot ihm innezuhalten: „... tu dem Jungen nichts. ... Jetzt weiß ich, dass du Gott gehorsam bist – du bist sogar bereit, deinen geliebten Sohn für mich zu opfern. ... Weil du gehorsam warst und mir deinen einzigen Sohn als Opfer geben wolltest, werde ich dich überreich beschenken und dir so viele Nachkommen geben, wie es Sterne am Himmel und Sand am Meer gibt" (1. Mose 22,16-17).

Die Zeit der Prüfung war vorbei. Abrahams Vertrauen war offenbar. Gott hatte den schwer geprüften alten Mann bis an einen Punkt geführt, an dem es kein Zurück mehr geben konnte und ihm dann verboten, Hand an den Sohn zu legen. Nein, er wollte nicht, dass er seinen Sohn opferte. Aber er wollte ihn offenbar von einem überhöhten Altar in Abrahams Herzen herunterholen, wollte die verzerrte Art der Liebe, der sich in diese Beziehung zwischen Vater und Sohn eingeschlichen hatte, deutlich machen und beenden – indem Abraham vor der Entscheidung stand, seinen Sohn absolut loszulassen.

Gottes Treue

In Abrahams Geschichte lesen wir, dass Abraham – bereits mit dem Messer in der Hand – einen Schafbock entdeckte, der sich mit den Hörnern im Dickicht verfangen hatte. Und er opferte er ihn – anstelle seines Sohnes. Danach nannte er den Ort Jehovah Jireh: „Der Herr versorgt".

Gott ist heute derselbe wie damals. Und wenn wir wie damals Abraham mühsam die Moriah-Berge unseres eigenen Lebens erstiegen haben und mit dem Schatz unseres Herzens dort angekommen sind, wo es loszulassen und Abschied zu nehmen gilt, können wir entdecken, was Abraham entdeckt hat: dass Gott uns gibt, was wir brauchen, wenn wir loslassen, was wir so fest in Händen hielten, und uns selbst und das, was uns kostbar ist, ihm anvertrauen.

Gott gibt uns, was wir brauchen, wenn wir loslassen, was wir so fest in Händen hielten.

Diese Treue Gottes erfahren zu haben, ist einer der Grundsteine meines Glaubens geworden, und das hat Auswirkungen für mich als Mutter, aber auch in den anderen Bereiche meines Lebens.

Wann immer ich an etwas zu sehr festhielt, etwa meiner Sucht nach Bestätigung oder Anerkennung oder an den Ängsten um die Zukunft eines Kindes, dann hat mich Gott quasi auf den Berg Moriah zurückgerufen. „Komm! Bring mir, was du so fest in der Hand hältst. Lockere den Griff schon auf dem Weg nach oben. Lass los, was du so gern festhalten willst. Übergib es mir. Und vertraue mir.“

Und immer wieder gehe ich innerlich diesen Weg. Besteige den schon vertrauten Berg und folge – das, was mir allzu lieb geworden ist, anfangs noch in der fest geschlossenen Hand – Abrahams Fußspuren bis zum Ort, wo es loszulassen gilt.

Manchmal bleibe ich mitten auf dem Weg stehen. Und ich sage Gott offen, was ich fühle.

„Nein, Herr. Ich weiß am besten, was dieses Kind braucht. Das hier sind nicht die richtigen Bedingungen ...“

Oder: „Ich kann gerade nicht glauben, dass du dieses Kind so stark liebst wie ich ...“

Oder: „Mein Weg ist nicht dein Weg, Herr. Und ich möchte, dass es nach meinen eigenen Vorstellungen weitergeht. Ich will die Übersicht behalten ...“

Oder: „Nicht dieses Kind – dieser Schatz – gehört doch *mir*, Herr ...“

Aber auch wenn ich den Rückzug antrete, finde ich mich irgendwann doch wieder auf diesem Bergpfad des Loslassens, noch immer mein Liebstes in der Hand, aber inzwischen mit leicht gelockertem Griff. Während ich weiter aufsteige, lockern sich meine Finger immer mehr, ich bin weniger verkrampft, bis ich den Gipfel mit geöffneten Händen erreiche. Dort lasse ich endgültig los, vertraue das, was mir so lieb geworden ist, und mich selbst Gott an. Ich überlasse alles ihm. Und ich erlebe seine Fürsorge, seinen Trost, seine Liebe. Jedes Mal. Immer und immer wieder.

Jehovah Jireh: Der Herr versorgt – wenn wir uns und unsere Schätze ihm überlassen. Dieser Name, den Abraham diesem Ort des Loslassens gegeben hat, ist wie ein Versprechen. Gott wird uns geben, was wir brauchen.

Ein Geburtstagsgeschenk

Zu meinem fünfzigsten Geburtstag hat mich mein Mann Lynn mit einem Geschenk überrascht, das mir bis heute mehr bedeutet als alle anderen Geburtstagsgeschenke, die er mir jemals gemacht hat. Er versammelte die ganze Familie zu einer Geburtstagsparty in einem Restaurant einer Kleinstadt in der Nähe, die für ihre Kunstgalerien bekannt ist. Wir haben dort sogar Freunde, die eine Galerie besitzen. Nach dem Mittagessen und einem kleinen Gang durch die Stadt kamen wir in die Galerie dieser Freunde.

Obwohl wir Kunst lieben, besitzen wir selbst keine Bilder von Bedeutung. Stattdessen stehen bei uns immer noch die Tonklumpen im Regal, die einst vor vielen Jahren von patschigen kleinen Händen zu Kostbarkeiten geformt wurden.

An diesem Geburtstag wanderten wir also durch die besagte Galerie, bezaubert und begeistert von manchem Stück. In einer Ecke entdeckte ich ein von einem Tuch verhülltes Etwas von undefinierbarer Form und einen Riesenpfeil, der auf eine Riesenkarte mit der Aufschrift „Herzlichen Glückwunsch zum Geburtstag, Carol!" wies. Wie angewurzelt blieb ich stehen. Denn ich wusste plötzlich ganz genau, was sich unter dem Tuch verbarg. Jahre zuvor hatte ich eine Bronze-Skulptur gesehen, von Abraham, wie er seinen Isaak emporhält, mit einem hingebungsvollen Ausdruck auf dem Gesicht. Damals hatte ich Lynn gesagt, wenn ich von allen Kunstwerken dieser Welt eines aussuchen könnte, wäre das dieses.

Nun stand es vor mir. Lynn nahm das Tuch weg, und da war die Skulptur, die mich so sehr angesprochen hatte.

Nach vielen Ahs und Ohs (bei den Gästen) und vielen Tränen (bei mir) half ich mit, meinen zwanzig Kilo schweren Schatz ins Auto zu verfrachten. Bis heute nimmt die Skulptur einen Ehrenplatz in unserem Haus ein: auf einem Tisch, auf dem ich sie, morgens früh am Küchentisch sitzend, gut sehen kann. Dann trinke ich meinen Kaffee und rede mit Gott, während es draußen immer heller wird. Und wenn die Sonnenstrahlen die wunderbaren Details der Skulptur erreicht haben, werde ich immer aufs Neue daran erinnert, dass ich als Erstes an diesem Tag mich selbst und alle Schätze meines Herzens Gott überlasse.

Weil nicht ich das letzte Wort habe.

Sondern er.

Weil meine Kinder nicht mir gehören, sondern nur für eine bestimmte Zeit meiner Fürsorge anvertraut sind.

Und so bete ich:

Hilf mir, Herr, mich richtig an ihnen zu freuen. Hilf mir, sie auch abgeben zu können und sie so zu lieben, dass ich dich damit ehre, dich, der uns Zukunft und Hoffnung verspricht. Ihnen und mir.

Loslassen und Gott lassen

Wie Kinder weinend uns ihr Spielzeug bringen,
weil es beim Spiel in ihrer Hand zerbrach,
so hoffte ich, es könnte Gott gelingen,
sich der zerbrochnen Träume anzunehmen
und meines Kummers, meines Weh und Achs.
Er war mein Freund; ich hätte glauben sollen,
dass Er die Hilfe war, um die ich bat,
doch fing ich an, selbst Pläne aufzurollen,
ihm täglich „beizustehn" mit Rat und Tat.
Und schließlich riss ich ihm das Heft ganz aus der Hand.
„O Herr, kannst du nicht schneller Hilfe senden?!"
„Mein Kind", sprach er, „wie soll das möglich sein?
Du ließest niemals los, nicht wirklich mich der Handelnde sein."

Verfasser unbekannt

Kapitel 4

Klassische Mutterängste überwinden

Ich bete zu Gott, als ob alles von ihm abhinge,
und ich handle so, als ob alles von mir abhinge.

Mutter Teresa

Wenn es um meine Kinder geht, habe ich gern alles im Griff und weiß gern Bescheid. Oh ja. Ich möchte am liebsten die große Problemlöserin sein, die Zauberfee ihrer Träume und die Glücksbringerin für den Rest ihres Lebens. Ab und zu stelle ich mir vor, dass ich ihnen jederzeit Schutz und Sicherheit garantieren kann. Immer. Solange ich nur für sie da sein kann, denke ich dann, solange würde ihnen nichts passieren können ... weil ich ihnen zum Beispiel das Fleisch so klein schneiden würde, dass sie sich gar nicht verschlucken könnten. Weil ich ihnen sagen würde, sie sollten es lange genug kauen, und weil ich, sollte es doch passieren, genau wüsste, wie man mit dem Küchenmesser einen Luftröhrenschnitt macht. Jawohl. In gewisser Weise sah ich mich – und sehe mich in manchen Tagträumen immer noch – als den Schutzengel meiner Kinder. Kennen Sie das?

Natürlich ist uns Eltern klar, dass wir nicht *alles* für unsere Kinder tun können, nicht ihr ganzes Leben kontrollieren oder alle ihre Probleme lösen können. Wenn wir das realisieren, sehen wir uns *der* Barriere gegenüber, die uns das Loslassen so schwer macht: nämlich unseren Mutterängsten.

Mutterängste sind die irrationalsten und gleichzeitig die realsten Ängste überhaupt. Sie beschäftigen sich mit den schlimmsten aller Möglichkeiten, die unseren Kindern widerfahren könnten. Mutterängste nehmen in unseren Köpfen leicht ungeheure Dimensionen an; je mehr wir uns mit ihnen beschäftigen, desto stärker.

Diese Ängste verleiten uns, Dinge zu tun, die wir lieber sein lassen sollten: überreagieren zum Beispiel. Oder festhalten, wenn wir loslassen sollten. Zudem machen sie uns anfällig für „Ausraster". Und sie beeinflussen auch die Entscheidungen, die wir für unsere Kinder treffen.

Ich hörte einmal den Bericht einer Frau, die wiedergab, was sie von ihren Eltern zu hören bekam, als sie in der Grundschule gerne Trompete spielen lernen wollte: „Wenn du jetzt Trompetenunterricht nimmst, wirst du später auf dem Gymnasium in der Schulband mitspielen wollen. Und wenn du in der Schulband mitspielst, musst du zu Konzerten mitfahren. Und wenn du zu Konzerten mitfährst, willst du sicher mit deinen Freunden im Bus mitfahren, und wir wissen überhaupt nicht, wer der Busfahrer ist. Und was da alles passieren kann ... Also nein, du nimmst keinen Trompetenunterricht."

Mutterängste können übrigens bereits in dem Augenblick aufkommen, in dem wir die Gewissheit einer Schwangerschaft haben. Ich hörte kürzlich den Begriff Mutterschoß-Prägung und wusste sofort, was damit gemeint war. Ich hatte mir seinerzeit wie viele Frauen Gedanken gemacht, inwieweit das, was sich in meinem Leben während der Schwangerschaft abspielte, das Kind in mir bereits wer weiß wie stark beeinflusste. Nahm ich die richtige Nahrung zu mir, hörte ich die richtige Musik, hatte ich auch möglichst keinen Stress und hoffentlich die richtige innere Einstellung?

Nach der Geburt machen wir uns Sorgen, ob das Kind genug trinkt (und zählen womöglich die nassen Windeln pro Tag), ob es während der Nacht richtig atmet (und stehen auf, wenn es zu still ist) und ob es sich altersgemäß entwickelt (und vergleichen: Dreht es sich so schnell auf den Bauch wie das Baby der Freundin?). Danach fragen wir uns besorgt, ob das Kind auch rechtzeitig vor dem Kindergarten trocken wird, ob es immer nach beiden Seiten schaut, bevor es die Straße überquert, gute Entscheidungen trifft, sich immer dran erinnert, was es tun sollte, wenn wir nicht da sind ... sich im Auto anschnallt, den Fahrradhelm trägt und auch mal nein sagen kann ...

Jede dieser Fragen hat in gewissem Rahmen ihre Berechtigung. Aber sehr oft hindern uns die Ängste, die dahinter stecken, daran, unser Kind wirklich loszulassen. Im schlimmsten Fall bestimmen sie auch unsere Entscheidungen und verhindern damit erste Entscheidungen unserer Kinder, wie im Beispiel vom Trompetenunterricht.

Eine Neunjährige möchte bei ihrer Freundin übernachten. Wir kennen die Eltern, machen uns aber trotzdem noch Sorgen. Erlauben wir es ihr? Ein Sohn möchte Fußball spielen, aber wir haben Angst vor Verletzungen. Lassen wir ihn spielen? Ein Teenager träumt davon, Pilot zu werden ... oder Missionar ... oder Waldbrandexperte – und zuallererst fürchten wir womöglich die Opfer, die diese Träume vielleicht verlangen.

Ein Jugendlicher möchte ein paar hundert Kilometer entfernt eine Lehre machen oder studieren, aber wir haben Angst, das könnte bedeuten, dort einen Partner kennen zu lernen, zu heiraten und für immer weit weg von uns zu wohnen. – Merken wir, wie unser Wunsch, die Kinder zu beschützen (und damit auch uns) kollidiert mit dem Ziel, sie zur Selbstständigkeit zu ermutigen und zu erziehen?

Wann halten wir fest, wann lassen wir los? Wann sagen wir ja, wann nein? Wo ist die feine Grenze zwischen klugem Bewahren und klarem Überbehüten? Wenn ich merke, dass ich Klarheit in diesen – zugegeben: manchmal unangenehmen – Fragen brauche, dann erinnere ich mich bewusst an die so genannte „Formel gegen die Mutterangst".

Begonnen habe ich damit in einer Zeit, in der jeden Samstagmorgen eine wahre Welle von Mutterängsten über mich hinwegschwappte: Lindsay war zehn und der absolute Pferdenarr. Weil wir auf dem Land lebten und weil ich mit Pferden aufgewachsen war und weil wir dachten, dass Pferde und Bewegung an der frischen Luft ein gesunder Ausgleich für Kinder von heute seien, besaß auch Lindsay ein Pferd. Es gab nur ein Problem: Ich hatte und habe trotz all meiner Erfahrung Angst vor Pferden. Sie wiegen Zentner, haben an jedem Huf scharfe Eisen, und wenn etwas sie erschreckt, stellen sie sich auf die Hinterbeine und zerfetzen die Luft mit ihren Hufen.

Trotzdem, jeden Samstagmorgen hängten Lindsay und ich den Pferdetransporter ans Auto, luden das Pferd ein, verriegelten die Tür des Transporters und fuhren die dreißig Kilometer zu dem Pferde-Gelände. Meine Aufgabe war es, das Anhängergespann über belebte Kreuzungen, holprige Bahnschienen und Autobahn-abschnitte zu fahren, und zwar nicht zu langsam, sondern außerhalb der Stadt mit mindestens sechzig Stundenkilometern, damit die Fahrer hinter mir sich nicht aufregten. Jeden Samstagmorgen er-wachte ich voller Mutterängste. Was, wenn der Anhänger nicht richtig eingehakt war und sich auf der leicht hügeligen Strecke selbstständig machen würde? Was, wenn das Pferd in einer Kurve im Anhänger umkippte? Was, wenn sich die hintere Anhängertür gerade in dem Moment öffnete, in dem wir die Eisenbahnlinie überquerten, und das Pferd rausfiel? Meine Ängste stiegen ins Un-ermessliche, und ich fragte mich, warum um alles in der Welt ich mich auf so was eingelassen hatte.

Aber bald wusste ich es wieder: Weil Lindsay Pferde so gern hatte und weil sie so werden können sollte, wie Gott sie mit ihren Gaben angelegt hatte – ohne dass ich sie mit meiner Angst daran hinderte. Aber trotzdem fürchtete ich diese Fahrten zum Reitgelände.

„Du machst dir zu viele Sorgen, Mama", sagte Lindsay eines Samstagmorgens zu mir, als ich mit weißen Fingerknöcheln das Lenkrad umklammert hielt. Sie hatte Recht. Ich wusste, dass es besser war, den Griff zu lockern und meine Ängste bei Gott ab-zugeben.

Während Lindsay an genau diesem Samstag ihr Pferd ritt, dachte ich daran, wie andere Mütter mit ihren Ängsten umgegangen waren. Ich erinnerte mich an Jochebed, die Mutter des kleinen

Mose aus der Bibel, der in einem finsteren Abschnitt der Geschichte Israels geboren wurde, und zwar zu der Zeit, als der Pharao den Befehl erteilt hatte, alle erstgeborenen Söhne der Juden zu ertränken. Um Moses Leben zu retten, machte sie ein wasserdichtes Körbchen, legte ihn hinein und ließ ihn mit der Strömung des Nils in eine – trotz aller Vorkehrungen – ungewisse Zukunft gleiten. Sicherlich waren ihre Ängste um seine Sicherheit und sein Schicksal überwältigend. Nun, sie hatte alles getan, um ihr Kind zu beschützen und musste ihn dann aber loslassen, im Vertrauen darauf, dass Gott sich seiner annahm. Und wie die Geschichte zeigt, hat Gott sich seiner angenommen. Die Tochter des Pharao fand das Baby Mose, nahm ihn mit nach Hause und zog ihn groß. Und Gott fügte es sogar so, dass Jochebed als Amme den Kleinen stillen und immer wieder um ihn sein konnte, bis er entwöhnt wurde.

Die Geschichte berührte mich. Und ich kam an jenem Samstag zu dem Schluss, dass ich wie Jochebed meinen Ängsten direkt ins Gesicht sehen und sie bewältigen musste. Ich musste und wollte diese Ängste wie auf einem Tisch vor mich legen und die einzelnen Bestandteile benennen. Und ich wollte wie Jochebed die Teile auseinander halten.

Also machte ich mich daran, die Ängste, an denen ich arbeiten konnte, von denen zu trennen, die ich nicht mehr kontrollieren konnte.

Wie hatte Jochebed das gemacht? Sie baute das beste, sicherste Körbchen, das machbar war. Das war ihr menschlicher Beitrag. Wenn ich das auf die Fahrten mit dem Pferdeanhänger übertrug, konnte ich sicherstellen, dass Wagen und Anhänger in bestem Zustand waren, dass wir gute Reifen hatten und sichere Bremsen und eine starke Anhängerkupplung. Ich konnte beim Ankuppeln äußerst sorgfältig sein und noch einmal kontollieren, ob alles in Ordnung war. Ich konnte den Riegel an der Hintertür des Hängers zweimal kontrollieren.

Und so mache ich es bis heute: Ich tue, was ich tun kann. Was darüber hinaus an Ängsten übrig bleibt, hat mit Dingen zu tun, die nicht in meiner Macht stehen. Die Was-wäre-wenn-Fragen, die sich auf Unfälle oder Zwischenfälle beziehen, kann ich nicht „regeln". Aber ich kann sie an Gott abgeben, wenn ich bete, und ihm alles überlassen.

Kurz gesagt: Ich tue mein Möglichstes und überlasse das Unmögliche Gott.

Diese „Formel gegen die Mutterangst" hilft mir seit vielen Jahren, in meinen Ängsten klarer zu sehen und meine Gefühle und Gedanken zu ordnen – und mich freier zu verhalten.

Wenn ich besorgt bin und Angst habe vor Unfällen oder um die Sicherheit meiner Kinder, dann kann ich mich informieren, kann die besten Kindersitze auf dem Markt kaufen und sicherstellen, dass sie darin ordentlich angeschnallt sind. Ich kann Kindersicherungen an jeder Wagentür und Fensterriegel an jedem Fenster anbringen lassen. Ich kann darauf achten, dass sie Fahrradhelme tragen. So viel ist möglich. Das Unmögliche wird zu einem Gebet an Gott.

Ich tue mein Möglichstes und überlasse das Unmögliche Gott.

Und das Wichtigste dabei scheint mir die Einsicht zu sein, die sich nach und nach in mir durchsetzt: Es gibt Dinge im Leben, die ich nicht in der Hand habe. Nicht in der Hand haben kann. Nicht in der Hand haben muss.

Die Gesellschaft scheint uns oft genug etwas Falsches lehren zu wollen: Dass wir alles um uns herum unter Kontrolle haben können und müssen. Dass Wissen Macht ist und dass wir alles erreichen können und alles werden können, was wir wollen, wenn wir nur hart genug dafür arbeite. Solches Denken macht uns vor, dass das Leben risikofrei verläuft, wenn wir nur entschlossen und mutig agieren.

Nichts gegen Entschlossenheit oder Mut. Doch wie entschlossen wir auch sind oder wie hart wir für ein Ziel arbeiten – das Leben bringt uns oder unsere Kinder immer wieder in Situationen, die wir nicht mehr beherrschen. Dann begreifen wir auf dramatische Weise neu eine der fundamentalen Wahrheiten.

Das wurde mir durch Dereks Diabetes klar, diese lebensbedrohliche Krankheit, die mir oft den seelischen Frieden geraubt und mich mit Ängsten überflutet hat. Um meine Ängste um seine Zukunft zu bewältigen, habe ich immer wieder die „Formel gegen die Mutterangst" benutzt.

Ja, ich konnte sicherstellen, dass er alles Nötige bei sich hatte: Insulin und kleine Zwischenmahlzeiten, Saft und Bluttests. Solange er zu Hause war, konnte ich ihn richtig ernähren. Ich konnte ihn zu regelmäßigen Untersuchungen zum Arzt bringen und ihm in schweren Zeiten Mut zusprechen. – Aber was war mit den Langzeitproblemen und was bei Unfällen, wenn er zum Beispiel keinen Zugang zu Insulin und Zucker hatte?

Ich wusste, dass ich nicht alle Situationen seines Lebens unter Kontrolle haben konnte. Die konnte ich nur dann loslassen, wenn ich zu Gott betete und sagte, dass ich die Ängste gerne an ihn abgeben wollte. Und ich gewann die Gewissheit, dass er da sein würde, auch wenn die schlimmsten Ängste Wirklichkeit werden würden. Das galt und das gilt. Der Psalmbeter hat es genauso erlebt und ausgesprochen: Das Wort Gottes ist ein Licht auf unserem Weg. Ein Licht, das uns wagen lässt, weiterzugehen. Einen Schritt nach dem anderen. Wieder und wieder führt mich diese Formel gegen die Mutterangst im Gebet aus meinen Ängsten heraus, die mich bedrohen – mich und durch mich meine Kinder.

„Gott, gib mir die Gelassenheit,
die Dinge hinzunehmen,
die ich nicht ändern kann,
den Mut,
die Dinge zu ändern,
die ich ändern kann
und die Weisheit,
das eine vom anderen
zu unterscheiden."

Reinhold Niebuhr

Geschichte einer Mutter

Was ist die schlimmste aller Ängste? Meine schlimmste Angst ist, ein Kind zu verlieren. Und damit bin ich nicht allein. Eine Freundin sagte mir, dass sie ihre Kinder erst loslassen konnte, als sie ein persönliches Verständnis bekam für das, was im Römerbrief (Kapitel 8,28 ff.) steht: „Das eine aber wissen wir: Wer Gott liebt, dem dient alles, aber auch wirklich alles zu seinem Heil; denn dazu hat Gott selbst uns erwählt und berufen."

Sie übersetzte diese Worte schließlich so in ihr Leben, dass sie glauben konnte, auch wenn ihr Sohn auf dem Schulweg vom Blitz getroffen oder ihre Tochter an einer unheilbaren Krankheit leiden würde, könnte sie das Grauenhafte überleben, weil Gott bei ihr sein und ihr das Nötige zum Überleben geben würde. Das war in ihren Augen das „Heil".

Wenn einem meiner Kinder etwas passieren würde, könnte ich weiterleben? Könnte ich glauben, dass nichts mich trennen kann von Gott und von seiner Liebe? Ich erfahre etwas von der Antwort auf solche Fragen, wenn ich mich mit Eltern unterhalte, die durch den Albtraum gehen mussten, ein Kind zu verlieren. Ich stehe ihnen gegenüber und weiß, dass ihre Erfahrung auch meine sein könnte. In ihrem Weitergehen mit Gottes Hilfe spüre ich die Gewissheit, dass auch ich meinen schlimmsten Ängsten standhalten kann. Ich muss nicht kapitulieren vor meiner Angst.

Eine Freundin von mir ist durch das Grauen hindurchgegangen. Für sie besteht die tägliche Herausforderung nun darin, dem Leben ohne ihren Sohn, der an einem klaren kalten Dezembernachmittag getötet wurde, Sinn abzugewinnen. Sie hatte sich ganz normal von ihrem siebzehnjährigen Kurt verabschiedet, der mit einem Freund auf Entenjagd gehen wollte. Sie hatte ihn gebeten, vor Einbruch der Dunkelheit zu Hause zu sein. Ihr Mann war unterwegs und ihre Tochter auch, deshalb wollten sie beide abends allein in einem schönen Restaurant essen gehen. Ein besonderer Abend einmal nur für Mutter und Sohn.

Die Zeit verging schnell an diesem Nachmittag, doch ab kurz vor fünf schaute sie immer wieder auf die Uhr, erfüllt von den üblichen Ängsten, die sie befielen, seit sie Kinder hatte. Sie hatte sie immer gern sicher zu Hause gehabt, wenn es draußen dunkel wurde.

Und dann ging das Telefon. Es war der Anruf, den sie zeit ihres Lebens gefürchtet hatte. „Es hat einen Unfall gegeben", sagte die Stimme. Ihr Sohn ... mit einem Auto zusammengestoßen ... Ein paar Einzelheiten folgten. Und schließlich die Aufforderung: „Kommen Sie bitte sofort ins Krankenhaus." Sie war schnell da, aber es war zu spät. Kurt war tot. Sie bewegte sich wie eine Schlafwandlerin, sagte sie mir später, versuchte, seine Sachen einzupacken. Während der nächsten Tage und Wochen half sie sich mit Schreiben, skizzierte ihre Reise durch die Verzweiflung, notierte Gefühle, Erinnerungen und Gebete, ein offenherziger, herzzerreißender Dialog mit Gott. Sie schrieb über den Schmerz:

„Ich habe das Gefühl, ich hätte noch die Liebe eines ganzen Lebens für ihn in mir, und ich weiß nicht, was ich damit machen soll. Mein Herz ist buchstäblich gebrochen. Ich bin in einem großen Ozean, und du, Gott, hältst mir den Kopf über Wasser, meine Freunde die Arme, aber ich kann nicht hoch kommen, weil der Felsbrocken der Trauer an meinen Füßen hängt. Der Verlust ist so tief, ich spüre noch keinen Grund unter mir."

Die Freundin beschrieb mir auch die begleitenden Verluste. „Weil Kurt das letzte Kind im Haus war, verlor sie mit einem Mal auch ihre Rolle als Mutter."

„Du bist dir bewusst, dass deine Kinder eines Tages nicht mehr nah bei dir sind, sondern getrennt von dir ein eigenes Leben leben, wenn sie studieren, wenn sie sich ein eigenes Leben mit Familie aufbauen. Aber diese Endgültigkeit durch den Tod, bevor es überhaupt so weit kommt, die ist für mich fast nicht zu ertragen.

Während der letzten zwanzig Jahre hat sich mein Leben im Haus abgespielt. Ich habe versucht, meinen Kindern den Unterschied zwischen Gut und Böse deutlich zu machen, sie zu lehren, was Gott gefällt und was mir gefällt. Jetzt kommt etwas Neues. Jetzt habe ich eine große Sehnsucht, meinem Leben eine andere Richtung zu geben. Meine Familie braucht mich sowieso kaum noch."

Sie schrieb über das, was sie bereute, auch darüber, sich zu viele Sorgen um ihn gemacht und sich zu wenig am Leben mit Kurt gefreut zu haben:

„Eine Mutter sieht ihre Verantwortung darin, zu leiten, zu erziehen, zu formen – manchmal so sehr, dass sie sich gar nicht unbeschwert an den überschäumenden Gaben eines Kindes freuen kann. Kurts Begabungen waren in den Augen anderer, die ihm unbefangen begegneten, ganz offensichtlich. Vielleicht habe ich wegen meiner ständigen Ängste das Leben mit ihm nicht voll genießen können. Ich war schon immer eine ängstliche Mutter, und entsprechende Gewohnheiten sind schwer zu durchbrechen. Gefühle können eine solche Macht ausüben! Es war schwer für mich, ihn loszulassen, als er älter wurde, und ihn mehr Gottes Fürsorge anzuvertrauen als meiner."

Überrascht stellte sie fest, dass sie nicht einmal nach Kurts Tod von diesen Sorgen befreit war. Aber sie glaubte, dass Gott sie auf ihrem Weg herausbegleiten wollte: „Ich weiß nicht, warum. Ich weiß nicht, warum ich mir noch Sorgen um ihn mache. Nichts in diesem Leben kann ihm noch etwas anhaben. Gott, hilf mir im Innersten meines Herzens zu glauben, dass es ihm gut geht, dass er in deiner Liebe ruht. Ich weiß, dass du mich vertrauen lehren willst. Ich dachte, dass ich dir immer voll vertraut hätte, aber jetzt weiß ich, dass es kein volles Vertrauen war. Hilf mir, mich ganz loszulassen und mich dir ganz anzuvertrauen und zu glauben, dass du eine Zukunft für mich hast und gute Gedanken."

Sie erkannte, dass sie Kurt auch nach seinem Tod nicht losgelassen, nicht Gottes liebender Fürsorge überlassen hatte. Einige Wochen nach dem Unglück brachte eine liebevolle Freundin ihr eine Rose. Eine einfache Geste, die eine tiefe Bedeutung gewann, denn Kurt hatte ihr manchmal Rosen geschenkt: Eine am Geburtstag, zwei am letzten Valentinstag. Er hatte sie überraschen wollen, und sie war jedes Mal tief berührt.

Sie empfand, dass diese Rose ihrer Freundin wie ein Geschenk von Kurt und Gott war, das ihr etwas sagen sollte. Zum ersten Mal machte sie sich mit neuem Mut auf den Weg zum Friedhof – um die Rose an Kurts Grab zu bringen. Bevor sie ging, schrieb sie einen Gruß an ihren Sohn: „Die Rose ist ein Zeichen des großen Geschenks, das Gott mir mit dir gemacht hat, und ein Zeichen dafür, dass ich dich ganz seiner Fürsorge überlasse."

Dann kam der Neujahrstag. Sie fuhr allein zum Friedhof und saß bei dem frischen Grab. Sie überlegte, betete und schrieb schließlich:

„Unsere Kinder gehören uns niemals wirklich ganz. Sie gehören von Anfang an Gott und sind uns nur für eine bestimmte Zeit und ein von Gott bestimmtes ewiges Ziel geliehen. Und doch sind sie ein Teil unseres Lebens und unserer Existenz. Ein Kind zu verlieren ist schlimmer, als einen Arm oder ein Bein zu verlieren. Nur der Glaube daran, dass Gott ihr wahrer Ursprung und ihr wahres Ziel ist, kann der Seele und dem Geist Frieden bringen. Glaube und Vertrauen werden bis zum Äußersten auf die Probe gestellt. Mögen mein Glaube und mein Vertrauen dadurch gestärkt werden.

Ich gebe zurück, was mir nie wirklich ganz gehörte, aber noch immer ein Teil von mir ist, nach der Empfängnis sogar tatsächlich ein Teil meines Körpers war – für einige Monate.

Nach der Geburt ist alles, was uns bleibt, wenn der geliebte Mensch außer Sichtweite ist, die Erinnerung an Bilder und einzelne Momente. Merkwürdig, dass der einzelne Augenblick und die Erinnerung daran erst dann so wichtig werden, wenn es endgültig zu spät ist, neue zu schaffen. Lass mich die Bedeutung vieler einzelner Augenblicke sehen, lehre mich jede Phase seines Lebens schätzen.

Ich vermisse ihn entsetzlich und ich weiß, dass ein Teil von mir nie aufhören wird, ihn zu vermissen. Doch ich weiß, dass du noch etwas für mein Leben bereithältst. Dass Neues kommen kann, wenn ich dazu bereit bin. Ich danke dir, dass du Kurts Leben und Sterben einem guten Ziel zuführen wirst. Lass mich so leben, dass es dir Ehre macht, lass mich dir dienen, in großen oder kleinen Dingen, so wie es in deinem Sinne ist."

An diesem Tag gab meine Freundin ihren Sohn frei und ließ ihn ganz los. Noch immer ist ihr Herz gebrochen. Sie weiß, dass sie nicht mehr derselbe Mensch sein wird, der sie vor dem Unfall ihres

Sohnes war. Aber seit ihrer Reise durch die Verzweiflung sieht sie viele bekannte Bibelstellen in einem anderen Licht.

„Wenn wir am Abend noch weinen und traurig sind, so können wir am Morgen doch vor Freude wieder jubeln" (Psalm 30,6). Vielleicht ist es nicht mehr die gleiche Freude wie vorher. Vielleicht erlebe ich etwas Neues, etwas ganz anderes. Sie schrieb in ihr Tagebuch: „Liebe kostet viel, doch sie ist ihren Preis wert. Dass ich Kurt siebzehn Jahre in meinem Leben hatte, wiegt jede Minute des Schmerzes auf, den ich jetzt habe. Sein Leben war ein kostbares Geschenk; seine Gegenwart ein unersetzlicher Schatz. Jetzt ist er sicher zu Hause, und Gott wird mir helfen, auch meine Reise hier zu vollenden."

Kurts Mutter ist ganz neu auf der Reise in einen tieferen Glauben an Gott. Nachdem ihre schlimmsten Ängste Wirklichkeit wurden, konnte sie im Glauben begreifen, dass Gott ihr auch in ihrem schrecklichen Verlust treu geblieben war. Wie Hiob im Alten Testament, der alle Kinder und seinen gesamten Besitz verloren hatte, konnte sie nach einem gewissen Prozess sagen: „Herr, du hast mir alles gegeben, du hast mir alles genommen, dich will ich preisen" (Hiob 1,21).

Sie vertrauensvoll gehen lassen

Treffen wir die richtigen Entscheidungen für unsere Kinder? Wir ängstigen uns, wenn sie vom Sprungbrett springen, mit Freunden im Auto mitfahren oder ihre Sachen fürs Zeltlager packen. Bei all diesen und vielen anderen Aktivitäten gibt es immer ein gewisses Risiko, daran erinnern uns unwillkürlich Meldungen von schrecklichen Unfällen, die wir hören. Und wenn wir nicht bewusst damit umgehen, setzt uns die Angst wieder zu. Und wenn wir nicht bewusst damit umgehen, dann lassen wir zu, dass die Angst unser Leben bestimmt, das Leben unserer Kinder bestimmt und sie in ihrem Wachstum behindert.

Eltern zu sein hat immer auch mit Risiken zu tun. Wir müssen leben mit den Auswirkungen unserer Entscheidungen oder der Dinge, die wir den Kindern erlauben oder nicht erlauben. Wochenlang quälte sich Kurts Mutter im Nachhinein mit ihrer Entscheidung, ihn an jenem Nachmittag zum Jagen gehen zu lassen. Wenn sie nun nein gesagt hätte? Wenn sie mit ihm abgesprochen hätte, früher zu Hause zu sein? – Irgendwann sah sie langsam ein, wie vergeblich es war, das Geschehene immer wieder durchzugehen. Sie machte sich klar, dass nicht sie oder ihre Entscheidung die Ursache des Unglücks war. Sie konnte diese falschen Schuldgefühle schließlich im Gebet mit Gott loslassen.

Ich kenne eine Mutter, die ihre Kinder, wenn sie das Haus für längere Zeit verlassen, im Stillen praktisch mit der ganzen Waffenrüstung Gottes ausstattet, wie sie in Epheser 6,10-20 beschrieben wird: Sie bittet um Gottes Schutz und Segen für sie, indem sie für jedes Kind betet – um den Gürtel der Wahrheit und den Panzer der Gerechtigkeit, die Schuhe des Friedens, den Schild des Glaubens, den Helm des Heils und das Schwert des Geistes. Eine andere Mutter bittet für ihre Kinder um den Beistand Gottes durch seine Engel. „Immer, wenn meine Tochter zum Training für Skirennen fährt, habe ich einen Kloß im Hals", erzählte mir eine Freundin. „Aber dann fällt mir wieder ein: Es gibt etwas, das ich tun kann. Ich kann beten."

Unsere Ängste als Mutter (oder als Vater!) sind durchaus real, aber wenn wir uns ihnen hingeben, ganz in ihnen aufgehen, dann bedeutet das letztlich einen Mangel an Vertrauen Gott gegenüber. Wir stellen die Angst über den Glauben. Wer seinen Sorgen diesen Raum gibt, zieht eine Verantwortung an sich, die Gott zusteht.

> **Wer sich Sorgen über Sorgen macht, zieht eine Verantwortung an sich, die Gott zusteht.**

Wenn ich es mal salopp sagen darf: Eine „gut gepflegte" Angst ist das Gegenteil von Vertrauen. Aber was tun? Wie zum gesunden Maß zurückfinden?

Wenn mich die Sorgen auffressen wollen, denke ich an das zurück, was Gott mir mitten in meinen schlimmsten Ängsten gezeigt hat. An dem Nachmittag, an dem der kleine

Derek mit der Diabetes-Diagnose im Krankenhaus war, rief mich eine Freundin an. „Ich weiß, dass es dir absurd vorkommen muss", sagte sie, „aber ich beneide dich fast um die Reise, die du jetzt mit Gott gemeinsam antreten wirst."

Tatsächlich, es klang damals absurd für mich, aber jetzt weiß ich, was sie mir sagen wollte. In Krisenzeiten können wir erleben, dass wir vollkommen von Gott abhängig sind. Während einer Reise durch die Verzweiflung bleibt uns nichts als die Entscheidung für oder gegen das Vertrauen zu Gott, und wenn wir es wagen, uns ihm anzuvertrauen, dann erleben wir seine tröstende Gegenwart wie sonst nie. Ich bin nicht dankbar für Dereks Diabetes, das kann ich nicht sagen, aber ich bin dankbar, dass Gott ihm den Mut gegeben hat, die Krankheit zu akzeptieren, die Kraft, sich der wachsenden Verantwortung zu stellen und die Glaubensreife, sich nicht vor der Zukunft zu fürchten. Und heute bin ich außerdem noch dankbar dafür, dass Gott all diese Umstände dazu benutzt hat, dieses Kind zu einem jungen Mann mit dem tiefen Wunsch werden zu lassen, anderen zu helfen. Daran will ich denken, wenn meine Ängste wieder einmal der Hinderungsgrund sind, meine Kinder vertrauensvoll in die Zukunft gehen zu lassen.

„Macht euch keine Sorgen! Ihr dürft Gott um alles bitten. Sagt ihm, was euch fehlt, und dankt ihm! Gott wird euch seinen Frieden schenken, den Frieden, der all unser Verstehen, all unsere Vernunft übersteigt, der unsere Herzen und Gedanken im Glauben an Jesus Christus bewahrt" (Philipper 4,6-7).

Einfach gesagt, ist es unsere Sache, die Sorgen im Gebet an Gott abzugeben, und es ist Gottes Sache, uns inneren Frieden zu geben. Keine Frage, unser Beten ist keine „automatische Garantie" für die körperliche Bewahrung unserer Kinder. Aber ich habe erlebt, wie mein Sohn innerlich bewahrt geblieben ist – und dafür bin ich mindestens so dankbar wie für äußere Bewahrung!

Unser Vertrauen stützt sich nicht auf besondere Antworten oder Taten Gottes, sondern auf ihn selbst, zu dem wir beten. Und wir können gewiss sein, dass Gottes Fürsorge umfassender ist als unsere und dass er in allem, was jemals geschehen mag, uns und unseren

Kindern beistehen will. Seine Nähe, seine guten Absichten mit uns und sein Friede sind höher als alle menschliche Vernunft.

GEBET FÜR EINE MUTTER

Wenn sie ihre Kinder großzieht, sieht sie sich widersprüchlichen Zielen gegenüber. Sie möchte sie beschützen. Sie möchte ihnen zeigen, wie man vertrauensvoll und nicht ängstlich lebt. Sie möchte ihnen mehr geben, als ihr selbst als Kind gegeben wurde, aber sie möchte ihnen auch beibringen, sich zufrieden geben zu können. Sie möchte ihnen den steinigen Pfad ebnen, aber sie möchte sie auch zäh und widerstandsfähig machen. Gott, dein Wort sagt uns: „Falls einer von euch nicht weiß, was der Wille Gottes in einer bestimmen Sache ist, soll er um Weisheit bitten. Ihr wisst doch, wie reich Gott jeden beschenkt und wie gern er hilft. Also wird er auch eure Gebete erhören." (Jakobus 1,5)

Darum bete ich für sie. Für die nächsten zehn oder zwanzig Jahre braucht sie deine väterliche Leitung und Begleitung. Gib ihr Weisheit. Schreib auch auf krummen Linien gerade.

KAPITEL 5

Eigene Erziehungsmuster erkennen

*Ein gemeinsames Familienleben
dient den Eltern genauso zur Weiterentwicklung
und zur Reife wie den Kindern.*

Valerie Bell

Als ich Mutter wurde, begann ich meine eigene Kindheit und besonders die Beziehung zu meiner Mutter mit ganz neuen Augen zu sehen. Und ich fing an zu überlegen, was ich beibehalten oder ähnlich handhaben wollte und was nicht. Ich nahm mir vor, eine Atmosphäre des Zusammenhalts aufzubauen wie früher bei uns zu Hause; aber ich nahm mir auch vor, den Kindern nie das Gefühl zu geben, sie müssten meine Erwartungen erfüllen, was meine Eltern manchmal getan hatten. Ich schwor mir, meine Kinder ihren eigenen Weg gehen zu lassen, auch wenn es nicht meine Wege sein sollten.

Doch ... trotz dieser idealistischen, optimistischen Ziele verhielt ich mich manchmal unbewusst wie meine eigene Mutter, die eine feste Vorstellung vom Leben ihrer Kinder hatte.

Meine wunderbaren Vorstellungen

Nehmen wir mal meinen Halloween-Konflikt mit Kendall während der Zeit in der Vorschule. Ich mag Halloween nicht besonders, deshalb verstehe ich gar nicht, wie ich mich so verbissen hineinsteigern konnte, es sei denn, ich wollte als gute Mutter anerkannt sein. Ich fühlte mich nämlich während des Kostümfestes, das zu Halloween zusammen mit den Eltern gefeiert wurde, als die schlechteste Mutter von allen. Manche Kinder trugen geradezu unglaublich kreative selbst gemachte Kostüme, die sie zu einem Kartenspiel oder einer Banane oder was sonst gerade in war, machten. Und ich saß zusammen mit den anderen Müttern, die strahlten und auf ihre Kinder deuteten: „Das ist meine ... die mit dem Blinklicht ... da drüben! Ich war die halbe Nacht auf, um das Kostüm fertig zu machen." Und ich lächelte und murmelte Komplimente und winkte dann so unauffällig wie möglich meinen Kindern zu, die nichts als ein Seeräubertuch auf dem Kopf trugen und einen blau-weiß-gestreiften Pullover oder einen Clown-Hut und einen bunten Jogginganzug. Richtig: Ich konnte mit Halloween nicht viel anfangen, und ich hatte keine Kostüme genäht.

Eines Tages fuhr ich im Oktober an einem Geschäft mit einem großen Schild vorbei: „Handgeschneiderte Halloween-Kostüme". Im Schaufenster war ein perfektes Pippi-Langstrumpf-Kostüm mit Schürze und Ringelstrümpfen ausgestellt. Es war das Jahr, in dem Pippi bei den Mädchen die Nummer Eins war. Kendall spielte immer Pippi und sang dabei „Ich hab ein Haus, ein wunderschönes Haus, ein Äffchen und ein Pferd ..." Und da hatte ich die Idee: Kendall hatte ein paar Tage vor Halloween Geburtstag. Ich würde für sie dieses Outfit kaufen, das für das Fest der Kinder bestimmt einfach wunderbar war. Das würde das Richtige sein!

Kurz vor dem Geburtstag erstand ich noch das restliche Zubehör: halbhohe braune „Pippi"-Lederhalbschuhe und eine rote Perücke. Die Perücke passte nicht so richtig dazu, sah aber ganz nach Pippi Langstrumpf aus, fand ich. Ich packte alles in Geschenkpapier, und Kendall freute sich an ihrem Geburtstag. Dachte ich wenigstens. Am Morgen des Festes half ich ihr, die Sachen vorsichtig in eine Plastiktüte zu packen.

„Ich komme dann rechtzeitig", sagte ich und winkte ihr nach, als sie zum Schulbus ging. Täuschte ich mich oder ging sie ein wenig schleppend?

Voller Vorfreude und mit der Kamera bewaffnet machte ich mich auf den Weg zu Kendalls Vorschulklasse. Als ich ankam und die Tür öffnete, sah ich meine Tochter allein an ihrem Tisch sitzend, das Kostüm zusammengeknüllt auf ihrem Schoß. Alle anderen Kinder wirbelten durch den Raum und quietschten vor Aufregung, während sie die Kostüme anzogen.

„Ich zieh' das nicht an, Mama", verkündete meine Kendall.

„Kendall, warum nicht?", fragte ich fassungslos.

„Weil Caroline sagt, die Perücke ist doof."

„Die Perücke ist nicht doof!" Ich versuchte sie zu überzeugen, bemüht, mir den Zorn auf diese Caroline nicht anmerken zu lassen, die meiner Tochter einreden konnte, ihre Perücke sei doof. „Sie ist total gut!"

„Ich möchte nicht mitmachen, Mama. Ich will gehen." Kendalls Augen füllten sich mit Tränen.

Einen Moment lang stand ich da und war mir des Interessenkonflikts voll bewusst. Sekunden später stopfte ich das Kostüm in die Plastiktüte und wir gingen.

„Ich wollte dir draußen auch noch was zeigen ...", sagte ich in dem Versuch, meine Verwirrung zu überspielen.

Als wir später nach Hause fuhren, fragte Kendall: „Bist du böse, Mama?"

„Nicht böse, Kendall, eigentlich nur traurig, weil das Kostüm so schön war."

„Aber für *mich* war es damit nicht schön", sagte sie. „Außerdem wollte ich Cheerleader sein, wie Caroline."

„Ziehst du zu Hause das Kostüm mal an, damit ich wenigstens ein Foto machen kann?"

Sie nickte. Ich habe dieses Foto bis heute an der Wand über meinem Schreibtisch hängen. Es soll mich daran erinnern, dass mir unsere Kinder nicht anvertraut sind, um meine Erwartungen zu erfüllen oder mich stolz zu machen oder eine Mini-Ausgabe von mir zu werden. Beim Muttersein geht es eben nicht zuerst um die Mutter.

Wer bin ich?

Auf dieser langen Reise des Loslassens müssen wir uns die unbequeme Frage stellen, wer wir sind und warum wir tun, was wir tun. Und es ist gut, wenn wir unsere Erziehungsmuster überdenken und uns unsere Stärken und Schwächen klar vor Augen stellen. Wir müssen überlegen, wie das eine und das andere unsere Bereitschaft beeinflusst, unsere Kinder in die Unabhängigkeit zu entlassen.

> **Wir stehen ganz neu vor der Frage „Wer bin ich?", wenn wir Mutter oder Vater werden.**

Welche *eigenen* Bedürfnisse erfüllen wir unterschwellig, wenn wir Entscheidungen für die Kinder treffen?

Wo fördert oder behindert unser eigener familiärer Hintergrund das Wachstum unserer Kinder?

Wir stehen ganz neu vor der Frage: „Wer bin ich?"

Wie sieht mein familiärer Hintergrund aus?

Eltern sein bringt uns dazu, an unsere eigene Kindheit zu denken – was wir gelernt haben, wie unsere Erziehung war und wie wir auf diese Erziehung reagiert haben.

In der Bibel, im Hebräerbrief (Kapitel 12,1-2) findet sich ein Text, der uns dabei helfen kann, die guten und weniger guten „Schätze" zu sortieren, die sich im Lauf der Jahre im „Familienkeller" angesammelt haben:

„Darum wollen wir alles ablegen, was uns in diesem Kampf behindert, vor allem die Sünde, die uns immer wieder fesseln will. Mit zäher Ausdauer wollen wir auch noch das letzte Stück bis zum Ziel durchhalten. Dabei wollen wir allein auf Jesus schauen, der uns gezeigt hat, wie man diesen Lauf beginnt und als Sieger ins Ziel gelangt."

Das Erste, was wir tun sollten, ist Ordnung in diese Ansammlung im Familienkeller zu bringen. Aber dabei bleibt es nicht. Von Zeit zu Zeit müssen wir Stücke dieser Familiensammlung beiseite tun, nämlich solche, die uns beschweren und eher schaden als nützen. Das Ganze ist ein Prozess, keine einmalige Aktion, das werden wir merken. Manchmal können wir nur eine kleine Schachtel zum Abfall bringen – und stellen vielleicht sogar mit Entsetzen fest, dass wir wieder raus zum Müll rennen, um die Schachtel zurückzuholen. Womöglich hat es uns belastet, war aber irgendwie auch vertraut, und wir fragen uns: *„Kann ich wirklich ohne dieses Erbstück leben?"* – Meistens wird die Antwort lauten: Wir können. Nicht jedes Erbstück ist auch eine Kostbarkeit. Manches ist überflüssig. Wir brauchen es nicht zum Leben.

Bestimmte Erziehungsmuster sind manchmal solche Erbstücke.

Viele Erziehungsmuster, wenn nicht die meisten, sind durch unsere Biografie, die Familie, die Zeit und die Gesellschaft, in die wir selbst hineingeboren worden sind, bestimmt.

Zum Beispiel tendieren weiße protestantische Familien englischer Herkunft dazu, ihre Kinder früh in die Selbstständigkeit zu entlassen. Dieser Wert gilt so viel, dass es in vielen Oberschichtfamilien der USA als Makel angesehen wird, wenn das Kind nicht spätestens im Alter von 14 Jahren ein Internat besucht und die Familie verlässt.

Italienische Familien dagegen legen den größten Wert auf die Familienzusammengehörigkeit. Man erlebt weder den Einzelnen ohne seine Familie noch die Kleinfamilie ohne den Familienclan.

Bei der tieferen, persönlichen Analyse dessen, was wir weitergeben oder loslassen wollen, kann uns in manchen Fällen ein Familienexperte oder ein zur Beratung ausgebildeter Pastor helfen.

Muss ich immer alles bestimmen?

Manche Menschen haben in höherem Maß als andere das Bedürfnis, möglichst immer die Kontrolle behalten. So genannte Alpha-Persönlichkeiten haben dieses Bedürfnis. Anderen scheint das Wachen über ihre Kinder eine gewisse eigene Wichtigkeit zu vermitteln. Menschen, denen das so geht, genießen die Kleinkindzeit ihrer Kinder oft mehr als die Schul- oder Teenagerzeit. Weil Babys so abhängig sind, kann alles genau so aussehen, wir wir es uns vorstellen: Wir können ihre Kleidung auswählen, die Häufigkeit und Art ihrer Mahlzeiten bestimmen, ihnen vorschreiben, wo sie hingehen und mit wem sie spielen oder befreundet sind und wo sie schlafen. Wir können unseren Kindern dabei sicher viel Gutes tun. Wir können uns damit aber auch – ohne dass uns das bewusst wird – ein übertriebenes Verantwortungsgefühl angewöhnen, das wir nur schwer mit kritischer Distanz heraus betrachten, als ungute Kontrolle erkennen und bewusst wieder auf ein gesundes Maß herunterschrauben können.

Die Hauptfrage für viele Eltern, vor allem für viele Mütter, ist die: Wann ist etwas, das bisher bedingungslos dir „gehört" hat, kein Teil mehr von dir – kein Teil mehr deiner Verantwortung, deines Stolzes, deiner Schmerzen und deiner Kontrolle?

Lehne ich Veränderungen ab?

Manche Menschen verändern sich leicht, andere lehnen Veränderungen eher ab. Unsere heranwachsenden Kinder loslassen geht nicht ohne Veränderung ab. Es braucht Veränderung, und zwar in der Art und Weise, wie wir für sie sorgen und ihnen unsere Liebe zeigen.

Kürzlich fragte mich eine Frau auf einem meiner Seminare: „Ich bin ziemlich frustriert und brauche ein paar Antworten. Mit meinem Vierjährigen komme ich wunderbar zurecht, aber mit meinem Vierzehnjährigen werde ich einfach nicht fertig. Was ist denn der Unterschied? Ich bin doch die gleiche Mutter für beide."

Vielleicht liegt genau da das Problem. Wir können für ein vierjähriges und ein vierzehnjähriges Kind nicht die gleiche Mutter sein. Wir können diesen beiden Kindern in ihren so unterschiedlichen Lebensphasen unsere Liebe nicht auf die gleiche Weise zeigen.

Und wir können von einem Teenager nicht erwarten, dass er uns seine Liebe auf die gleiche Weise zeigt wie ein Vierjähriger.

Viele der „Wer-bin-ich/Wie-erziehe-ich"-Fragen sind eng mit der eigenen Herkunft verknüpft. Dazu noch ein Beispiel. Als ich älter wurde, hörte ich von meiner Mutter immer wieder, dass die Jahre mit kleinen Kindern die schönsten und glücklichsten ihres Lebens gewesen seien. Die unterschwellige Botschaft, die bei mir ankam, lautete: Wenn diese Jahre vorbei sind, geht alles nur noch bergab. Ich denke, das hat mir das Gefühl eingeprägt, meine Kinder während dieser ach-so-kurzen Zeit eng an mich binden zu müssen, denn wenn sie mich einmal nicht mehr brauchten, wäre es mit dem trauten Miteinander vorbei. Ich fürchtete mich regelrecht vor dem Loslassen. Ich fürchtete mich vor dem „leeren Nest".

Meine Mutter fand nie einen anderen Lebensinhalt als ihre Kinder und suchte wohl auch nicht danach. Und so war sie auch später in ihrer Befriedigung und Freude ausschließlich von ihren erwachsenen Kindern abhängig. Sie schien nicht fähig, ein interessantes Leben außerhalb von uns Kindern zu gestalten, obwohl sie ihre Gaben hatte – wie jeder Mensch!

Ich kann mich nicht erinnern, meine Mutter je über ihre Stärken und Schwächen sprechen zu hören. Auch als ich schon erwachsen war, brachte sie bei Unstimmigkeiten zwischen uns einfach nur ihre elterliche Autorität ins Spiel: „Du kannst mich nicht ändern." Ende der Diskussion.

Ich weiß, dass ihr Widerstand gegen Veränderungen mich sehr beeinflusst hat. Doch inzwischen bin ich mir dessen bewusst geworden. Und noch immer muss – und will! – ich lernen, dass Veränderungen an sich gar nichts Schlechtes sind, sondern ein Kennzeichen von Wachstum.

Wie stark ist mein Bedürfnis gebraucht zu werden?

Mit einer Mischung aus Freude und Bedauern registrieren wir, dass unsere Kinder uns weniger brauchen, wenn sie älter werden. Eines Tages kam unser Sohn sichtlich genervt aus der Schule. Nachdem er schweigend ein Nutellabrot vertilgt und ein Glas Milch getrunken hatte, sagte er: „Heute ist was in der Schule passiert. Aber ich will nicht drüber reden. Es war nicht wahnsinnig schlimm. Ich habe mich nur verletzt gefühlt. Aber es ist schon okay. Ich hab' schon deswegen gebetet."

War ich stolz auf ihn? Ja. Auch neugierig? Natürlich! Aber ich war auch ein bisschen traurig, nicht mehr mit einbezogen zu werden, keine Frage.

Wir alle brauchen es, gebraucht zu werden. Es ist ein normales, gesundes menschliches Bedürfnis. Kinder brauchen uns tatsächlich, und damit erfüllen sie „ganz nebenbei" dieses Bedürfnis bei uns – bis zu einem gewissen Grad. Und für eine gewisse Zeit. Entscheidend ist dabei die Frage: Sind die Kinder in erster Linie für uns da oder wir für die Kinder?

Ob die Konstellationen bei uns stimmen, können wir daran ablesen, ob wir Eltern die Kinder nach und nach loslassen und uns mehr und mehr anderen Lebensbereichen zuwenden können.

Das gesunde Gefühl, gerne gebraucht zu werden und sich für die Kinder einzusetzen, fördert und baut die nächste Generation aus freien Stücken auf, es ist positiv und lebensbejahend.

Eher ungesund ist das Maß gebraucht zu werden, wenn der Wunsch da ist, die nächste Generation innerlich oder äußerlich möglichst eng angebunden zu halten (manchmal sogar räumlich – die Kinder sollen möglichst nicht weit weg leben). Es ist auch erkennbar an einer gewissen persönlichen Verarmung, wenn sich innerlich immer noch viel um die inzwischen selbstständigen Kinder dreht und wir keine neuen Interessen mehr außerhalb unseres engsten Lebenskreises entwickeln.

Irgendwann ist es Zeit für ein neues Miteinander. Um innerlich in Balance zu bleiben – oder in Balance zu kommen – ist die Phase, in der die Kindern erwachsen werden, die beste Zeit, sich selbst nach und nach mehr anderen Inhalten und Interessen (vielleicht auch anderen Menschen) zuzuwenden. Aber auch später hilft das, mit dem Bedürfnis, gebraucht zu werden, angemessen umzugehen und sich nicht aufzudrängen.

Die Kinder wie bisher an sich zu binden, schadet deren Entwicklung und der eigenen; es erzeugt auch keine Nähe, sondern oft genug genau das Gegenteil.

Kurz nach dem plötzlichen Tod ihres Mannes Peter Marshall beschäftigte sich die Autorin Catherine Marshall mit dem Loslassen, und in diesem Zusammenhang auch mit der Aufgabe, allein zu stehen und ihrem Neunjährigen eine gute Mutter zu sein, die sich nun nicht an das Kind klammert:

„Meine mütterliche Liebe erfüllt dann ihren Dienst, wenn sie stark genug ist, zur rechten Zeit das „Schürzenband" zu kappen und mein erwachsenes Kind sein eigenes Leben leben zu lassen. Mein „Erfolg" als Mutter zeigt sich, wenn ich mein Kind so großgezogen habe, dass es mich nicht länger braucht. Das ist keine Tragödie, sondern ein Ausdruck von gesundem Wachstum. Das ist kein Verrat an der Liebe. Das ist Liebe." (*To Live Again,* Commission Press 1957)

Liebe und einander brauchen. Beides ist oft so eng miteinander verwoben, dass leicht das eine mit dem anderen verwechselt werden kann. Irgendwann kann das Für-die-Kinder-da-sein aus Liebe sich verkehren in eine Erwartungshaltung an die Kinder, von denen wir – ohne uns dessen bewusst zu sein – auf einmal unsere Lebenserfüllung abhängig machen.

Vielleicht „brauchen" wir unsere Kinder, um eine unerfüllte Ehe aufrechtzuerhalten, wie eine Freundin von mir kürzlich entdeckte. Sie hatte mir anvertraut, dass sie Eheprobleme hatte.

„Sind dir deine Kinder wichtiger als dein Mann?", fragte ich sie.

„Ja, natürlich", antwortete sie, offenbar in der Annahme, dass jede Mutter dieser Antwort geben würde. Nach und nach wurde in der Beratung klar, dass sie mehr emotionale Befriedigung durch ihre Kinder als durch ihren Mann erfuhr und dadurch ein gefährliches Abhängigkeitsmuster aufgebaut hatte.

Wenn die Kinder klein sind, brauchen sie unter Umständen eine Zeit lang mehr Zuwendung als der Partner, doch wenn sie dadurch wichtiger werden und eine größere Erfüllung darstellen als die Beziehung zum eigenen Mann oder zur eigenen Frau, dann geraten die Familienbeziehungen komplett in eine Schieflage.

Es liegt in der Natur der Sache, dass die Elternrolle nur eine Aufgabe auf Zeit ist. Der Sohn, die Tochter ist mit achtzehn oder zwanzig Jahren für sich selbst verantwortlich. Die Eltern sind wieder allein für sich selbst verantwortlich ... und – nach wie vor – für ihre eigene Beziehung. Der Sohn, die Tochter geht aus dem Haus. Der Ehemann oder die Ehefrau bleibt, so hoffen wir, und das Paar ist und bleibt nun wieder zu zweit.

Einige Eltern werden übermäßig von den Kindern abhängig, wenn sich in der Familie eine Tragödie ereignet. Eine junge Mutter erzählte mir nach dem Tod ihrer eigenen Mutter durch einen Autounfall, dass sie ihre Tochter für den Rest des Jahres fast nicht mehr aus dem Haus gelassen habe, damit sie sie immer um sich fühlen konnte. „Ich reagierte auf den Verlust meiner Mutter mit dem gesteigerten Bedürfnis, sie fester an mich zu binden", erkannte sie.

Für allein erziehende Eltern kann das eigene Kind leicht schon in jungen Jahren zum „Begleiter" oder „Vertrauten" werden, wenn die erziehende Mutter/der erziehende Vater stark auf das Kind konzentriert ist. Statt Kind sein zu dürfen, wird der eigene Nachwuchs in die – absolut überfordernde Rolle – des Partners gebracht. Auch das schafft für beide Seiten eine ungesunde emotionale Abhängigkeit, die die spätere Ablösung behindert und in der Zukunft des Kindes eine mögliche Paarbeziehung erschwert.

Wie stark identifiziere ich mich mit meinem Kind?

Wie stark identifiziere ich mich mit meinem Kind? – Kennen Sie das Gefühl: Meine Tochter bekommt eine Spritze – ich fürchte die Nadel. Sie wird nicht zu einem Geburtstag eingeladen – ich fühle die Ablehnung. Ich fühle mit, im wahrsten Sinn des Wortes.

Noch einmal die Frage: Wie stark identifiziere ich mich mit meinem Kind? Bin ich „ganz eins" mit meinem Kind?

Manchmal gibt auf diese Frage keine eindeutige Antwort. Alles, was dem Kind widerfährt, widerfährt irgendwie auch mir. Und das scheint vielen Müttern und Vätern so zu gehen: Wir stehen unseren

Kindern bei, helfen ihnen, unterstützen sie ... und während wir für sie da sind und ihre Bedürfnisse erfüllen, erfüllen sich die unseren. Wir werden gebraucht! Und wir werden ja gerne gebraucht!

Aber – wie leicht verwischen sich die Grenzen zwischen unserem Leben und unserer Persönlichkeit und ihrem Leben und ihrer Persönlichkeit. Und das ist gut sich bewusst zu machen: Unsere Kinder sind unsere Kinder, sie gehören zu uns. Aber nur für eine gewisse Zeit in dieser engen Weise. Denn sie sind eigene Menschen, die ihr eigenes Leben leben lernen sollen.

Und das machen wir ihnen schwer, wenn wir uns zu stark mit ihnen identifizieren, wenn wir so tun, als seien sie ein Teil von uns. Genau das passiert auch, wenn wir die Kinder – bewusst oder unbewusst – zu unserem Aushängeschild machen. Kennen Sie das: Sieht mein Kind hübsch/ordentlich/adrett/süß/nett/ ... aus, bin ich eine gute Mutter – egal, wie ich selbst aussehe. Ist mein Kind gut in der Schule, bin auch ich gut und erfolgreich – egal, wie erfolgreich ich in anderen Bereichen des Lebens bin.

Wenn wir uns nicht genügend abgrenzen, besteht die Gefahr, unsere Kinder wie einen Spiegel zu benutzen und in dem (scheinbaren) Spiegelbild den Beweis zu suchen, dass wir als Eltern, ja als Menschen nicht versagt haben. Es passiert nicht mit böser Absicht, aber es passiert: Viele Eltern brauchen ihre Kinder offenbar, um eine eigene Identität oder Bedeutung zu gewinnen. Die Tochter, der Sohn – sie sollen so werden oder das werden, was die Eltern sich für sich selbst wünschen, sie sollen die Mängel ihres Lebens ausgleichen.

Wenn wir uns zu stark identifizieren mit unseren Kindern und sie wie einen Teil von uns selbst ansehen, machen wir ihre Erfolge zu unseren Erfolgen und ihre Misserfolge zu unseren Misserfolgen. Wie leicht gehen wir dann z.B. auch davon aus, dass unsere Träume auch die Träume der Kinder sind! Und wir erkennen nicht, dass sie das nicht sind. Es fällt offenbar vielen von uns Müttern und Vätern schwer, die wachsende und die grundsätzliche Eigenständigkeit eines Kindes zu respektieren. Für viele Eltern müssen „Vater, Mutter, Kind" oder „Mutter, Kind" oder „Vater, Kind" immer eine Einheit bleiben, sonst gerät ihre Elternwelt ins Wanken. Manche

Väter sehen sich als die Wegbereiter ihrer Kinder im Beruf, viele Eltern bestehen auf dem Abitur, ob das Kind will oder nicht, sie sind tief verletzt, wenn die Kinder sich einer anderen Denomination anschließen oder überhaupt andere Vorstellungen von der Zukunft entwickeln als sie selbst. Aber ein Kind *ist* eine eigene Persönlichkeit mit einem eigenen Leben, mit eigenen Gaben und Grenzen, mit eigenen Zielen und Wegen.

Dienen mir meine Kinder als Ausrede?

Manchmal benutzen wir unsere Kinder auch als Ausrede. Als Ausrede dafür, nichts anderes im Leben tun oder sein zu können. Natürlich gibt es Lebensphasen, in denen Kinder ein legitimer Grund dafür sind, dass anderes nicht möglich ist. Ich erinnere mich noch genau an die Zeit unmittelbar nach der Geburt jedes meiner drei Kinder. Es war, als stünde die Welt still, um mich die Mutter dieses Kindes sein zu lassen. Niemand erwartete in den ersten Tagen, dass ich wie sonst im Haus herumwirbelte, die Wäsche machte, einkaufte oder kochte. Für diese erste Zeit war meine Bestimmung klar definiert: Ich war dazu da, dieses neugeborene Kind zu stillen. Doch diese Phase dauerte nicht lange. Ich bekam Wochenbettdepressionen; vielleicht wohl deshalb, weil mir klar wurde, dass ich bildlich gesprochen wieder an den Pflug gehen und die Arbeit auf dem Feld aufnehmen musste, dass ich mich mit bzw. durch das Kind nicht einfach „ausklinken" konnte – um meiner selbst und um des Kindes willen nicht.

Ja, eine Mutter mit Baby oder Kleinkind/-ern hat – in einem gewissen Maß – die Legitimation, nicht viel anderes zu tun, denn sie hat nur ein begrenztes Maß an Zeit und Kraft. Aber was, wenn das letzte Kind den Schulbus besteigt und dann – zumindest in der Zeit, in der alle außer Haus sind – die manchmal heimlich ersehnte Ruhe oder sogar eine unheimliche Leere Einzug hält?

Oft beginnt in dieser Zeit eine Art Trauerphase, die die Mutter regelrecht lähmen kann. Sie fühlt sich „nicht mehr gefragt", aber dennoch ans Haus gebunden. Oft fühlt sie sich unfähig zu allem und benutzt ihre mangelnde Zukunftsperspektive unbewusst als Ausrede für die Passivität oder die Untätigkeit, der sie aus dem Gefühl heraus nachgibt. Sie hat das Gefühl, sie kann keinen Sport machen, keine Arbeit annehmen, nicht das Haus putzen, nicht die Möbel aufpolstern, keine Fortbildung machen, keine Disziplin halten, nicht den Backofen säubern. Was ist passiert?

Eine Ära ist zu Ende gegangen. Und sie steht vor der Frage: Was soll sie nun die nächsten zwanzig Jahre ihres Lebens anfangen?

Einige Mütter schieben den Prozess auf und bekommen noch einmal ein Baby. Eine meiner Bekannten hat ein zwölfjähriges Kind, ein sechsjähriges und ein Baby. Ich sah sie kürzlich auf einer Parkbank sitzen, den Kinderwagen neben sich. „Ich bin so verliebt in den Kleinen", schwärmte sie, wiegte ihn auf dem Arm und bedeckte sein Gesicht mit Küssen. Ich freute mich für sie, fühlte gleichzeitig aber auch so etwas wie Bedauern, weil früher oder später doch die Zeit kommen musste, in der sie der Realität eines Lebens ohne Baby ins Gesicht schauen musste. Eines Tages musste sie sich der Frage „Wer bin ich?" ganz unabhängig von ihren Kindern stellen.

Andere Faktoren

Gibt es beim Loslassen Unterschiede zwischen Müttern, Vätern, Alleinerziehenden, Paaren, christlichen Eltern, nicht oder anders glaubenden Eltern? Mir scheint, die Unterschiede werden nicht so sehr von diesen Fragen bestimmt, sondern von der emotionalen Struktur in der Eltern-Kind-Beziehung und dem Erziehungsmuster. Wir können also keine stereotypen Antworten geben. Doch einige allgemeine Beobachtungen vermitteln uns Anhaltspunkte für unser eigenes Erziehungsmuster, besonders für die einzelne Beziehung, also die Beziehung Mutter-Kind und Vater-Kind.

Mütter und Väter erleben nämlich die Ablösung vom Sohn oder von der Tochter offenbar unterschiedlich. Es ist häufig zu beobachten, dass Väter vor allem am Erfolg der Kinder interessiert sind, während Mütter sich in der Regel stärker um das Glück der Kinder sorgen. Schon hier besteht ein großer Unterschied. Auch sonst wird einiges anders erlebt, wahrscheinlich dadurch bedingt, dass von der Geburt des Kindes an bis zu dessen Selbstständigkeit vom Vater wesentlich weniger Veränderungen mitvollzogen werden müssen als von der Mutter (sofern die Mutter der Elternteil ist, der das Kind „vollzeitlich" versorgt, betreut und aufzieht).

Obwohl sich die gesellschaftlichen Gegebenheiten verändern, liegt in der Mehrzahl der Haushalte mit Kindern der Hauptteil der Verantwortung in den Kleinkind- und Kinderjahren nach wie vor bei der Mutter. Im Allgemeinen ist deshalb die Mutter, die sich die meiste Zeit um die Kinder kümmert, emotional viel direkter an den Veränderungen im Leben der Kinder beteiligt als der außer Haus berufstätige Vater: Es wird einem Vater nicht das Herz zerreißen, wenn das Kind in die Schule kommt – an seinem Tagesablauf ändert sich nichts.

Weil sie die kleineren und größeren Schritte in die Selbstständigkeit des Kindes stärker miterlebt, sollte die Mutter – zumindest rein theoretisch – auf die endgültige Ablösung eines Kindes viel besser vorbereitet sein als der Vater: Das Entwöhnen, wenn das Kind gestillt wurde, der Kindergarten, die Schule und die Ausbildung ... all das gibt einer Mutter die Chance, sich nach und nach mit dem Gedanken vertraut zu machen, irgendwann das Kind aus dem eigenen Haus zu verabschieden – vom gemeinsamen Leben in sein eigenes Leben.

Was geschlechtsspezifische Unterschiede angeht, tendieren Mütter dazu, ihre Söhne zu verwöhnen und sind nur schwer dazu bereit, irgendwann entsprechende Verantwortlichkeiten an zukünftige Schwiegertöchter abzugeben. Dieselben Mütter verlangen aber von ihren heranwachsenden Töchtern oft viel mehr als von den Söhnen. „Bis wir beide das Haus verließen, fragte meine Mutter meinen Bruder immer, was er gern zum Mittagessen hätte, und richtete ihm etwas, wenn er alleine war. Ich dagegen musste mich selbst um mein Essen kümmern, wenn sie einmal unterwegs war", berichtet eine Studentin. Väter dagegen verwöhnen oft ihre Töchter und verlangen Härte und Durchsetzungskraft von den Söhnen.

Alleinerziehende stehen meistens einer komplizierteren Struktur von Abhängigkeit und Selbstständigkeit gegenüber. Manchmal entstehen in Einelternfamilien auf der einen Seite ungesunde Abhängigkeiten zwischen dem Kind und seinem Hauptansprechpartner, während sie auf der anderen Seite gemeinsames Sorgerecht von Mutter und Vater oder die Wochenendbesuchs-Regelung regelrecht zum Loslassen zwingen, sowohl physisch als auch emotional.

Viele christlich geprägte Eltern empfinden das Loslassen schwierig, weil sie ihre eigenen Wertvorstellungen in der Realität der Gesellschaft oft wenig vertreten finden. Anderen fällt das Loslassen leichter, weil sie ihr Kind als selbstsicher, sicher in seinem Urteil und seinen Wertvorstellungen und – vor allem – geborgen bei Gott erleben.

Persönliche Auswertung

Michael Bloom, ein klinischer Psychologe, beschreibt Haltungen und Verhalten von Eltern, die entweder leicht oder schwer loslassen können. Mütter und Väter, die leicht loslassen, so seine Auswertungen, haben in der Regel Selbstvertrauen, akzeptieren Veränderungen, haben gute zwischenmenschliche Beziehungen, können ihrerseits von den heranwachsenden Kindern lernen und sowohl die eigenen Bedürfnisse als auch die der Kinder wahrnehmen und erfüllen.

Entsprechende Mütter und Väter legen Wert auf Selbstständigkeit und Autonomie für sich selbst und die Kinder, haben klare eigene Wertvorstellungen und erleben den Ablösungsprozess als natürlichen Bestandteil des Lebensablaufs.

Eltern, die nur schwer loslassen können, tun sich in der Regel allgemein schwer mit Veränderungen, haben keine klaren eigenen

> Wer leicht loslässt, hat in der Regel Selbstvertrauen, akzeptiert Veränderungen und kann sowohl die eigenen Bedürfnisse als auch die der Kinder wahrnehmen und erfüllen.

Werte und Persönlichkeitsvorstellungen, können mit Differenzen in zwischenmenschlichen Beziehungen schlecht umgehen und erleben den Ablösungsprozess – bewusst oder unbewusst – als Verlassenwerden.

Ohne Zweifel: Es ist schwer, sich mit diesen Mustern persönlich auseinander zu setzen. Seit ich Mutter wurde, habe ich über die Verletzlichkeit nachgedacht, die meine Bereitschaft zum Loslassen so leicht untergräbt und brüchig werden lässt. Mir ging es wie vielen: Ich begann mein Muttersein mit ziemlich hohen (und unrealistischen) Erwartungen ... und mit ein paar quälenden Ängsten. Doch generell ging ich davon aus, dass ich meine Kinder auf gute Weise lieben würde. Und dass genau das schon von sich aus die besten Seiten in mir hervorzaubern würde. Dann aber wurde ich mit der Realität konfrontiert. Ich merkte, dass das *von selbst* nicht unbedingt gelingt mit dem Lieben und Loslassen. Das brachte mich dazu, meine eigene Kindheit ein bisschen auszuforschen und so zu erkennen, was mich zu dem gemacht hat, was ich heute bin, und auf welche Weise es meine Art, Mutter zu sein, beeinflusst.

Als ich nach und nach sah, wie ich selbst erzogen wurde, und das dann auch ganz für mich selbst bewertete, fing ich an, mich innerlich zu winden. Mir wurde nämlich bewusst, dass ich unwillkürlich manches so ähnlich machte wie meine Mutter und dass meine Kinder ihre Erziehung vielleicht irgendwann mal genauso bewerten würden wie ich die meiner Mutter. Aber warum auch nicht? Von meinem Verstand her weiß ich, dass solche Bewertungen gar nicht schlecht, sondern konstruktiv sind, und ich würde mich geschmeichelt fühlen, wenn sie zu dem Ergebnis kämen, dass ich alles in allem doch eine „ganz gute" Mutter gewesen bin. Denn „ganz gute Mütter" wissen um ihre Schwächen. Sie bemühen sich, das Richtige zu tun. Sie suchen auch schon einmal Rat bei Fachleuten und Vertrauten. „Ganz gute Mütter" gehen davon aus, dass sie Fehler machen und geben das auch zu. Sie wissen, dass nicht alles so ist, wie es ein sollte. Daher sind sie bei Fehlschlägen nicht allzu überrascht; sie lernen aus ihnen und machen weiter.

Das halte ich auch für etwas Grundsätzliches: Wenn unsere

Kinder merken, dass wir Fehler zugeben können, aber auch unsere Stärken kennen, dann fällt es ihnen leichter, mit sich entsprechend frei und gelassen umzugehen. Unabhängig vom Alter haben wir nämlich etwas Wesentliches mit unseren Kindern gemeinsam: Wir sind fehlerhafte und unvollkommene Menschen mit starken und schwachen Seiten. Wenn wir das erkennen und einander vergeben können, dann ist das eine Ausdruck von liebevollen Beziehungen, wie Gott sie sich gedacht hat.

Denn auch unsere Unvollkommenheit hat ihren Sinn. Wir merken dabei, dass wir angewiesen sind aufeinander und auf Gott. Und wenn wir uns bewusst sind, dass das so ist und dass er gerne für uns da ist, dann bleiben auch seine Gnade und Vergebung nicht graue Theorie. Dann gewinnen wir im Nehmen und Danken (Gott gegenüber) und im gegenseitigen Verzeihen und Vergeben (zwischen Eltern/-teil und Kind) eine große Freiheit: nämlich die Freiheit, verletzlich und ehrlich sein zu können und unsere Schwächen vor uns selbst und anderen zugeben zu können. Das hat zu tun mit – richtig verstandener – Demut und mit Gebrochensein. Und in dieser Haltung, in diesem Bewusstsein erleben wir den ewigen Kreislauf der Liebe Gottes, in dem wir Liebe empfangen und weitergeben – eine gute Haltung für eine Mutter oder einen Vater, wie ich finde!

Persönliche Gebote

Nach einer persönlichen Auswertung all der Faktoren, die meine eigene Erziehung beeinflusst haben, besonders die Fähigkeit loszulassen, fand und finde ich es hilfreich, etwas zu haben, das mich daran erinnert, in dieser Offenheit und Verletzlichkeit zu leben. Deswegen nenne ich hier einige meiner ganz persönlichen „Mütter-Gebote" aus meinen ersten Jahren in diesem „Rund-um-die-Uhr-Job".

- *Vertraue Gott.* Immer. Ich hatte als Kind noch keine persönliche Beziehung zu Gott, aber jetzt lebe ich anders. Nichts hat mir deutlicher gezeigt, dass ich Gott brauche, als meine Mutterrolle. Ich schaffe es nicht ohne Gott, liebevoll, geduldig, freundlich und weise zu sein. Ich ertrage all die Ungewissheiten ohne ihn nicht. Ich kann ohne seine Vergebung nicht mit meinen Fehlern leben. Ich merke, wie angewiesen ich auf ihn bin, auf die Sicherheit, die ich in ihm finde, und auf den Horizont, den er mir weiten will. Deshalb gehören Beten und Bibellesen regelmäßig zu meinem Alltag.

- *Stelle die Beziehung zu deinem Partner vor die Beziehung zu deinem Kind/den Kindern.* Kinder verändern die Partnerbeziehung, deshalb erscheint diese Forderung vielleicht schwierig, wenn nicht gar unerfüllbar, besonders solange die Kinder klein sind. Aber es handelt sich hier um eine innere Einstellung, die durch konkrete Entscheidungen ausgedrückt und ausgelebt wird. Es geht um den verbindlichen Entschluss, immer wieder die Nähe des anderen und die Intimität der Beziehung zu suchen, womit nicht nur Sex gemeint ist, sondern der Entschluss, auf den anderen zu achten, auch dem anderen zuliebe auf sich selbst zu achten, freundlich miteinander umzugehen, sich gegenseitig zu verstehen versuchen, besonders an den Punkten, wo beide sich entwickeln und verändern. Kinder verändern eine Ehe. Ohne den verbindlichen Willen zur Gemeinsamkeit können sich Paare langsam auseinander leben, während sie die Kinder großziehen ... solange, bis sie, wenn die Kinder das Haus verlassen haben, sich als vollkommen Fremde gegenüberstehen.

- *Investiere Zeit und Energie auch in andere Interessengebiete, nicht ausschließlich in deine Kinder.* Meine Mutterrolle kann mich vollkommen vereinnahmen, darum muss ich die Hingabe an die Kinder mit anderen Interessen und Aufgaben in Einklang bringen, die das weiterentwickeln, was ich als Individuum in mir trage, unabhängig von der Mutterrolle. Es ist gut, wenn Mütter sich an die Träume erinnern, die sie vor der Geburt ihrer Kinder hatten. Es ist gut, wenn Mütter ihre Begabungen und ihre Individualität aufs Neue anfachen.

- *Prüfe deine Motive.* Man kann auf beiden Seiten „vom Pferd fallen", auch auf der „Egoismus-Seite". Manchmal bin ich zwar „ganz für die Kinder da", und trotzdem befriedigen meine Entscheidungen ganz egoistisch meine eigenen Bedürfnisse und nicht die meines Nachwuchses. Natürlich ist das manchmal auch nötig. Wenn ich einen Termin beim Arzt habe und ein Kleinkind trödelt herum, weil es sich allein anziehen will, dann muss ich in diesem Moment unter Umständen meinen Wunsch nach Eile nachkommen, anstatt dem Bedürfnis des Kindes nach Selbstständigkeit zu folgen – weil ich sonst den Bus verpasse. Trotzdem muss ich mir klar machen, dass ich *generell* für meine Kinder da bin und nicht sie für mich. Wenn ich mit einer Erziehungs-Entscheidung konfrontiert werde, lautet die erste Frage an mich selbst: Tue ich das jetzt zu ihrem oder zu meinem Besten? Mache ich das jetzt, weil ich Recht haben will oder weil es richtig ist? Es geht bei der Erziehung darum, das Bedürfnis der Kinder nach wachsender Selbstständigkeit zu erfüllen und nicht darum, mein Bedürfnis nach Erfüllung zu befriedigen.
- *Prüfe deine Prioritäten.* Weil die Kinderphase meines Lebens schnell vorübergehen wird, will ich sie bewusst leben. Dazu hilft es, wenn ich manches lasse, um nicht in Stress und Überbeschäftigung zu ersticken. Ich muss für mich selbst bestimmen, was die Hauptsache ist und dann die Hauptsache Hauptsache sein lassen. Folgende Fragen haben mir geholfen, meine Prioritäten fest zu legen:

? Welche meiner jetzigen Aufgaben kann niemand außer mir erledigen? (Hohe Priorität)

? Welche meiner jetzigen Aufgaben könnten auch andere erledigen? (Niedrige Priorität)

? Was von dem, was ich jetzt tue, hat auch in fünf Jahren noch Bedeutung? (Hohe Priorität)

Und dann gibt es für mich da noch ...

„Meine ganz persönlichen Mütter-Verbote"

- *Mische dich nicht ein in die Kämpfe deiner Kinder.* Ich weiß selbst
sehr genau, welche Versuchung darin steckt. Menschen können
mich verletzen, aber sie sollten es nicht bei meinen Kindern versuchen, denke ich manchmal unwillkürlich. Eine entsprechende
Situation weckt sofort meinen Beschützerinstinkt. Wenn jemand
die Gefühle meiner Kinder verletzt oder sie ungerecht behandelt,
werde ich zur Löwin; ich muss das Knurren unterdrücken, das
mir in die Kehle steigt. Doch: Obwohl Kinder ihre Eltern
manchmal als Beistand brauchen, müssen wir sie darin bestärken,
sich mit angemessenen Worten selbst zu verteidigen.
- *Versuche nie, das Leben als gerecht darzustellen.* Ich erinnere mich
daran, wie ich als Kind bei der kleinsten Ungerechtigkeit zu
meiner Mutter rannte und jammerte: „Aber das ist ungerecht!"
Und sie antwortete jedes Mal: „Das Leben ist nicht gerecht, mein
Schatz." Es machte mich immer fast verrückt, denn ich wollte,
dass das Leben gerecht ist. Unsere eigenen Kinder wiederholen
diese gleiche jammervolle Klage, und ich bin jedes Mal hin- und
hergerissen zwischen dem Bedürfnis, das Leben für sie gerecht zu
machen, und der Notwendigkeit, sie für die Ungerechtigkeiten
stark zu machen, denen sie im Leben unausweichlich begegnen
werden. Ich weiß: Wenn ich sie zu stark behüte, beraube ich sie
der Gelegenheit, am Leiden zu wachsen.
- *Manipuliere nicht mit Schuldgefühlen.* Ich habe es als Kind nie
gemocht, auf den Schuld-Trip geschickt zu werden, ebenso wenig
wie meine eigenen Kinder das mögen. Also schwor ich mir, sie
nicht mit Schuldgefühlen zu belegen. Aber manchmal passiert es
einfach. Ich bitte meinen Sohn, den Müll rauszutragen. Er sitzt
vor dem Fernseher und sagt: „Sobald die Sendung vorbei ist." Die
Antwort gefällt mir nicht. „Dann muss ich es wohl selbst machen", sage ich, nehme den Abfalleimer und lärme damit herum.

Meine Worte und Handlungen sollen ihm Schuldgefühle ein-
flößen, damit er – jetzt, wenn ich es will – aufsteht und den Abfall nach draußen bringt. Manipulation durch Schuldgefühle ist
ein unehrlicher indirekter Weg, jemanden zum Handeln zu bringen. „Derek, der Abfall muss noch vor dem Abendessen draußen
sein", wäre ehrlicher.

- *Übernimm nicht die Verantwortung für die Probleme deiner Kinder,
  die sie selbst lösen können.* Ich bin eine Macher-Mama, die es liebt,
  die Probleme ihrer Kinder zu lösen. Ein Kind fragt zum Beispiel:
  „Wo ist mein Schuh?", und ich fange an zu suchen. Aber ich
  bemerke etwas Seltsames. Der Besitzer des Schuhs hört auf zu suchen, weil ich die Verantwortung für dieses Problem über-
  nommen habe.
- *Sieh deine Kinder nicht als dein Aushängeschild an.* Gar keine
  Frage, dass wir in dieser Welt nach unseren Ergebnissen beurteilt
  werden; so können auch unsere Kinder allzu leicht zum Aushängeschild der Familie werden. Alles wird zu einer Frage der Ehre:
  Gute oder schlechte Noten, sportliche Erfolge, musikalische Fähigkeiten, Ausstrahlung und Höflichkeit der Kinder, das Niveau
  ihrer Ausbildung, ja sogar ihre äußere Erscheinung bis hin zur
  Körperkonstitution. Durch die Erfolge oder Misserfolge unserer
  Kinder werden wir scheinbar zu guten oder schlechten Eltern. Ich
  schwöre mir immer wieder, mein Ego nicht von den Errungen-
  schaften meiner Kinder beeinflussen zu lassen, aber die Versuchung ist immer wieder einmal da. Es ist ein entscheidender
  Unterschied, ob ich ein starkes eigenes Ich mit eigenen Interessen
  habe oder mich vom Ich meiner Kinder abhängig mache. Wer
  seinen Kindern den Weg in die Selbstständigkeit ebnet, wird
  erfahren, dass er dadurch ganz nebenbei auch selbst unabhängig
  wird.

Loslassen bedeutet nicht, verantwortungslos zu werden,
sondern anderen Verantwortung zu übertragen.
Loslassen heißt, nicht alles abzusichern,
sondern das Lernen aus natürlichen Konsequenzen auszuhalten.
Loslassen bedeutet, Hilflosigkeit zuzulassen,
weil ich das Ergebnis nicht in der Hand habe.
Loslassen bedeutet, mich selbst zu ändern,
nicht den anderen verändern
oder für mein Glück verantwortlich zu machen.
Loslassen heißt, sich um den anderen kümmern,
nicht für ihn zu sorgen.
Loslassen bedeutet Unterstützung geben,
nicht alles selbst in Ordnung bringen.
Loslassen heißt, jemanden Mensch sein zu lassen,
nicht über ihn zu richten.
Loslassen bedeutet, dem anderen die Chance zum Handeln zu geben,
und sich nicht selbst und die eigene Aktivität
in den Mittelpunkt zu stellen.
Loslassen heißt, dem anderen die Begegnung
mit der Realität zu ermöglichen,
nicht ihn vor allem zu beschützen.
Loslassen heißt annehmen, nicht leugnen der Realitäten.
Loslassen bedeutet, eigene Versäumnisse zu erkennen
und sie zu korrigieren,
und dabei nicht zu sticheln, schimpfen
oder doch Recht behalten wollen.
Loslassen bedeutet Entwicklung und zukünftiges Leben,
nicht Trauern um die Vergangenheit.
Loslassen hat viel mit Liebe und wenig mit Angst zu tun.

Verfasser unbekannt

KAPITEL 6

Gute Grundlagen legen

Glücklich die Familie,
in der heranwachsende Kinder so schnell wie möglich
das werden können,
was in Gottes Augen aus ihnen werden kann,
und glücklich die Eltern,
die gern dazu beitragen
und sich so schnell wie möglich zurückziehen.

Charles Swindoll, „Releasing the Reins"
(dt.: „Die Zügel lockern")

Wenn Eltern die Zügel locker lassen, sie ganz aus der Hand geben und sich zurückziehen, wird das Leben ihrer Kinder gelingen können und nicht in die Brüche gehen, wenn diese Eltern gute Grundlagen gelegt haben und ihren Kindern geholfen haben, ihr Leben auf ein festes Fundament zu stellen.

Ein festes Fundament ist im Bau für die Statik eines Gebäudes wesentlich. Es stabilisiert sowohl von unten nach oben als auch von innen nach außen.

Wer ein gutes Haus baut, legt entsprechende Grundlagen. Er macht einen wohl durchdachten Bauplan, in dem am Ende viel harte Arbeit und Auseinandersetzung mit kritischen Fragen und den Träumen von diesem Haus stecken. Für den Aufbau einer Familie, in der Kinder erzogen und gefördert werden sollen, ist etwas ganz Ähnliches meines Erachtens sinnvoll und für die kleinen und großen Entscheidungen im Alltag hilfreich.

Die Formulierung eines Familienziels ist dazu ein guter Anfang, weil so der Zweck und die Zielvorstellungen einer Familie bewusst und klar werden und unterschiedliche Auffassungen geklärt werden können. Gemeinsam gesteckte Familienziele untermauern und umgeben dann die wachsende Familie gewissermaßen. Sie verdeutlichen wie in einer Großaufnahme, wohin die Reise geht und wonach Entscheidungen gefällt werden sollen. Sie führen und bestärken den Einzelnen. Auch wenn Erwachsene ganz gut ohne Ziel- und Wertformulierungen durchs Leben kommen mögen, wird es spätestens bei der Aufgabe der Kindererziehung wichtig, die für eine Familie wesentlichen Punkte abzuklären (auch wenn das meines Erachtens bereits in einer Paarbeziehung aufschluss- und hilfreich ist). Eine solche Zielformulierung zu finden, mag zunächst als Last erscheinen. Die beste Möglichkeit, dazu zu kommen, bietet ein gemeinsames Brainstorming. Dabei kann man etwa mit folgenden Fragen beginnen:

- Was ist das Besondere an unserer Familie?
- Wofür stehen wir gemeinsam ein?
- Was ist uns wertvoll?
- Was ist unsere Leidenschaft?
- Welche Ziele haben wir als Eltern?
- Welche Werte möchten wir an unsere Kinder weitergeben, von denen wir hoffen, dass sie von ihnen an ihre Kinder weitergegeben werden?
- Welche Eigenschaften, welche Haltungen wünschen wir uns für unsere Kinder?
- Wie soll unsere Familie in fünf Jahren ... in zehn Jahren ... in zwanzig Jahren aussehen?

Hier zwei Beispiele für Zielformulierungen von Eltern mit kleinen Kindern:

Unser Ziel ist es, in Harmonie zusammenzuleben und die Bedürfnisse des anderen höher zu achten als die eigenen.

Der Zweck unserer Familie soll sein, eine sichere Umgebung für Kinder und Erwachsene zu schaffen und durch den liebevollen Umgang miteinander immer mehr verstehen zu lernen, wie man Jesus liebt und ihm dient.

Man sieht, Zielformulierungen für die Familie zeigen zunächst einmal die allgemeine Richtung für eine Familienstruktur an. Sie tragen dazu bei, die für die jeweilige Familie persönlich wichtigen Bausteine ihres Familienfundaments herauszufinden. Etwa die Frage „Was ist das Besondere an unserer Familie?", sie lässt die Unterschiede zu anderen Familien feststellen, und sie dient dazu, Ihren Kindern das wichtige Gefühl der Zugehörigkeit zu geben. Jede Familie wird von Vorlieben und Abneigungen bestimmt – gut, sich dieser Vorlieben und Abneigungen bewusst zu sein. Auch gemeinsame Traditionen, Sprachmuster und Handlungsweisen stärken eine Familieneinheit und stellen Teile des Fundaments dar:

- Bei uns wird vor dem Essen gebetet.
- Bei uns gibt es fünf Euro Taschengeld pro Woche, aber wir müssen davon auch Schulmaterial und Snacks kaufen.
- Bei uns gibt es am Samstagmorgen einen Brunch.
- Bei uns werden die Geburtstage mit Kerzen, Geburtstagskuchen und Geschenken am Frühstückstisch gefeiert.

Jede Familie hat ein System, wie das Altpapier oder die Alufolie entsorgt werden, hat Regeln fürs Fernsehen, fürs Telefonieren und das Bettenmachen. Jedes mag für sich gesehen bedeutungslos sein, aber das Bewusstsein darüber ist ein Ausdruck der Zusammengehörigkeit der Familie und vermittelt Sicherheit – und gehört zu den Grundlagen, die wir unseren Kindern für ihr Leben mitgeben können.

Ein festes Fundament errichten

Jesus sprach einmal von einem klugen Mann, der sein Haus auf einen Felsen baute: „Wenn ein Wolkenbruch niedergeht, das Hochwasser steigt und der Sturm am Haus rüttelt, wird es trotzdem nicht einstürzen, weil es auf Felsengrund gebaut ist" (Matth. 7,25). Nicht so das Haus des unvernünftigen Mannes, das auf Sand gebaut war; die gleichen Unwetter greifen sein weniger sicheres Haus an, und es wird „mit großem Krachen einstürzen" (Matth. 7,27).

Wer seinen Kindern wünscht, dass sie innerlich stark werden, muss das Potenzial für Stärke in ihnen pflegen. Er kann ihnen schon früh ein festes Fundament an Werten vermitteln, auf dem alles künftige Wissen, alle Fähigkeiten und alles Verhalten aufbauen. Dieses Fundament gibt ihnen Sicherheit und Standfestigkeit, wenn sie den Versuchungen, Beleidigungen und Herausforderungen des Lebens begegnen.

Ein anderer Vergleich ist der zwischen Kindern und Äpfeln oder Zwiebeln: Ein Apfel hat ein Kerngehäuse, den festen, faserigen Mittelteil, der die Kerne enthält und sogar intakt bleibt, wenn die Schale gedrückt oder geschält wird. Eine Zwiebel dagegen hat kein Kerngehäuse. Wenn sie immer weiter abgeschält wird, bleibt nichts mehr übrig. Wenn die Kerne christlicher Werte und eines entsprechend klaren und liebevollen Miteinanders schon früh in unsere Kinder gelegt werden, kann sich so etwas wie ein „Kerngehäuse" bilden, ihre innere Stärke kann sich ausbilden. Solche Kinder werden von den Stürmen des Lebens nicht weniger bedrückt oder geschüttelt werden. Sie werden wie jeder andere Fehler machen. Aber sie haben eine feste, stark gewordene Mitte, die ihnen hilft, irgendwann wieder eine gute Spur aufzunehmen und auch aus einer vielleicht noch so rebellischen oder schwierigen Pubertät gut herauszukommen und verantwortliche Jugendliche und junge Erwachsene zu werden. Von dieser Mitte aus – gestärkt durch (positiv) erlebten Glauben, Geborgenheit und klare Werte – können sie zu einer eigenen inneren Struktur und Kraft finden und damit auch raue Lebensabschnitte beherzt durchstehen.

Ein solche starke Mitte gehört zu einem in Gottes Augen guten Lebensfundament. Die entsprechenden Werte werden früh von den Eltern gelernt: Anstand, Mitgefühl, Treue, Hingabe, Eindeutigkeit, Ausdauer, Demut und Freundlichkeit, um nur einige zu nennen.

Was die Eltern für wichtig erachten und vor allem: wie glaubwürdig und in welcher Haltung sie selbst es leben, bestimmt die spätere Einstellung des Kindes und dadurch sein Verhalten – auch das in seinem späteren Erwachsenenleben. Mutter und Vater beeinflussen die Art und Weise, wie der Sohn oder die Tochter jetzt und später einmal Gott, sich selbst und andere sehen.

Das innere Erleben und auch das Verhalten auf jeder dieser drei Beziehungsebenen erwächst zuallererst aus dem, was das Kind in seiner Herkunftsfamilie hört, sieht und erlebt.

Werte vermitteln

Kinder und Kleinkinder sind wie Schwämme, die alles aufsaugen, was sie hören und sehen. Deshalb ist in den ersten Jahren die Art des Einflusses besonders entscheidend; mit dem, was wir sagen und noch mehr, mit dem, was wir durch unser Tun und unsere Haltung sagen, sind wir die ersten Lehrer unserer Kinder.

Gibt es Urprinzipien, die allen guten Familienregeln zugrunde liegen? Die erste Familie bekam ihre Familienregeln von Gott: Adam und Eva und ihre Söhne Kain und Abel hörten, dass Eltern ihre Kinder lieben und sie Gehorsam lehren und dass Kinder ihren Eltern gehorchen sollen.

Unseren Kleinkindern erzählte mein Mann, dass es in unserem Haus drei Regeln gebe, die aus der Bibel stammen. Regel Nummer eins besagte: „Lüge niemals", Regel zwei: „Denk' an die anderen", Regel drei: „Vergiss nicht, wo du herkommst", das heißt, „Haltet zusammen und helft einander." Über die Jahre hinweg haben wir den Kindern diese Regeln nicht nur gesagt, sondern ihnen auch gezeigt, wie man sie anwendet und lebt.

Kinder haben eine unglaubliche Begabung zum Auswendiglernen, und Wiederholung lässt sie sich etwas einprägen, was ihre Sicht von sich selbst, von anderen und von Gott bestimmt. „Ich vermag alles durch den, der mich stark macht", sagt sich ein Junge, der zum ersten Mal auf dem Startblock im Schwimmbad steht. „Der

Herr ist meine Kraft und mein Schild, ihm will ich vertrauen", wiederholt sich ein Kind, wenn das neue Schuljahr beginnt oder es ein klärendes Gespräch führen muss.

Das innere Fundament, das wir unseren Kindern in frühen Jahren aufbauen helfen, kann zur Grundlage ihres persönlichen Glaubens und weiter Perspektiven werden. Was in frühen Jahren an Gottes Wahrheit auf gute Weise in ihren Herzen Raum gewinnt, kann in ihrem späteren Leben auch gute Früchte tragen.

Bewahrt die Worte im Herzen, die ich euch heute sage! Prägt sie euren Kindern ein! Redet immer und überall davon, ob ihr zu Hause oder unterwegs seid, ob ihr euch schlafen legt oder aufsteht.

5. Mose 6,6-7

Man kann solche Verse allerdings so oder so verstehen. Ich dachte als junge Frau – bitte nicht lachen –, „einprägen" sollte bedeuten, um jeden Sonnenstrahl im Wohnzimmer herumzutanzen und so jede Einzelheit aus Gottes Schöpfung mit den Kindern zu bewundern. Ich dachte tatsächlich eine ganze Weile lang, „immer und überall von Gott zu reden" bedeute, den ganzen Tag lang Bibelverse zu zitieren. Irgendwann wurde mir freilich klar: Wenn wir auf fast zwanghafte Weise meinen, von Gott reden zu müssen, ist das nicht in Gottes Sinn. Und ganz nebenbei verlieren wir auch unsere Glaubwürdigkeit bei den Kindern. Ich denke, es geht eher um einen stillen Leitfaden, der sich durch das Wohl und Wehe des Familienlebens zieht. Jede Erfahrung, jede Situation, die wir ehrlich mit Gott durchleben, wird den Kindern zeigen, wie man das Leben im Vertrauen auf Gott gut leben oder bewältigen kann – an hellen und frohen und an dunklen Tagen.

Ich erinnere mich an ein besonders eindrucksvolles Erlebnis mit unserer Tochter Lindsay. Sie war acht Jahre alt und lernte Skifahren. Am Ende ihres ersten Übungstages wollte sie mir zeigen, was sie gelernt hatte, und wir traten die letzte Fahrt mit dem Sessellift an diesem Tag an. Oben angekommen suchten wir nach der Piste für Anfänger, die deutlich durch große grüne Zeichen markiert war.

Doch irgendwie erwischte ich die falsche Abfahrt. Als Nächstes weiß ich nur noch, dass wir mitten auf einer schwarzen Piste standen und es wohl nichts anderes mehr gab als hinunterzufahren.

Etwas zitternd standen wir am Rand von etwas, das wie ein Felsvorsprung aussah, von scharfkantig aussehenden Buckeln markiert. Nur eine Mutter und Anfängerin im Skilaufen wie ich kann die pure Panik verstehen, die mich in diesem Moment ergriff. „Das kann ich nicht, Mama", sagte Lindsay mit ruhiger Stimme. Die pure Untertreibung. Ich wusste, dass sie völlig überfordert war mit dieser Abfahrt und ich hatte starke Zweifel, dass ich sie schaffen konnte.

Die Piste war einsam und verlassen, und ich wunderte mich nicht. *Wer würde diese Abfahrt freiwillig fahren?* „Lass uns beten, Lindsay", sagte ich automatisch, denn ich war völlig hilflos.

Das taten wir. Keine fünf Minuten später wedelten zwei Männer von der Skipatrouille von oben herunter. Sie konnten die Panik sicher schon an meiner Körpersprache ablesen. „Brauchen Sie Hilfe?", fragte der eine.

Unser Problem war kein Problem für sie. Einer griff sich Lindsays Skistöcke, der andere stellte sie einfach vor sich zwischen die Beine, hielt sie fest und fuhr die steile Buckelpiste gekonnt und sicher mit ihr bis ins Tal ab. Mit Gottes Hilfe bin ich immerhin heil hinter ihnen den Berg hinunterkommen, und als ich Lindsay sagte, dass ich nicht an Zufälle oder Glück glaubte, sondern innerlich wusste, dass Gott uns die Männer von der Skipatrouille als Antwort auf unser Gebet geschickt hatte, gehörte das einfach zu einem eindrucksvollen Tag dazu. Und ab und zu erinnern wir uns beide noch an den Tag, an dem Gott uns zwei Engel in Skianzügen geschickt hat. Ein besonderer Tag, an dem wir den lebendigen Gott hautnah in unserem Leben erfuhren.

Werte und Liebe zeigen

Die Haltung unserer Kinder sich selbst, anderen und Gott gegenüber hat viel zu tun mit der Liebe, die sie entgegengebracht bekommen und mit der Art, in der sie sie erleben. Ein Kind braucht die Liebe der Mutter, die Liebe des Vaters von dem Tag an, an dem es in ihr Leben tritt. Es braucht die Bindung zu den Menschen, zu denen es gehört, und diese Bindung (das so genannte „Bonding") wächst durch Berühren, Kuscheln, Stillen, Reden mit dem Kind, Singen – durch Zuwendung. In seinen ersten Monaten wird das Bewusstsein eines Kindes für Sicherheit und Vertrauen aufgebaut. Die beim Nähren vermittelte Liebe ist dabei genauso wichtig wir die Nahrung selbst.

In der Beziehung zu unseren Kindern wollte ich immer, dass sich etwas widerspiegelt von dem Guten und der Liebe, die ich in der Beziehung zu Gott, unserem himmlischen Vater erlebe. Meine Liebe sollte seiner so ähnlich sein, wie es einem Menschen nur möglich ist: bedingungslos, beständig und voller Güte. Unsere Kinder sollten verstehen, dass sie sich unsere Liebe nicht zu verdienen brauchen, so wie wir uns Gottes Liebe nicht zu verdienen brauchen. Unsere Liebe zu ihnen hängt nicht von ihrem Verhalten ab, was eine große Befreiung darstellt, denn Kinder verhalten sich manchmal schrecklich, zumindest unsere. Sie verschütteten mutwillig ihre Milch im Restaurant, erzählten völlig Fremden Familiengeheimnisse und machten Dinge „zufällig" kaputt. Sie prügelten sich in der Kirche, sie beschämten und enttäuschten mich, aber keine Frage, ich hatte sie lieb, und ich hoffte, dass sie das wussten.

Ich glaube, dass sie es wussten, war aber oft überrascht, wie sehr sie die Bestätigung dafür immer wieder brauchten: „Nichts von dem, was du tust oder sagst, wird je etwas an meiner Liebe für dich ändern. Auch wenn ich enttäuscht, böse oder verletzt bin, ich werde dich nie, niemals weniger lieben." Diese Botschaft können Kinder glauben, wenn sie in dem, was wir sagen, und in dem, was wir tun, gezeigt, wiederholt und untermauert wird. Und diese Botschaft hilft ihnen, einmal an die Liebe anderer Menschen und an Gottes umfassende vergebende Liebe und Güte zu glauben.

Unsere Liebe drückt sich auf so unterschiedliche Weise aus. Sie ist stark und zärtlich zugleich. Manchmal besteht sie aus Küssen und Umarmungen. Ein anderes Mal aus konsequentem Handeln, aus Disziplin und klaren Grenzen – und meistens ist sie im Lauf eines langen Tages eine gesunde Kombination von beidem.

Der Einmaligkeit eines Kindes gerecht werden

Jedes Kind ist einzigartig und hat individuelle Bedürfnisse; darauf einzugehen gehört dazu, wenn wir unser Kind lieben.

Gott hat jeden Menschen anders und besonders gemacht. Kommentare wie „Er ist genau wie du" oder „Sie klingt wie du", hören mein Mann und ich zwar manchmal ganz gerne, aber ich finde es noch viel besser, wenn ich in meinen Kindern etwas erkenne, das in uns beiden gar nicht steckt: Wie eine Sechsjährige mit rührender Geduld ihren Wellensittich auf ihrer kleinen Hand trainiert (wozu ich viel zu ungeduldig bin). Wie eine Achtjährige ihr Pferd mit Sicherheit und Anmut reitet (wo weder ihr Vater noch ich Pferdeliebhaber sind). Wenn ich sehe, wie ein Zehnjähriger mit großer Selbstdisziplin alles Süße aufgibt (wozu ich die Energie oft nicht aufbringe). Staunend erkenne ich, wie einzigartig sie von Gott gedacht und gemacht sind – jedes völlig verschieden vom anderen und auch von uns, den Eltern.

Vielleicht lässt sich manches auf die unterschiedliche Art und Weise zurückführen, in der Eltern mit dem ersten, zweiten oder dritten Kind umgehen und auf die entsprechend andere Position in der Familie. Aber davon abgesehen lassen sich die unterschiedlichen Neigungen und Begabungen meist schnell erkennen. Diese Neigungen werden weder erlernt noch vererbt oder durch die Umwelt erworben; sie sind Ausdruck der von Gott individuell angelegten Persönlichkeit. Und als solche verdienen diese Neigungen und Begabungen unsere Achtung und Förderung, *auch wenn sie dem entgegenstehen, was wir uns für dieses Kind vielleicht vorgestellt haben.*

Wie können Eltern die Neigungen ihrer Kinder erkennen? Sie brauchen dazu die verschiedenen Seiten der Liebe: Zeit, einen möglichst unvoreingenommenen Blick und Sensibilität. Und sie brauchen dazu ihre Sinne: beobachten und zuhören.

Beobachten Sie Ihr Kind, wenn es sich unbeobachtet glaubt, beim Picknick, auf dem Spiel- und Sportplatz, während eines Spiels oder still zu Hause. Beobachten Sie es objektiv, als ob es das Kind anderer Leute wäre. Hören Sie auf, es zu der Person formen zu wollen, die Sie haben wollen. Nehmen Sie einfach wahr, was Sie jetzt sehen. Hören Sie ihm zu, ermutigen Sie es, bei Tisch oder beim Schlafengehen so zu reden, wie ihm ums Herz ist.

Um Ihr Kind besser kennen zu lernen, tauschen Sie sich mit den Lehrern, Trainern, Freunden, anderen Eltern und besonders Ihrem Partner aus. Beobachten Sie Ihre Kinder in verschiedenen Altersstufen beim Brettspiel; Sie werden große Unterschiede im Charakter und den Vorlieben und Abneigungen feststellen.

Verbringen Sie vor allem immer wieder Zeit, ungeplant und geplant, mit jedem einzelnen Kind, besonders, wenn die Kinder dicht hintereinander gekommen sind. Es hilft Ihnen, Ihr Kind tiefer zu erkennen und fördert den Respekt vor der Besonderheit dieses Kindes.

Um Zeit mit jedem einzelnen Kind zu verbringen, nimmt ein Vater, den ich kenne, jedes Kind abwechselnd auf Geschäftsreisen außerhalb der Stadt mit, wenn das Programm es erlaubt. Eine Mutter lädt immer wieder einmal ein anderes ihrer Kinder (allein) zum Eisessen oder Ähnlichem ein. Ich persönlich schätze die Zeit, in der ich mit einem Kind allein im Auto sitze. Für einige Augenblicke sind wir einander ein höchst konzentriertes Publikum.

Manche Unterschiede ergeben sich auch aus den Konstellationen einer wachsenden Familie. Vielleicht erkennen Sie einige der folgenden Stereotypen?

Erstgeborene sind, da sie zunächst die ungeteilte Zuwendung ihrer Eltern erhalten, in der Regel konservativ und angepasst. Da ihre Eltern hohe Erwartungen an sie haben, neigen sie zu hoher Handlungsbereitschaft und Perfektionismus. Das zweite oder mittlere Kind ist oft freundlich und hat weniger Ansprüche, verhält sich diplomatisch und kann gut Kompromisse schließen. Dagegen gewähren Eltern dem letzten Kind, ihrem Nesthäkchen, nur widerstrebend größere Freiheit, wenn es heranwächst. Trotzdem sind die „Kleinen" in der Regel charmante, glückliche Kinder, die das Leben genießen können, weil sie mit Liebe und Herzlichkeit überschüttet werden.

Gesunde elterliche Liebe tut gut daran, nicht das eine mit dem anderen Kind zu vergleichen und zu erwarten, dass es die gleichen Charakterzüge wie die Geschwister aufweist. Das schwarze Schaf der Familie wird oft zum schwarzen Schaf gemacht, weil es wahrnimmt, dass es dem Standard der Geschwister oder den Erwartungen der Eltern einfach nicht entspricht. Kinder mit unterschiedlichen Neigungen bringen unterschiedliche Leistungen nach Hause. Wir haben z. B. eine gute Erfahrung damit gemacht, die Zeugnisse unserer Kinder mit jedem allein zu lesen, anstatt daraus eine Familienangelegenheit zu machen.

Wie können wir ein Kind – und wenn wir mehrere Kinder haben: jedes unserer Kinder – so lieben, dass wir seiner Einmaligkeit gerecht werden? Ein willensstarkes Kind, ein „braves" Kind – was braucht es? Da gibt es völlig verschiedene Persönlichkeits-Strukturen, völlig verschiedene Grundhaltungen gegenüber Regeln und Disziplin. Bei mehreren Kindern im Haus verlangen dann die Altersunterschiede mehr oder weniger strenge Schlafenszeit-Regelungen. Gar nicht so einfach, da dem einzelnen Kind gerecht zu werden!

Gibt es das denn, gerechte Liebe? Perfekt abgestimmtes Verhalten dem Kind, den Kindern gegenüber?

Keine Frage, Kinder machen es einem schwer, sie unterschiedlich zu behandeln, weil ihr Gedächtnis zumindest in dieser Hinsicht in der Regel hervorragend funktioniert. Sie erinnern sich genau, wie alt Derek war, „als du ihm seine erste Verabredung erlaubt hast"! Alle Freiheiten des ersten Kindes scheinen in den Köpfen der anderen wie in Stein gemeißelt zu sein. Aber gerade weil wir den Kindern gerecht werden wollen, können wir sie *nicht genau gleich* behandeln. Das kann auch so aussehen, dass wir zwar die Einhaltung derselben Regeln fordern, aber auf unterschiedliche Weise, je nach den Erfordernissen und der Reaktion des Kindes, das wir gerade vor uns haben.

In unserem Bemühen, gerecht zu sein, wecken wir ihre Erwartungen nach Gerechtigkeit, das ist grundsätzlich gut; aber wir wissen auch, dass das Leben nicht fair ist, und das müssen sie auch lernen und aushalten lernen. Wenn ich Lindsay ein Paar Schuhe kaufe, muss ich dann Kendall auch welche kaufen, obwohl sie keine braucht? Führe ich über die Weihnachtsgeschenke Buch, damit jedes Kind garantiert die gleiche Anzahl Geschenke bekommt? Wenn Kinder uns so zählen sehen, werden sie ebenfalls zu zählen beginnen und Entsprechendes ganz allgemein vom Leben erwarten.

Das ist die Herausforderung an uns als Mutter oder Vater, der Einzigartigkeit unseres Kindes beziehungsweise der Verschiedenheit unserer Kinder in Neigung, Temperament und Alter einfühlsam zu begegnen, ihr Selbstwertgefühl und Vertrauen aufzubauen und ihre eigentlichen Begabungen zu fördern. Wie können wir die Stärken eines Kindes betonen und nicht seine Schwächen? Wie können wir es fertig bringen, dass sich jedes Kind als die Person gut fühlt, zu der es vom Schöpfer und Architekten aller Architekten gemacht wurde?

Wie ein Funkwecker, der sich in regelmäßigen Abständen an der großen Signal gebenden Funkuhr ausrichtet, fragen Kinder immer wieder unausgesprochen: „Bin ich okay?", und sie orientieren sich dabei am Verhalten ihrer Bezugspersonen. Sie halten von sich genau das, was andere von ihnen halten. Wir sind ihr Spiegel, der ihr eigenes Selbst reflektiert, besonders wenn sie klein sind, darum brauchen sie unsere positive Bestätigung. So wird tief in ihnen, an einem Punkt, wo niemand hineinsehen kann, nicht einmal sie selbst, der Kern ihres positiven Selbstwertgefühls gelegt und gepflegt.

Es gibt Situationen, wo Liebe in Form von Konsequenz wichtig ist. So gern wir dann in einem Moment vielleicht eine Erlaubnis oder Vergünstigung geben würden – aus Liebe geben wir sie nicht oder schränken sie ein. Das ist nicht „schön", vielleicht sogar hart oder schwierig in diesem Augenblick, aber es dient dem Kind, es dient ihm, auf lange Sicht gesehen. Wir verzichten auf das „Kurzzeitziel", das Kind zufrieden zu stellen (und vielleicht dabei uns selbst), um ein Langzeitziel zu erreichen. Und das ist ein erstrebenswertes Langzeitziel: Das eigene Kind zur Verantwortung zu erziehen und es zu lehren, die Folgen seines Handelns zu tragen. Zum Beispiel. Oder: Wir erlauben dem quengelnden Dreijährigen nicht, vor der Mahlzeit Plätzchen zu essen. Wir zeigen einem älteren Kind, was Verbindlichkeit ist, wenn wir ihm sagen, dass es die Fußballsaison im Club nicht mittendrin abbrechen darf, auch wenn es das am liebsten sofort tun würde.

In unserer Familie trafen wir die Entscheidung, dass unsere Kinder auf eigenen Wunsch einmal eingegangene Verpflichtungen auf jeden Fall für eine bestimmte Dauer des Unterrichts fortführen sollten, auch wenn sich das zeitlich nicht genau festlegen ließ, etwa beim Klavierunterricht. Ganz konkret: Als sie neun war, wollte Lindsay gern Klavier spielen lernen, und wir waren einverstanden. Ein Jahr später hatte sie die „langweiligen" Übungen satt und wollte stattdessen Flöte in der Schulband spielen. Wir hielten es aber – auch nach unseren vorherigen Absprachen – für besser, den Klavierunterricht so lange fortzusetzen, bis sie einen bleibenden Gewinn aus ihrem Einsatz und den eingesetzten finanziellen Kosten gezogen hatte. Also schlossen wir einen Kompromiss: Wir setzten kein Zeitlimit, sondern gewisse Fähigkeiten als Ziel fest. Sie sollte ein bestimmtes Buch mit Klavierstücken spielen können, bevor sie aufhören durfte. Dadurch hatte sie einen Ansporn und das absehbare Ende vor Augen. Musik ist nicht ihre starke Seite, deshalb zwangen wir sie nicht zum Weitermachen. Aber wir halfen ihr, die Konsequenzen ihrer ursprünglichen Entscheidung selbst mitzutragen (und so etwas darüber zu lernen, dass jede Entscheidung Konsequenzen hat) und auch, konstruktiv das Beste aus so einer Situation zu machen.

Als Derek die Diabetes-Diagnose bekam, ermutigte uns der Arzt, ihn zur Teilnahme an einer Diabeteswoche für Kinder zu schicken, wo er andere mit den gleichen Problemen treffen würde, viel über Diabetes-Kontrolle lernen und Zutrauen in seine Fähigkeiten gewinnen würde, mit der Krankheit fertig zu werden. Er war neun Jahre alt und wollte nicht von zu Hause fort. In dieser Situation bestanden wir darauf, auch entgegen seiner Unsicherheit, und zwar liebevoll und bestimmt, denn wir wussten, dass diese Erfahrung ihn ein ganzes Stück selbstständiger machen würde und dass ihm das gerade nach der Verunsicherung durch die Krankheit gut tun würde. Am Abend vor der Abfahrt packten wir seine Sachen in die Sporttasche. Er saß auf dem Bett, als seine Stimme zu zittern begann. „Ich weiß, dass du es nicht mehr absagen kannst, aber warum schickt ihr mich weg?", fragte er mit Tränen in den Augen. Wir hatten die Gründe schon hundert Mal durchgesprochen und das Herz brach mir fast, als ich seine Angst vor dem Heimweh spürte. Es wäre mir innerlich so leicht gefallen, die ganze Sache auf der Stelle abzublasen; und ich wusste, es würde so schwer sein, ihn am Morgen im Trainingscamp zurückzulassen. „Wenn du weggehst", stammelte er und versuchte sich zusammenzunehmen, „werd' ich mich furchtbar fühlen." Ich betete an diesem Abend und am nächsten Tag, dass Derek von Engeln umgeben und beschützt sein würde und um die Kraft, ihn allein zu lassen – ihn wieder einmal loszulassen.

Die Junisonne strahlte auf uns herab, als wir uns von der plötzlich so kleinen, tapferen Gestalt auf den brüchigen Stufen des Blockhauses verabschiedeten. Nach einer schnellen Umarmung drehte ich mich um und wanderte den langen Weg zurück. Ich hatte eine Woche vor mir, die für mich fast ebenso schwer werden würde wie für ihn. Das war Konsequenz aus Liebe.

Heute, einige Jahre später, schauen wir zurück und wissen, dass die Erfahrung für Derek gut war. Überhaupt glaube ich, dass

Ferienlager am Ende der Grundschulzeit allen Kindern gut tun, weil sie erleben, dass es auch ohne die Familie geht. Kinder müssen das nicht erst im Jugendalter lernen.

Konsequentes Handeln aus Liebe bedeutet, in der Erziehung Grenzen setzen und diese Grenzen einzufordern, nötigenfalls auch durch Bestrafung. Kinder brauchen Grenzen. Sie geben ihnen das Gefühl von Sicherheit und schaffen um sie herum eine überschaubare Welt, in der sie neuen Situationen angstfrei begegnen können. Bestrafung im Fall der Übertretung von Grenzen zeigt, dass bestimmte Schritte bestimmte Konsequenzen nach sich ziehen (wie später im Leben auch). Insofern verstärkt ein klares Wissen um Bestrafung gutes Verhalten und belegt schlechtes Verhalten mit Ablehnung. Grenzen schärfen das Gefühl der Kinder für richtig und falsch ganz grundsätzlich, auch wenn keine Kontrollpersonen, wie z.B. die Eltern anwesend sind.

Was charakterisiert „gute Grenzen" und sinnvolle Konsequenzen durch Bestrafen?

- **Bestrafung soll nachvollziehbar und konsequent sein**
Wir sagen, was wir meinen. Und wir meinen, was wir sagen. Im Idealfall. Aber allzu oft drohe ich meinem Kind mit Konsequenzen, von denen ich – und das Kind – wissen, dass ich sie nicht anwenden kann oder will. Vor einem Familienausflug stichelt ein Kind fortwährend am anderen herum. „Hör auf, deine Schwester zu ärgern, oder du bleibst zu Hause", sage ich. Ich meine das nicht ernst. Er muss ja mit. Ich habe keinen Babysitter und auch keine Lust, mit ihm zu Hause zu bleiben. In dieser Situation hätte ich meinen Unmut besser anders ausgedrückt. Oder, noch besser, für den Fall, dass er nicht endlich aufhört, eine wirklich zu erwartende Konsequenz angekündigt, kein Eis beim Ausflug zum Beispiel. So aber verliert das, was ich sage, an Wirksamkeit, weil mein Sohnemann merkt, dass ich gar nicht meine, was ich sage.

Das Gleiche gilt fürs Nörgeln. Irgendwann ist mir bewusst geworden: Nörgeln ist sinnloses Gerede ohne Konsequenzen. Es besteht aus Mitteilungen, die jeder schon kennt. Immer dasselbe. Die

Kinder schalten einfach ab und überhören mich, wenn ich etwas pausenlos wiederhole. Wenn eine Bitte oder Anweisung zum ersten Mal ausgesprochen wird, hat sie Informationswert. Wenn sie nur wieder und wieder kommt, ohne dass etwas passiert, wenn man sie überhört, ist das Ganze nur eine mehr oder weniger phlegmatische Nörgelei. Kinder aber wollen klar wissen, woran sie sind, und sie wollen sich – im Positiven wie im Negativen – auf das verlassen können, was wir sagen. Deswegen sollten Grenzen und Konsequenzen klar sein. Und das geht gut auf eine freundliche und bestimmte Art, dazu braucht es keine Drohungen.

- **Bestrafung soll gerecht sein**

Gott steht für Gerechtigkeit, und in der Bibel werden Eltern zwei Mal aufgefordert, in ihrer Erziehung gerecht zu sein: „Ihr Eltern, behandelt eure Kinder nicht ungerecht! Sonst fordert ihr sie nur zum Widerspruch heraus. Eure Liebe muss vielmehr in Wort und Tat von der Liebe zu Christus bestimmt sein" (Epheser 6,4). Die andere Stelle: „Ihr Väter, seid liebevoll zu euren Kindern, damit sie nicht ängstlich und mutlos werden" (Kolosser 3,21). Eine Strafe muss dem Vergehen angemessen sein. Ein erster Verstoß zieht gerechterweise nicht die gleichen Konsequenzen nach sich wie wiederholtes Fehlverhalten. Ein Kind, das einen Teller fallen lässt, muss die Konsequenzen nicht in derselben Weise tragen wie ein Kind, das ihn vorsätzlich auf den Boden schmeißt: Das eine würde die Scherben aufkehren und wegbringen müssen, das andere den Teller von seinem Taschengeld ersetzen beziehungsweise auch selbst besorgen müssen.

- **Bestrafungsmuster sollen durchgehalten werden**

Wenn einmal eine Konsequenz für ein Fehlverhalten festgelegt wurde, sollte sie auch durchgehalten werden – um für das Kind auch nachvollziehbar zu sein. „Wenn du deine Schwester schlägst, gehst du für eine halbe Stunde auf dein Zimmer." Einmal festgelegt, muss dies immer gelten, auch wenn Opa und Oma und zwei Kusinen zu Besuch sind. Der Grund: Regelmäßige Verstärkung der Regeln hilft Kindern, die Handlung mit Konsequenzen zu verbinden und richtige Entscheidungen zu treffen. Der Zusammenhang zwischen Entscheidungen und ihren Folgen bereitet sie auf das Leben in der realen Welt außerhalb der Familie vor.

In der realen Welt bekommt Papa einen Strafzettel, wenn er in einer Anwohnerzone fünfzig fährt, wenn nur dreißig Kilometer die Stunde erlaubt sind. Wenn Mama eine Diät macht und dabei den ganzen Tag Süßes knabbert, bekommt sie die Konsequenzen zu spüren, indem sie Gewicht zulegt anstatt abzunehmen. Wenn die Stromrechnung nicht bezahlt wird, wird die Elektrizitätsgesellschaft den Strom abstellen.

Wir haben die Verpflichtung, in unserer häuslichen Umgebung weitestgehend die gleiche Logik in den Konsequenzen zu schaffen wie in der realen Alltagswelt, in die das Kind hineinwachsen soll. Die Konsequenzen für Fehlverhalten müssen fair – also logisch und angemessen – sein und ausnahmslos gelten.

Modelle und Vorbilder

Was wir tun, spricht stets eine deutlichere Sprache als das, was wir sagen. Und so werden Werte übermittelt: durch die Art, wie wir leben. Wofür wir uns Zeit nehmen, wofür nicht. Wie wir zuhören, mitfühlen, nachfragen, teilen, Entscheidungen treffen. Unsere Kinder tun genau das, was sie bei uns sehen. Beobachten Sie einmal, wie sie uns quasi imitieren: mit den gleichen Sätzen, im gleichen Ton beim Umgang mit Geschwistern und Freunden. Sogar ihre schlechten Gewohnheiten sind oft abgeschaut.

„Ein Kind lernt und lebt genau das, was es erlebt" ist der Titel eines bekannten Textes, der oft im Wartezimmer von Kinderärzten hängt. „Ein Kind", so beginnt der Text, „das mit ständiger Kritik lebt, lernt zu verurteilen. Ein Kind, das Ablehnung erlebt, lernt zu kämpfen." Am Ende heißt es: „Ein Kind, das in Sicherheit lebt, lernt zu glauben. Ein Kind, das Anerkennung erlebt, lernt sich selbst zu lieben. Ein Kind, das Angenommensein und Freundschaft erlebt, lernt Liebe in der Welt zu finden."

Ob wir wollen oder nicht, wir sind an jedem Tag unseres Lebens ein Beispiel – so oder so, und unsere Kinder schauen sich ihr Verhalten und ihre Haltung zum Leben von uns ab. Wie behandeln wir die Kellnerin? Welcher Sportsgeist zeigt sich bei sportlichen Ereignissen? Auch Sie haben sicher schon Väter erlebt, die den Schiedsrichter, Trainer oder die eigenen Kinder abwerten oder gar anbrüllen. Kinder aber brauchen das positive Beispiel, und das bewirkt deutlich mehr als jede Kritik. Es ist gut vorzuleben, dass sich der Druck des Wettbewerbs entschärfen lässt, dass man eine Schiedsrichterentscheidung annehmen kann, die man vielleicht selbst anders getroffen hätte, dass man jeden Ausgang eines Spiels akzeptiert, dass man beim eigenen Sieg froh und freundlich sein kann und nicht überheblich sein muss, und dass eine Niederlage ein guter Ansporn sein kann, weiterzutrainieren und stärker zu werden.

Sich als lebendiges Beispiel zu verstehen, ist für die meisten von uns Müttern und Vätern eine echte Herausforderung. Wir machen Fehler, verlieren die Geduld und sagen Dinge, die besser ungesagt blieben. Aber wenn wir offen damit umgehen und vor unseren Kindern auch Fehler zugeben können, lernen sie dadurch ganz praktisch, wie man Demut und Wahrhaftigkeit lebt, wie man Unvollkommenheit aushält, Zerbruch und Schwierigkeiten durchsteht – und dass Gott uns alles andere als vollkommene Menschen liebt und durch uns wirkt.

Haltungen, Einstellungen und Werte

Ein Gebäude erhält seine Gestalt durch den Grundriss, nach dem es erbaut wird. Die Werte einer Familie, die vermittelt werden durch das, was wir ihnen beibringen, durch das, was wir ihnen vorleben, und durch die Art, in der wir sie lieben, prägen die Haltung unserer Kinder zu sich selbst, zu anderen und zu Gott.

Wie sehen sie aus, wie würden Sie sie benennen: Ihre Familienziele, Ihre Werte und Prioritäten? Wie leben Sie sie im Alltag? Wie prägt das Ihr Kind, Ihre Kinder und deren Haltung zu sich selbst, zu anderen und zu Gott?

Was können, was sollen unsere Kinder über Gott wissen? Die Antwort darauf ist wesentlich für ihr Wachstum im Glauben. Gott ist immer gegenwärtig, er liebt uns. Wir können uns an ihn wenden und uns ihm anvertrauen. Er ist derjenige, vor dem wir Rechenschaft ablegen und der uns vergibt, uns befreit von dem, was war, und uns neu anfangen lässt. – Diese Fundamente grundlegender Wahrheit werden im Leben eines Kindes schon sehr früh gelegt.

Ich bedauere es, dass ich persönlich dieses Fundament als Kind nicht hatte. Abgesehen von ein paar Psalmen, den Erinnerungen an einige Osternachts-Messen und dem Tischgebet am Thanksgiving-Day wusste ich nicht viel über Gott, nicht viel über Jesus. Was ich dann mit sechzehn, siebzehn Jahren und danach hörte, war wie eine Rekonstruktion und gleichzeitig eine neue Befestigung meines spärlichen Fundamentes. Zu dieser Zeit wurde Jesus meine Sicherheit mitten in der Traurigkeit und Verwirrung, die ich über diese Welt empfand. Ich erlebte Gottes Gegenwart im Kern meines Seins.

„Jesus loves me, this I know, for the bible tells me so ...", heißt es in einem Lied für Kinder – „Jesus liebt mich, wie ich bin, das steht in der Bibel drin. Ich bin schwach, denn ich bin klein, doch Jesus lässt mich nie allein."

Mit einfachen Worten vermittelt das Kinderlied eine geistliche Wahrheit: die Realität und Zuverlässigkeit der Gegenwart Gottes und seiner Liebe, sein Interesse an jedem Menschen. Der kindliche Glaube bekommt so ein solides Fundament – die Grundlage für einen wachsenden Glauben an Gottes bedingungslose Liebe, Güte und Vergebung.

Bewusstsein für sich selbst

In einer gesunden Familie entwickelt ein Kind ein gesundes Ich: Es weiß, dass es ein einzigartiges Individuum ist, zwar in Beziehung zu Eltern und Geschwistern, letztlich aber eine eigenständige Person, von Gott und den Eltern geliebt. Auf dieser Basis baut sich in ihm das alles entscheidende Selbstwertgefühl auf, außerdem Zuversicht und die Fähigkeit, sich so anzunehmen, wie es ist, inklusive dem Bewusstsein, nicht vollkommen zu sein. Solches Selbst-Bewusstsein gibt dem Kind ein Gefühl von Sicherheit; es ermöglicht Besonnenheit und Selbstdisziplin, die Fähigkeit, gute Entscheidungen zu treffen und klare persönliche Grenzen zu ziehen. Wer gelernt hat, sich selbst anzunehmen, kann auch andere lieben.

Bewusstsein für andere

Wir leben immer auch in Beziehungen zu anderen, deshalb ist die Einstellung unserer Kinder zu anderen so wichtig für ihre Entwicklung und ihr inneres Wachstum. Anderen mit Liebe und Mitgefühl begegnen zu können, erwächst aus der Erkenntnis, dass die Welt sich nicht nur um sie selbst dreht; eine für das allgemeine Miteinander wichtige Haltung, die der natürlichen Neigung zum Egoismus entgegensteht. Diese Fähigkeit, von sich weg und auf andere zu sehen, baut auf der Goldenen Regel auf: So, wie ihr von anderen erwartet, dass sie euch begegnen, so begegnet auch ihr den anderen.

Einundzwanzig praktische Tipps für Eltern

1. Lass dein Kind wissen, dass du es liebst, was auch immer geschieht.
2. Hilf ihm herauszufinden, worin es gut ist, damit es sich gut fühlt.
3. Beschränke die Regeln auf ein Minimum. Lass die Hauptsache die Hauptsache bleiben.
4. Lockere die Regeln, statt sie zu verschärfen, wenn das Kind älter wird.
5. Lass das Kind Kind sein. Erwarte nicht, dass es sich wie ein Erwachsener verhält.
6. Ermutige es, seine Träume zu verfolgen, nicht deine Erwartungen.
7. Nörgle nicht.
8. Leite es zum Denken an, aber sage ihm nicht, was es denken soll.
9. Erlaube ihm, Entscheidungen zu treffen und die Konsequenzen dieser Entscheidungen zu tragen.
10. Lass es seine Kreise immer weiter ziehen und gestehe anderen zu, den Raum einzunehmen, den du einmal eingenommen hast, aber nicht immer ausfüllen kannst und sollst.
11. Erledige nicht immer Dinge, die dein Kind selbst tun kann.
12. Schlage nicht seine Schlachten und versuche auch nicht, die Welt gerecht zu machen.
13. Behandle dein Kind mit Respekt. Lass es seine eigene Meinung haben und aussprechen.
14. Belaste es nicht mit deinen Sorgen. Dein Kind ist dein Kind, nicht dein Partner.
15. Sei fröhlich. Habt Spaß miteinander.
16. Sei echt. Gib deine Fehler zu. Entschuldige dich.
17. Suche eine gemeinsame Basis.
18. Mach das Schönste aus den unwiederbringlichen Momenten des Lebens.
19. Suche das Leben ... dein eigenes Leben.
20. Bete für dein Kind. Bleibe dabei.
21. Vertraue Gott.

Und denke daran: Es ist nie zu spät, etwas für die Zukunft deines Kind zu tun. Es ist nie zu spät, etwas für die Ewigkeit deines Kindes zu tun. Fang einfach an, wo du gerade bist ... hier und jetzt!

KAPITEL 7

Erste Regeln im Baby- und Kleinkindalter

Eine gute Mutter ist wie eine leichte Steppdecke.
Sie hält ihre Kinder warm,
aber sie erdrückt sie nicht.

Verfasser unbekannt

Bevor unser erstes Kind geboren wurde, versprachen mein Mann und ich uns gegenseitig, dass das Baby uns selbst nicht verändern sollte. Wir hatten gesehen, wie sich manche unserer Freunde nach der Geburt eines Kindes verwandelt hatten. Sie wurden total albern, sprachen mit hohen Stimmen in der Babysprache und nahmen allen Ernstes an, dass die Farbe des Stuhls in den Windeln auch alle anderen Leute interessierte. Sie taten Dinge, die einfach ekelhaft waren, steckten zum Beispiel ihren Finger in die Windel, um zu sehen, ob sie voll war. Ständig benahmen sie sich, als sei ihr Baby das einzige Kind auf der Welt und ihr Leben drehte sich von morgens bis abends nur noch um ihren siebenpfündigen Wonneproppen. Nein, kein Baby der Welt würde uns so beherrschen!

Dann bekamen wir unser erstes Kind.

Und es dauerte nicht lange, bis dieses Kind uns zeigte, wie naiv wir waren.

Schon in der ersten Nacht zu Hause übernahm der Kleine die Herrschaft über unser Leben. Die ersten paar Stunden schlief er friedlich. Ich begann gerade, mich wie im Happy End meines eigenen Vater-Mutter-und-Kind-Spiels zu fühlen, als mein Engel um Mitternacht wach wurde und den Mutter-Märchen-Traum zerplatzen ließ wie eine Seifenblase. Nach der Mahlzeit begann er zu schreien, als ob man ihm ans Leben wollte, und sein Vater und ich waren zutiefst überzeugt, dass er uns etwas Wichtiges mitteilen wollte. Uns wurde klar, dass wir zwar alles über Wehen und Geburt wussten, dagegen nichts über ein Neugeborenes, das um Mitternacht schreit.

Und so wurden diese Stunden zwischen Mitternacht und fünf Uhr morgens zu unserem ganz persönlichen Intensiv-Crash-Kurs über Elternschaft. Wir breiteten alle Bücher auf dem Bett aus und lasen in rasender Schnelligkeit die entsprechenden Kapitel. Wir trugen unseren kleinen Wicht hin und her, während wir ihn abwechselnd fütterten, seine Windeln wechselten, ihn aufstoßen ließen, ihn wiegten und wieder seine Windeln wechselten. Und wir konnten nicht begreifen, warum er nicht aufhörte zu schreien, obwohl wir ihm doch alles gaben, was er brauchte. Je mehr wir ihn hin und her trugen, desto mehr schrie er. Es schien so, als ob er einfach keine Lust hätte, das Versuchskaninchen unerfahrener Eltern zu sein.

Den Morgen begrüßten wir beide mit müden Augen, aber wie nach einer bestandenen Feuertaufe für frisch gebackene Eltern. Es brauchte dann eine gewisse Zeit und weitere Erfahrungen, bis wir im tiefsten Inneren wussten, dass dieses zarte Wesen nicht so zerbrechlich war wie wir ängstlich, dass es auch mit nassen Windeln schlafen konnte und dass sein unausgereiftes Nervensystem manchmal überreizt war und er deswegen für eine Weile schrie, auch wenn es für uns keinen ersichtlichen Grund gab. Während dieser ersten Monate versuchten wir ihm beizubringen, dass es für alles eine bestimmte Zeit gab: eine Zeit zum Aufwachen, eine Zeit zum Schlafen, eine Zeit zum Trinken und eine Zeit für stilles Zufriedensein.

Ich gebe es nur ungern zu, aber wir verhielten uns in kürzester Zeit, obwohl wir uns geschworen hatten, es nie zu tun, genau wie all die anderen albernen „Erst-Eltern". Wir redeten von nichts anderem mehr als von unserem Baby. Wir vertieften uns in alles, was mit Babypflege zu tun hatte. Wir tauschten uns mit Freunden aus, besuchten Seminare, lasen jedes „Was-mache-ich-wenn"- Buch, schauten uns Fernsehsendungen an und tauschten noch mehr Erfahrungen mit noch mehr Freunden aus. Wir führten uns alle Rund-ums-Baby-Themen in einer derartigen Überdosis zu, dass ich aus dieser Zeit noch heute zwei tief sitzende Abneigungen in mir spüre.

Die eine bezieht sich auf die „Mein Kind/dein Kind"-Gespräche, die in Wirklichkeit nichts anderes sind als Variationen des Themas „Unser Baby ist das Beste". Entgegen unserem Schwur kamen solche Gespräche sofort auf, wenn zwei oder mehr Mütter oder Väter zusammen waren. Unausweichlich drehte sich zuerst einmal alles darum, wessen Baby schon durchschlief, den ersten Zahn bekommen hatte oder „Da-da" sagen konnte. Ähnliche Gespräche verfolgten uns dann wieder durch die Kindergarten- und erste Schulzeit, wenn es ums Malen, das ABC oder die ersten Rechenkünste ging.

Es war mir nicht immer bewusst, aber ich fand mich mehr als mir lieb war in einer Art Konkurrenzkampf. Und der brachte etwas Ungutes in mir zum Vorschein und gab mir einen Vorgeschmack auf die eifersüchtige Identifikation mit den Fähigkeiten oder dem Versagen meiner Kinder, selbst dann, wenn ich mir ganz sicher sein konnte, dass ich überhaupt keinen Einfluss auf das „Ereignis" hatte, etwa auf das frühe oder späte Erscheinen des ersten Zahns. Und das Ganze endete meistens damit, dass ich – mal mehr, mal weniger unbewusst – entweder die meisten dieser Mütter nicht leiden konnte (deren Kinder offenbar für Spezialschulen für Hochbegabte geschaffen waren) oder mich furchtbar schuldig fühlte, weil meine Kinder so normal und durchschnittlich waren.

Damit komme ich zur Abneigung gegen ein anderes bestimmtes Gefühl:

Ich hasse dieses hilflose, hoffnungslose Gefühl, dass es schon zu spät ist, meine Fehler an den Kindern wieder gutzumachen. Es wird ihnen ein Leben lang etwas Wichtiges fehlen, habe ich mal gedacht, weil ich in der Schwangerschaft nicht genug Weizenkeime gegessen habe. Oder weil ich ihnen nicht genug vorgelesen habe, als sie

Kleinkinder waren, oder während der Kindergartenzeit nicht genug Geduld aufgebracht habe. Ich hatte lange Zeit Angst, dass sie deshalb in der Pubertät psychische Behandlung bräuchten und womöglich nie eine vernünftige Schule abschließen würden. Sogar jetzt, wo sie erwachsen sind, befällt mich manchmal die Furcht, sie könnten bleibende seelische Narben in sich entdecken, die allein meine Schuld seien.

Wenn ich nachdenke, komme ich dann glücklicherweise immer zu dem Schluss, dass es nie zu spät ist, um in positiver Hinsicht etwas zu bewirken für mein Kind. Solange mir Gott eine weitere Stunde, einen weiteren Tag schenkt, ein weiteres Gespräch, einen weiteren Anruf, eine weitere E-Mail, ein weiteres Gebet, solange ist Gelegenheit für Veränderung. In diesem Sinn gibt es noch einiges zu entdecken und umzusetzen, wenn es ums Lieben und Loslassen von Kindern in unterschiedlichen Altersstufen geht!

Null bis zwei Jahre

Der Bindungsprozess zwischen Eltern und Kindern, das so genannte Bonding, hat sich in den letzten drei Generationen entscheidend verändert, und zwar vor allem durch äußere Umstände. Als ich geboren wurde, war sich keiner meiner Elternteile meiner Ankunft unmittelbar bewusst, ganz ohne Scherz: Mein Vater schlief ein Stockwerk tiefer im Warteraum, und meine Mutter lag unter Narkose. Das hat sicher keinen lebenslangen Einfluss auf mein seelisches Gleichgewicht erbracht, aber es hat die Bindung meiner Eltern zu mir verzögert, besonders die meines Vaters. Zumal die Sorge für ein Baby zu dieser Zeit ja als Frauensache galt. Während ich bei meiner ersten Schwangerschaft noch darum kämpfen musste, meinen Mann wenigstens in der letzten Phase der Geburt bei mir zu haben, konnte er bei den späteren Geburten problemlos anwesend sein. Während er unmittelbar nach meiner ersten Geburt aus dem Kreißsaal gescheucht wurde, hatten wir später so viel Zeit miteinander, wie wir brauchten. Meinen ersten Sohn nahm man mir sofort nach der Geburt weg und brachte ihn erst am nächsten Morgen wieder, die beiden Mädchen schliefen gleich in ihren Bettchen neben mir und ich konnte sie anlegen, wann ich wollte. Kein Wunder also, dass uns die erste Nacht zu Hause mit Derek so hilflos machte. Ich sah ihn in der Klinik nur während der Fütterungszeiten und machte mir den Rest der Zeit, allein im Bett, Gedanken über den Mini-Fremdling im weit entfernten Kinderzimmer. Meine Beziehung zu ihm verwirrte und ängstigte mich, weil ich so unsicher war. Bei den nächsten Babys hatte der Prozess der inneren Bindung schon längst angefangen, als ich das Krankenhaus verließ.

Heute spielen Väter eine wichtige Rolle bei der Schwangerschaft und Geburt beziehungsweise können sie spielen, wenn sie offen dafür sind. Es ist selbstverständlicher geworden, dass ein Paar verkündet „Wir sind schwanger" und dann die neun Monate soweit es geht gemeinsam erlebt und (aus-)trägt. Viele Paare gehen zusammen zum Arzttermin, hören die Herzschläge und sehen das Ultraschall-Bild auf dem Monitor gemeinsam an. Von Anfang an kann der Vater an diesem intimen Bindungsprozess teilnehmen. Das trägt nicht nur viel bei zu seiner Bindung an das wachsende Kind, sondern es ermöglicht ihm auch ein tieferes Verständnis für die Rolle der Frau in diesem Wunder und für ihre Situation. Väter, die bei der Geburt einer Tochter oder eines Sohns anwesend sind, berichten, dass sie schon unmittelbar nach der Geburt ein enge Beziehung zum Kind empfinden.

Die Mutter-Kind-Bindung ist entscheidend

Ein Kind braucht zu Beginn seiner Entwicklung vor allem die Zuwendung und Wärme seiner Mutter. Diese Bindung ist *die* wesentliche, die lebenswichtige Quelle des kindlichen Sicherheits- und Vertrauensgefühls, und das wiederum ist wichtig fürs ganze Leben. Frühkindliche Untersuchungen haben ergeben, dass ein Baby auf die eigene Mutter offenbar in besonderer Weise reagiert:
• Neugeborene reagieren stärker auf höhere als auf tiefere Stimmen

- Schon während der ersten Wochen erkennen Neugeborene die Stimme der Mutter und lassen sich durch sie trösten
- Nach fünf Tagen identifiziert und bevorzugt ein Baby den Geruch der Milch der eigenen Mutter
- Nach drei bis vier Wochen kann ein Beobachter von außen am Gesicht eines Neugeborenen seine besondere Reaktion auf die Mutter ablesen.

Ein Baby braucht seine Mutter, keine Frage. Andere Studien haben gezeigt, dass sogar das reine Überleben eines Neugeborenen von dieser Bindung abhängen kann. In einigen Extremfällen sind sonst gesunde Neugeborene ohne eine sie wärmende und tröstende Mutterfigur regelrecht zugrunde gegangen und gestorben. Das hängt zusammen mit den zwischenmenschlichen Abläufen zwischen Mutter und Kind, die den Aufbau des frühkindlichen Nervensystems in hohem Maß beeinflussen. Das Gehirn, das für einen Menschen so etwas ist wie die Festplatte für so lebenswichtige Funktionen wie Denken, Wahrnehmen der Umwelt, Aufnahmefähigkeit und Urteilsvermögen, hängt entscheidend von der Mutter-Kind-Beziehung ab. Deshalb können schwere Störungen der Bindung in den ersten Monaten nach der Geburt Folgen für das ganze Leben eines Kindes haben.

Das erste Lebensjahr ist entscheidend wichtig für die Bindungsfähigkeit eines Kindes. Erst wenn diese Fähigkeit aufgebaut und gefestigt ist, können später auch gesunde Prozesse des Loslassens stattfinden, genauso wie einem Entwöhnen des Kindes das Stillen (beziehungsweise im weitesten Sinn das Nähren) vorausgegangen sein muss.

Übrigens ist die Sorge unbegründet, dass die Aufmerksamkeit, die Sie Ihrem Kind während dieses Bindungsprozesses schenken, es in ungutem Sinne verwöhnen könnte. Nach heutigen Erkenntnissen kann man ein Baby im ersten Lebensjahr nicht „falsch verwöhnen". Das schließt man daraus, dass in einem Säugling noch keine bewussten Denkvorgänge ablaufen. Babys lernen in diesem Stadium der Entwicklung einfach durch die Erfahrung einer fürsorglichen Mutter, dass Mitgefühl den Schmerz überwindet. Sie erleben, dass sie gewissermaßen aus ihrem Unbehagen und Unwohlsein herausgeliebt werden.

Was tun mit einer Fülle an Informationen und Ratschlägen?

Frisch gebackene Eltern werden oft mit Ratschlägen zu allem und jedem überhäuft, und zwar durchaus mit widersprüchlichen Ratschlägen. Was tun? Soll man einen Schnuller benutzen, wann und wie soll man Regeln aufstellen, kann man ein sechsmonatiges Baby verwöhnen usw. Die Schwiegermutter rät dies, die TV-Talkshow das, Bücher, Experten oder die beste Freundin noch etwas anderes. Wie können Mütter und Väter mit dieser Fülle an Informationen umgehen? Wie können unsichere „Erst-Eltern" wissen, was ihrem Kind gut tut?

Wenn Sie Ihren eigenen Erziehungsstil finden wollen, rate ich Ihnen zum kritischen Denken à la Paulus: „Prüfet, und das Gute

„Prüfet, und das Gute behaltet!"

behaltet!" – Hören Sie gut zu, lesen Sie bei einer konkreten Frage in mehr als ein Buch zum Thema hinein, klären Sie Hintergrund und Erfahrung der Autoren oder Experten ab und testen Sie eine Theorie in der Praxis. Widerspricht sie dem gesunden Menschenverstand? Widerspricht sie Ihren Wertvorstellungen? Entspricht oder widerspricht sie biblischen Grundaussagen? Funktioniert sie? Lassen Sie das Zweifelhafte oder Schlechte beiseite und behalten Sie das Gute. Wählen Sie aus, was für Ihr Baby und Ihre Familie gut ist. Die Verantwortung liegt ganz bei Ihnen.

Der Anfang des Loslassens

In den ersten Monaten ist ein Baby vollkommen abhängig von Mutter und Vater. Sie zeigen ihm ihre Liebe, indem sie sich ihm zuwenden, es versorgen und nähren. Und doch können manche

Eltern auch schon in diesem frühen Stadium von einem gewissen Schmerz berichten, wenn sie loslassen müssen in einer Zeit, in der sie noch ganz auf die Nähe und Bindung zum Kind eingestellt sind.

Eine Mutter fühlt diesen Schmerz des Loslassens, wenn sie ihr Neugeborenes zur Behandlung im Krankenhaus zurücklassen muss, während sie selbst schon nach Hause geht. Genauso kann es einer anderen einen Stich versetzen, wenn sich ihr Baby zum ersten Mal auf den Bauch dreht oder die Flasche allein hält – und damit eine erste kleine Errungenschaft in Sachen Selbstständigkeit macht, ganz ohne Hilfe, ganz ohne Zutun der stets sorgenden Mutter. Ein Vater erinnert sich schmerzlich an den Augenblick, in dem sein Kind einem Fremden genau das Lächeln schenkte, von dem er dachte, es sei ausschließlich für vertraute Gesichter reserviert. Eine Mutter erlebt die Rückkehr in den Beruf nach dem Mutterschutz als schmerzhafte Abtrennung, wenn sie ihr Baby einer Tagesmutter überlassen muss.

Eine der gefühlsmäßig härtesten Entscheidungen für viele stillende Mütter ist die über den Zeitpunkt des Abstillens. Der Kinderarzt rät uns dies, La Leche League das, und die Freundin in der Nachbarschaft hat eine dritte Meinung. Auch hier handelt es sich meiner Erfahrung nach wieder um eine ganz persönliche Entscheidung. Ich selbst habe jedes Kind sechs Monate gestillt und habe mir zum endgültigen Abstillen ein Wochenende ohne die anderen Kindern eingerichtet. Das hat mir ein Ziel gesteckt und der Rahmen dieses besonderen Wochenendes hat für mich diese „zweite Abnabelung" emotional erleichtert. Trotzdem war das Abstillen für mich jedes Mal viel schwieriger als für das Baby. Und das scheint für fast alle Ablösungssituationen zu gelten. Sie sind schwierig, vor allem für den, der loslässt, aber sie sind wichtig – für den, der loslässt und für den, der losgelassen wird.

Für das Baby ist die Geburt die erste Trennungserfahrung, über deren Bedeutung sich die Experten allerdings immer wieder streiten. Nach etwa sechs Monaten fängt das Baby an zu begreifen, dass es ein von der Mutter gesondertes Einzelwesen ist und sich in dieser Phase nur sicher fühlen kann, wenn die Mutter in Reichweite ist. Deswegen ist es gut, während dieser Phase der Trennungsängste eine Atmosphäre der Sicherheit zu schaffen, in der das Kind nach und nach durch „gute Erfahrungen" lernt, sich auch in langsam größer werdenden Entfernungen und Abständen zu Ihnen noch wohl zu fühlen. Das zu diesem Zeitpunkt aufgebaute Vertrauen schafft eine gute Grundlage für die später so wichtige gesunde Autonomie und Unabhängigkeit, besonders in der Pubertätszeit.

Ist dieses Sicherheitsgefühl aufgebaut, kann die Entwicklung weitergehen: mit dem Bedürfnis nach Unabhängigkeit und Eigenständigkeit, in der Fachsprache „Trennung und Individuation" genannt. „Trennung" bezieht sich auf das Bedürfnis des Kindes, sich als von der Mutter getrenntes einzelnes Wesen wahrzunehmen. In der „Individuation" entdeckt das Kind die während der Trennung von der Mutter entwickelte Identität, es macht seine erste „Ich-Erfahrung".

Die körperliche Entwicklung des Kindes erfolgt parallel mit seinen sich verändernden seelischen Bedürfnissen. Die stärkste Bindung wird aufgebaut, wenn das Baby noch viel körperliche Wärme braucht und noch nicht mobil ist. Lernt das Baby dann krabbeln und laufen, reift es innerlich so weit, dass es sich auch in größerer Entfernung zur Mutter sicher fühlt.

Was ist zu der Frage zu sagen, ob eine Mutter in dieser entscheidenden „Bonding"-Phase arbeiten gehen sollte? Auf diese Frage gibt es keine einfachen Antworten; auch das ist eine persönliche Entscheidung, und die Familie muss den Weg finden, der für ihre Situation gangbar ist. Für viele Mütter besteht gar keine Wahl, sie müssen außer Haus arbeiten gehen und können nur die im Rahmen des Möglichen beste Lösung für das Baby suchen.

Ich konnte in diesen frühen Jahren in Teilzeit arbeiten und zwar von zu Hause aus; das war für mich eine optimale Lösung, über die ich froh war. Ich kenne daneben aber genauso die guten Gründe einer Freundin, die sich entschlossen hatte, sich zunächst ganz ihren kleinen Kindern zu widmen, aber wieder ganztags zu arbeiten, wenn sie das Schulalter erreicht hatten. Sie sagte neulich noch einmal: „Ich betrachtete diese ersten Jahre als Investition. Ich wollte Zeit mit den Kindern verbringen, um in ihnen das beste Fundament aus Liebe, Erziehung und Persönlichkeitsstruktur aufzubauen, das mir möglich war. Ich denke, dass ich durch meine damalige Investition heute mehr Freiheit habe."

Zwei bis fünf Jahre

Wenn Kinder autonomer und körperlich weniger abhängig von den Eltern werden, fordern sie mehr und mehr Selbstständigkeit. Und das kann ziemlich anstrengend sein: Kinder in diesem Alter bewegen sich unglaublich schnell, sind selbstbezogen, haben noch so gut wie keine Urteilsfähigkeit entwickelt und sind wie darauf programmiert, ihren Willen und ihre Eigenständigkeit um jeden Preis durchzusetzen.

In dieser Zeit testen sie unablässig ihre Grenzen aus, und die jetzt entwickelten Verhaltensmuster bleiben tief eingeprägt. Wenn die Regel lautet, dass das Kind nicht allein zur Haustür hinausgehen darf, ist es wichtig, diese Regel jetzt unbedingt einzuhalten, und zwar zuverlässig mit allen festgelegten Konsequenzen, beim nicht Einhalten genauso wie beim bewussten Brechen dieser Regel. Das Prinzip heißt: Was ein Kind tut oder lässt, hat Konsequenzen, ganz so wie es angekündigt worden ist. Diese Konsequenzen mögen unbequem sein, aber sie schaffen Vertrauen in die Sicherheit und Zuverlässigkeit dessen, was vorher gesagt und konkret angekündigt worden ist. Und weil Kleinkinder selbstzentriert sind und die Welt um sich herum jeden Moment gerade so interpretieren, wie es ihnen gefällt, ist es für sie wichtig zu lernen, positives Verhalten zu wiederholen, sodass es verstärkt und eingeübt wird, und anderes Verhalten abzulegen, das unerwünscht ist, weil es ihnen und anderen (jetzt oder später) nicht gut tut.

Wir müssen die Forderung unserer Kinder nach Selbstständigkeit grundsätzlich respektieren und fördern, anstatt sie zu unterdrücken.

Während dieses „Trainings", in dem wir die vereinbarten Grenzen einfordern und Disziplin mit dem Kind einüben, müssen wir gleichzeitig die Forderung unserer Kinder nach Selbstständigkeit sehen und sie grundsätzlich respektieren und fördern, anstatt sie zu unterdrücken.

Es ist gut, ihnen die Freiheit zu gewähren – und zwar auf den Gebieten wo die Konsequenzen dieser Freiheit überschaubar und vertretbar sind sind. Die Wahl der eigenen Kleidung zum Beispiel ist ein guter Bereich für ein Kleinkind, seine Eigenständigkeit auszudrücken. Es mag wild entschlossen sein, sich jeden Tag ein Superman-Cape über seine „normale Kleidung" zu werfen oder sich für ein Familienereignis mit Krönchen und Schleier zu schmücken – ganz egal, die Wahl der eigenen Kleidung ist eine überschaubare und absolut ungefährliche Gelegenheit, selbst loszulassen und mit dem Kind Kompromisse zu schließen, auch wenn man sich dabei vielleicht die missbilligenden Blicke von weniger großzügigen und verständnisvollen Menschen zuzieht.

Zu Beginn des dritten Lebensjahrs kann dann auch die Frisur zum Thema werden. Mir gefielen immer die einfachen Kurzhaarschnitte meiner Mädchen, aber ich werde niemals einen bestimmten Tag vergessen, an dem ich unsere kleine Kendall vom Kindergarten abholte. Sie saß angegurtet auf dem Kindersitz im Auto, ihre rundlichen Beinchen vor sich ausgestreckt. „Niemand kann mich leiden", verkündete sie in mürrischem Ton.

„Mein Schatz, wie kannst du so etwas denken?", fragte ich erstaunt.

„Das ist, weil ich kurze Haare habe", erklärte sie ganz sachlich.

Wir wurden uns schnell einig, und sie ließ ihr Haar zwei Jahre lang wachsen.

Eigene Entscheidungen gewähren

Ab einem Alter von zwei Jahren können wir mit unseren Kindern die Kunst der Selbstständigkeit einüben, damit sie unser Vertrauen in ihre wachsende Fähigkeit zur Unabhängigkeit spüren und so Vertrauen in ihre eigenen Entscheidungen gewinnen. Es fängt mit ganz kleinen Entscheidungen an. „Möchtest du zum Frühstück Marmeladenbrot oder lieber ein Rührei mit Schinken?" – „Möchtest du lieber das blaue oder das grüne Hemd anziehen?" Sie merken, diese Fragen beziehen sich nicht darauf, ob sie überhaupt frühstücken oder sich anziehen wollen. Stellen Sie Ihr Kind nicht vor Entscheidungen, deren Ausgang Sie nachher nicht akzeptieren können! Sie würden das kindliche Vertrauen in die Fähigkeit zur eigenen Entscheidung schwächen, wenn Sie ihm erst die Wahl lassen und danach verkünden, dass seine Entscheidung die falsche war.

Angemessene Verantwortung übertragen

Der Prozess des Loslassens ist gekennzeichnet durch das überlegte Gewähren von Freiheiten und Verantwortungen, die dem Alter des Kindes entsprechen und sozusagen „mitwachsen". Mit fünf Jahren können Kinder ihren Papierkorb ausleeren, das Bett machen und die Spielsachen in ihrem Zimmer aufräumen. Beim Festlegen von entsprechenden Verantwortlichkeiten sollten wir Bereiche auswählen, in denen wir auch weniger perfekte Ergebnisse akzeptieren können. Ein Negativbeispiel: Eine Mutter überließ ihrer Dreijährigen die alleinige Verantwortung fürs Zähneputzen, ganz ohne Kontrolle. Später zeigten sich einige Löcher in den Zähnen und der Zahnarzt verwies darauf, dass die Zähne nicht richtig geputzt worden seien. Die Mutter erkannte, dass sie dem Kind eine Verantwortung übertragen hatte, die – noch – nicht altersgerecht war.

In diesem Kindergarten- und Vorschulalter können Kinder auf jeden Fall schon gut lernen, bestimmte Aufgaben zu übernehmen. Damit können sie gute Gewohnheiten gegenüber Dingen, die getan werden müssen, und eine selbstverständliche Haltung zur Arbeit entwickeln, und durch positive Ergebnisse bekommen sie Bestätigung und lernen gleichzeitig „verzögerte Belohnungen" kennen.

In diesem Alter schwanken Kinder oft zwischen wild entschlossener Selbstständigkeit und totaler Anhänglichkeit. Die nach beiden Seiten pendelnden Stimmungen strapazieren oft die elterliche Geduld. Ich habe es oft erlebt: Das Kind etwa, das zu Hause unbedingt seine Schuhe allein anziehen wollte, während alle darauf warteten, endlich zu einem Besuch bei Freunden aufzubrechen, war dasselbe Kind, das dann bei den Freunden die ganze Zeit mit dem Daumen im Mund auf meinem Schoß saß, anstatt mit den anderen Kindern zu spielen. Zu Hause stellte mich sein Drang nach Selbstständigkeit auf die Probe, eine Stunde später irritierte mich seine plötzlich so starke Abhängigkeit.

Doch eine solche Situation ist nicht ungewöhnlich: Gerade in einer Phase wachsender Ablösung von den Eltern muss sich das Kind ständig vergewissern, dass es geliebt wird und dass bei den Eltern Sicherheit und Zuverlässigkeit zu finden ist. Kinder in dieser Phase können regelrecht an der Mutter oder am Vater kleben, wenn Unregelmäßigkeiten im gewohnten Tagesablauf auftreten, oder sich verunsichert auf das Kommen und Gehen der Eltern zeigen, andererseits aber auch bedrückt auf eine Überbehütung reagieren.

Wenn es sich in dieser Phase stark anklammert, bringt es nichts, ein Kind zu mehr „Unabhängigkeit" zu zwingen; das würde nur sein Unsicherheitsgefühl verstärken. Eigentlich ist es leicht nachvollziehbar: Der Zwiespalt im Kind spiegelt den Zwiespalt wider, den Eltern im Hinblick auf das kindliche Bedürfnis nach Unabhängigkeit empfinden. Unbewusst unterstützen sie das abhängige Baby-Verhalten, weil dieser feste Wille zur Unabhängigkeit sie verwirrt. Ohne es zu wollen machen sie es damit dem Kind schwerer, sein neues Ziel, die Selbstständigkeit, zu verfolgen.

Ein wichtiger Meilenstein auf dem Weg zur gesunden Unabhängigkeit ist der Kindergarten. Die Erzieherin unserer Kinder empfahl allen Eltern, die Trennungsängste ihrer Kinder während der ersten Woche ernst zu nehmen, und bat uns, im Notfall die ersten Tage gemeinsam mit dem Kind zu verbringen, um es zu unterstützen und ihm in der neuen Welt eine gewisse Sicherheit zu verschaffen.

Als ich meine älteste Tochter an ihrem ersten Tag zum Kindergarten brachte, stellte ich mich voll darauf ein, bei ihr zu bleiben. Und ich war gespannt, wie das bei den anderen Müttern und Kindern sein würde. Manche Kinder klammerten sich an die Mütter, andere marschierten in den Raum und hatten die Eltern im Flur schon vergessen. Die dreijährige Kendall betrat das Zimmer mit zuversichtlicher Miene und verkündete, ich könne jetzt gehen, denn das sei *ihr* Kindergarten. Und ich ging mit dem bittersüßen Gefühl, sie *wirklich* loslassen zu müssen. Ich merkte, ich hatte mich doch stärker darauf eingestellt, dass sie mich brauchen würde, und ich fühlte mich etwas zurückgestoßen.

Mit Kindergartenkindern über Gott sprechen

Kinder haben je nach Alter ein sehr unterschiedliches Verständnis von Gott. Während der Kindergartenzeit ist Gott für viele Kinder eine märchenhafte Gestalt wie der Nikolaus: unwirklich und geheimnisvoll. Die Tragweite von Tod und Auferstehung können sie noch nicht begreifen, weil Sterben für sie ein Spiel zu sein scheint, das vorübergeht. „Peng! Peng! Du bist tot!", rufen sie, wenn sie sich mit dem Holzgewehr duellieren. Und zwei Minuten später: „Komm, jetzt spielen wir was anderes!"

In dieser Zeit saugen Kinder die biblischen Geschichten geradezu auf, aber nicht alle sind für ihr Verständnis gleich gut geeignet. Die Erschaffung der Erde und der ersten Familie, die Geschichten, in denen Jesus Menschen hilft und mit Kindern redet, sind leicht nachvollziehbar und schaffen eine gute Vorstellung von Gottes Macht, seiner Liebe zu Erwachsenen und Kindern.

Zwischen zwei und fünf Jahren glauben Kinder einfach und vertrauensvoll an Gott. Für sie ist alles Wahrheit, was sie von uns hören. Sie argumentieren noch nicht, aber sie können schon die Berichte und Verheißungen der Bibel mit der Wirklichkeit vergleichen, die sie kennen: Dem Tag folgt die Nacht, nach dem Winter kommt der Frühling, genau wie Gott es versprochen hat. Ihr inneres Fundament wird gestärkt, wenn sie erfahren, dass sie von Gott gedacht, von Gott gemacht und von ihm geliebt sind. Und es gibt eine ganze Reihe grundlegender Lektionen, die sie schon gut verstehen können:

- Eine Vorstellung von Gott: Wer er ist, sein Wesen, seine Eigenschaften
- Freundlichkeit, Liebe und Respekt für andere Menschen
- Wertschätzung und Respekt für Gott und sein Wort
- Gebet
- Vertrauen und Gehorsam gegenüber Gott und den Eltern
- Kennenlernen biblischer Personen

Wie bei allem – es kommt darauf an, *wie* wir etwas von der Beziehung zu Gott vermitteln. Kinder brauchen dabei Bilder und andere visuelle Unterstützung, die körperliche Nähe und Geborgenheit bei den Eltern, das Wiederholen von Geschichten, und je nach Kind manchmal besser kleine bzw. kurze als lange „Einheiten". Ein Drei-Sekunden-Gebet kann einem quirligen Dreijährigen manchmal mehr vermitteln als eine zehn Minuten lange Erzählung.

Diese ersten sechs Jahre sind voller unwiederbringlicher kostbarer Momentaufnahmen, innerlich und äußerlich. Weil die Kinder in diesem Alter so abhängig von uns sind, ist die Verbindung so eng wie nie mehr im späteren Leben. Mit der Einschulung beginnt dann ein neues Kapitel ihres Lebens.

Zehn Wege, seinem Kind Liebe zu zeigen

10. Nehmen Sie Ihr Kind immer wieder einmal in den Arm und machen es sich z.B. beim Vorlesen gemeinsam auf der Couch gemütlich.

9. Feuern Sie Ihr Kind bei einem Wettkampf oder beim Sport an wie ein Fanclub seinen Star.

8. Schaffen Sie ein Gefühl für Zusammengehörigkeit und und ein Zeichen der Zusammengehörigkeit.

7. Legen Sie klare Regeln und Grenzen fest und halten sie möglichst zuverlässig ein.

6. Zeigen Sie Ihrem Kind den Weg.

5. Lassen Sie Ihr Kind ganz es selbst sein.

4. Toben und albern Sie zusammen herum.

3. Lernen Sie loszulassen.

2. Nehmen Sie sich selbst ernst und tun Sie etwas für sich selbst.

1. Seien Sie ein Mutmacher.

E. Morgan/C. Kuykendall, „What every Child needs"

KAPITEL 8

Lieben und Loslassen ...
vom Grundschulalter bis zur Pubertät

Was ist der Unterschied zwischen einer Mutter
und einem Rottweiler?
Ein Rottweiler lässt irgendwann los.

Unbekannt

Ich erinnere mich deutlich an ein besonderes Glücksgefühl in der Zeit, als unsere Kinder zwölf, zehn und sechs Jahre alt waren. Viele Einzelheiten weiß ich nicht mehr, aber wie mein Grundgefühl war, weiß ich noch sehr gut. Einmal waren wir mit den Kindern in die Ferien gefahren, und jedes Kind war in einem „guten Alter". Aus den Windeln heraus. Alt genug, um nicht ständig das Bedürfnis nach Hunger, Durst oder Pipimachen anmelden zu müssen. Weit genug, um sich am Ferienziel zu erfreuen und doch nicht wieder so weit, um nicht mehr gern mit der Familie zusammen zu sein und die Eltern loswerden zu wollen.

Ah, dachte ich, *man müsste die Familie so einfrieren, wie sie jetzt ist, weil sie so am Besten ist!*

Wenn wir die Kindheit in drei Abschnitte einteilen, dann ist dieser Mittelteil vielleicht der subjektiv schönste Abschnitt für Eltern. Grundschulkinder sind schon recht selbstständig, möchten aber weiterhin viel von der Welt wissen und brauchen noch die Geborgenheit der Familie. Genau wie die mittleren Monate einer Schwangerschaft ist dies zwischen zwei turbulenten Perioden eine sehr angenehme Phase.

Es gibt schnelle Veränderungen und sichtbaren Forschritt, wenn die Kinder sich ihrer zunehmend wichtiger werdenden Außenwelt zuwenden. Da übernachten sie schon manchmal ohne Mama und Papa bei Freunden, sie lernen lesen, wodurch sie ganz vieles selbst regeln und in die Hand nehmen können. Diese Phase ist die Zeit, in der wir ihren Wunsch nach Selbstständigkeit voll unterstützen können.

In dieser so genannten „Latenz-Phase" (latent wörtlich: verborgen, versteckt) entdecken sie auf ganz neue Weise die Welt um sich herum und ihr eigenes Ich. Sie sind nicht mehr nur auf sich selbst konzentriert; ihr Bewusstsein für falsch und richtig macht sich weniger an Belohnung und Strafe als an dem Wunsch fest, Gott oder Menschen, die ihnen wichtig sind, zu gefallen. Sie nehmen andere Menschen anders wahr als vorher. Einige lernen es jetzt ganz neu, zu teilen oder sich zu entschuldigen, um mit anderen gut auszukommen. Sie entdecken, dass es oft nicht leicht ist und dass es nicht nur Vergnügen bringt, das Richtige zu tun.

Auch das eigenständige Denken und das Entwickeln eigener Werte beginnt in dieser Zeit. Daher brauchen Sechs- bis Zwölfjährige schon eine gewisse innere Freiheit, gleichzeitig aber weiterhin einiges an Unterweisung und Verstärkung des Gelernten, damit sie stark genug sind, wenn sie „neue" Werte und Meinungen austesten. In diesem Alter beginnen Kinder, Konzepte und Wertvorstellungen anzuzweifeln, weil sie merken, dass auch Eltern nicht immer Recht haben und andere Menschen nach anderen ethischen Maßstäben leben. Neue Beziehungsmuster, neue Freunde und neue Erwachsene, die Verantwortung für sie übernehmen, fordern eine Auseinandersetzung zwischen den von zu Hause übernommenen Werten und den neuen Impulsen heraus.

Wenn sie innere Sicherheit gewonnen haben durch das, was sie bisher erlebt und gelernt haben, werden sie die entsprechenden Werte und Regeln jetzt leben und anwenden. In diesem Alter wird deutlich, wie wichtig zuverlässige Strukturen und Regeln sind, sowohl zu Hause als auch in der Schule. Zu wissen, was gilt und was nicht, zu erleben, das, was angekündigt wird, geschieht, vermittelt vor allem eines: Sicherheit.

Innere Sicherheit ist wichtig für Kinder, gerade wenn sie ihre Balance (neu) finden müssen zwischen Zugehörigkeit und Unabhängigkeit. Meine Tochter Kendall, die im Kindergarten ein kleiner Überflieger war, hatte plötzlich in der ersten Klasse Angst, nach der Schule Freundinnen zu besuchen. Sie zerbrach sich regelrecht den Kopf bei solchen Entscheidungen, bereute sie oft unter Tränen und rief schluchzend bei mir an, sobald sie das Haus der Freundin erreicht hatte. Ihre Unsicherheit verwunderte und verwirrte mich manchmal, bis ich einmal bewusst überlegte, was sich in ihrem Leben zu dieser Zeit sonst noch alles abspielte. Ihr Großmutter war gerade gestorben; das war Kendalls erste Begegnung mit dem Tod. Sie war verunsichert und ängstlich geworden und fühlte sich dem Unterricht in der Schule offenbar nicht gewachsen, weil sie nicht so gut lesen konnte wie ihre beste Freundin. Mit viel Geduld und Verständnis konnte sie nach ein paar Monaten diese Unsicherheiten überwinden – es ging nach ihrem Zeitplan, nicht nach meinem.

Im Grundschulalter kann und soll ein Kind nun auch feste Aufgaben im Haus übernehmen. Zusätzlich zum Bettenmachen und Aufräumen ihres Zimmers kann es z. B. die Spülmaschine ein- und ausräumen, den Abfalleimer leeren, Wäsche legen und die Haustiere füttern. Es gibt unzählige Möglichkeiten, aber bitte nicht übertreiben! In seinem Buch „The Hurried Child" warnt David Elkind Eltern davor, ihre Kinder mit zu vielen oder zu großen Aufgaben zu belasten. Er beschreibt als Beispiel ein Mädchen im Grundschulalter, das nach der Schule in ein leeres Haus kommt, in dem es für sich selbst, ein jüngeres Geschwisterkind und das Mittagessen sorgen muss. Das ist zu viel und erzeugt zu früh Stress ... und vermutlich das ungute Gefühl, dem Leben nicht gewachsen zu sein.

Grundsätzlich bedeuten Aufgaben aber ein Fördern durch (Heraus-)Fordern: Wir trauen unseren Kindern etwas zu und ermutigen sie damit, Entscheidungen zu treffen, Ziele anzustreben und eigenständig zu denken.

Fördern durch (Heraus-)Fordern.

Wir bringen ihnen bei, sich deutlich auszudrücken und für sich selbst zu sprechen, wenn es nötig ist. Die jetzt erworbenen Verhaltensmuster bleiben in der Regel auch während der kommenden schwierigeren Zeit der Pubertät bestehen.

Entscheidungen zugestehen

Vom sechsten Lebensjahr an trafen unsere Kinder Entscheidungen wie Schuhe aussuchen oder Freizeitaktivitäten bestimmen. Sie bekamen zwar Ratschläge von uns, durften aber die Entscheidung allein treffen. Selbstverständlich sorgten wir dafür, dass sie die möglichen Optionen und die Konsequenzen oder die Bedingungen jeder möglichen Entscheidung erkennen konnten. Unsere Tochter hatte zum Beispiel einmal die Wahl zwischen zwei verschiedenen Paar Tennisschuhen, wobei die Farbe der größte Unterschied war. Ich machte sie darauf aufmerksam, dass die weißen schneller schmutzig würden als die blauen. Sie hatte selbst zu entscheiden, ob sie damit leben konnte. Sie wählte die weißen, die schon auf dem Heimweg staubig und unansehnlich wurden. Ich musste mir auf die Zunge beißen, um mein „Ich hab's dir ja gesagt!" zu unterdrücken, aber es zu sagen, war auch nicht meine Sache. Sie merkte es ja selbst.

Handelte es sich um Preisunterschiede (worum es ja oft geht), gaben wir unseren Kindern eine andere Möglichkeit. Weil wir die Kosten für alles übernahmen, was notwendig war, und Schuhe eine Notwendigkeit sind, boten wir immer an, den Durchschnittspreis für ein Paar Schuhe zu bezahlen. Waren die Schuhe teurer, zahlten die Kinder die Mehrkosten. Das ließ ihnen eine Wahl. Wir sagten ihnen nie, wie sie ihre Ersparnisse zu verwenden hatten.

Eine der Möglichkeiten, Geld auszugeben, war für unsere Kinder das Essensgeld. Ein warmes Mittagessen in der Schule kostete 1,10 Dollar. Sie erhielten in der Woche 5,50 Dollar. Bei uns zu Hause waren daneben in der Küche immer belegte Brote, Obst, Karotten, Sellerie-Sticks und Chips zu haben. Wenn sie sich daraus ein Mittagessen vorbereiten und mitnehmen wollten, konnten sie das Essensgeld auch sparen. Die Verantwortung, sich über das tägliche

Schulmenü zu informieren und zu entscheiden, ob sie es aus dem Essensbudget bezahlen oder rechtzeitig für ihr Mittagessen sorgen und das Geld sparen wollten, lag bei ihnen.

Ein klares Plädoyer also für möglichst viel Entscheidungsfreiheit in solchen Fragen – gleichzeitig aber eine kleine Warnung, was die Entscheidungsfreiheit über Freizeitaktivitäten betrifft: Bei dem Versuch, die Neigungen und Begabungen eines Kindes herauszufinden, kann man leicht zu viel des Guten tun und sich verzetteln – Pfadfindergruppe plus Kunsthandwerk und Basteln, Sport, Musik, Tanzunterricht, außerdem Computerkurs ... Wir haben gute Erfahrungen damit gemacht, die Aktivitäten unserer Kinder auf ein gewisses Maß zu begrenzen; mit etwas Hilfe und Beratung gelang es ihnen, aus dem ganzen Angebot das Richtige herauszusuchen.

Bei Zielsetzungen helfen

Nicht nur, was die Freizeitaktivitäten angeht: Gemeinsam Ziele zu setzen motiviert Kinder, Entscheidungen zu treffen, Prioritäten zu setzen und entschlossen auf ein Ziel zuzugehen. Damit lernen sie etwas für ihr ganzes weiteres Leben. Wer kein Ziel hat, erreicht auch nichts. Deshalb hier ein paar Regeln, die Kindern helfen können, sich Ziele zu setzen.

Realistisch sein

Unterstützen Sie Ihr Kind darin, sich Ziele zu setzen, die seinen Interessen, Begabungen und der Persönlichkeit entsprechen. Obwohl es wichtig ist, Kinder früh mit beidem – Erfolg und Versagen – vertraut zu machen, sollten wir sie nicht auf Versagen programmieren, indem wir sie immer wieder unerreichbare und unrealistische Ziele verfolgen lassen. Viel besser ist es, wenn sich ein roter Faden erfolgreicher Erlebnisse durch ihr Leben ziehen kann, wenn sie ihre Gaben und Stärken kennen lernen und ausbauen und damit ihr Selbstvertrauen wächst. Das heißt nicht, dass sie keine

Träume haben sollen. „Ohne Träume keine Ziele, ohne Ziele keine Träume", sagt der Volksmund.

Die Anzahl der Ziele begrenzen

Kinder sollten nicht zu viele Ziele verfolgen. Ein Ziel sollte klar umrissen sein und einen Zeitrahmen haben. Und wenn das Ziel erreicht ist, können wir ihnen helfen, das bewusst zu feiern und zu genießen. Sie können ihr Kind auf dem Weg zum Ziel unterstützen, wenn Sie es begleiten und immer wieder einmal fragen: „Wo stehst du jetzt? „Wo willst du in einer Woche oder in einem Monat sein, und wie kannst du das erreichen?"

Unser Sohn war über seine Note im Lesen enttäuscht. Er setzte sich ein Ziel, um die Note zu verbessern. Diese Note hing von der Zahl der gelesenen und danach in einer Inhaltsangabe zusammengefassten Bücher ab, also war ihm klar, dass er im nächsten Schuljahr mehr lesen musste. Er setzte sich zunächst ein erreichbares Ziel. Danach musste er die Schritte finden, mit denen dieses Ziel zu erreichen war. Für die beste Note musste er annähernd tausend Seiten lesen. Dazu hatte er zwölf Wochen Zeit, das bedeutete rund fünfundachtzig Seiten pro Woche oder zwölf Seiten am Tag. Er brauchte also einen Plan. Er entschloss sich, vor dem Zubettgehen zu lesen, aber wir wussten und er wusste, dass er im Bett beim Lesen einschlafen würde. Also schlugen wir ihm vor, seine Einheit jeweils vor dem Abendessen zu lesen, und er war einverstanden. Mit diesem Plan zerlegte er das Langzeitziel in wöchentlich und täglich zu erreichende – und erreichbare! – Ziele.

Ein anderes unserer Kinder wollte gerne am Stadt-Schwimmwettbewerb teilnehmen – ein fast unerreichbares Ziel, denn wir lebten in einer Stadt mit hunderttausend Einwohnern, und nur die besten sechs Mädchen und Jungen jeder Altersgruppe konnten sich qualifizieren. Wir halfen also unserer Tochter, ihren bevorzugten Schwimmstil zu trainieren. Trotz aller Bemühungen verpasste sie die Qualifikation um zwei hundertstel Sekunden. Sie verfehlte ihr Ziel nur um ein Haar, aber sie hatte etwas anderes gewonnen, indem sie ihre Ausdauer und Entschlusskraft trainiert und enorm ausgebaut hatte; und sie lernte, mit der Frustration einer nur knapp verpassten Chance umzugehen.

Vorbilder und Zielsetzungen

Ziele setzen und erreichen – eine Mutter und ein Vater werden darin zum Vorbild, wenn sie etwa eine Diät durchhalten, eine regelmäßiges Übungsprogramm absolvieren oder täglich die Bibel lesen. Es ist gut, in unserem ganz normalen Alltag darüber zu sprechen und unsere Ziele, Erfolge und Misserfolge mit unseren Kindern zu teilen, damit sie sehen können, dass jeder Mensch diesen Kampf zwischen Siegen und Niederlagen bestehen muss und wie man gut damit umgehen kann. Sie können an uns lernen, dass ein Misserfolg nicht Aufgeben bedeuten muss, sondern helfen kann, die Sache neu zu betrachten, zu korrigieren und es noch einmal zu versuchen.

Auch als ganze Familie haben wir uns oft Ziele gesetzt und gemeinsam Ideen entwickelt, um sie zu erreichen. Um verantwortlich mit Ressourcen umzugehen und um Geld zu sparen, versuchten wir miteinander, die Stromrechnung zu reduzieren, indem wir in einem verlassenen Raum direkt das Licht ausschalteten, indem wir „Wärme sparten" und dazu früh die Rolläden herunterließen und generell die Heizung etwas herunterdrehten. Gemeinsam verordneten wir uns allen einen fernsehfreien Tag pro Woche oder reduzierten die Sehdauer eine Zeit lang auf eine Stunde täglich.

Zum neununddreißigsten Geburtstag meines Mannes beschlossen wir, ihm sein Geschenk zum vierzigsten gewissermaßen schon ein Jahr früher zu geben. Weil er so gern reist, entwarfen wir bereits ein Jahr vorher einen Reiseführer mit Plänen für einen besonderen Familienurlaub, und zwar mit Zielen, die er schon immer gern besuchen wollte. Gemeinsam überlegten wir, wie wir dafür ein Jahr lang – denn so lange hatten wir ja dazu Zeit – das Geld dafür sparen könnten und trugen die Ergebnisse in ein Heft ein, Seite für Seite ein Versprechen ... mit entsprechenden Konsequenzen. Zum Beispiel versprach der elfjährige Derek auf Seite eins des Heftes, Pfandflaschen zu sammeln, auf der nächsten opferte die neunjährige Lindsay einen Teil ihres wöchentlichen Taschengeldes, auf einer dritten verzichtete die dreijährige Lindsay auf Kaugummi. Wir veranstalteten einen Flohmarkt, beschnitten die Geburtstags- und Weihnachtsgeschenke und sammelten alle Ersparnisse in einer Kaffeedose mit der Aufschrift: „Ferien für Papa". Wir setzten uns ein Familienziel, beschrieben die einzelnen Schritte, um es zu erreichen und arbeiteten gemeinsam daran, es zu verwirklichen. Jeder von uns hielt sein Versprechen. Und diese Ferien wurden dann die wunderbarsten, die wir je hatten!

Kinder sollen Verantwortung übernehmen

Eine wichtige Botschaft für Mütter und Väter heißt: „Übernimm nicht die Aufgaben deiner Kinder". Auch wenn wir das spontan verneinen – das ist tatsächlich eine Versuchung, die uns immer wieder überfällt, weil wir unsere Kinder lieben und ihnen oft genug den Druck ersparen wollen, den eine gewisse Verantwortung schon einmal erzeugen kann. Vielleicht die bekanntesten Beispiele: Wir entdecken das Schulfrühstück oder das Hausaufgabenheft auf der Küchentheke, und zwar eine halbe Stunde nachdem die Tochter zur Bushaltestelle gerannt ist. Wir haben ihr wohl hundert Mal gesagt, sie soll alle Schulsachen fertig packen, bevor sie sich zum Frühstück setzt, um nicht jedes Mal in Panik zu geraten, wenn der Uhrzeiger sich bedenklich der Abfahrtszeit nähert. Jetzt ist sie weg, aber die Frühstücksdose ist hier. Wir kennen dieses Szenario ja schon aus Kapitel 2. Was tun – das vergessene Heft oder die Dose zur Schule bringen oder nicht? Ich sehe zwei Möglichkeiten:
1. Man lässt das Kind die Verantwortung für sein Handeln selbst tragen; man braucht es nicht zu tadeln oder auf den Fehler aufmerksam zu machen – es merkt die logischen Folgen selbst und

kann daraus auch selbst etwas lernen. Das entspricht der allgemeinen Lebenserfahrung, die lautet: Was ich tue und was ich lasse, hat Konsequenzen. Wenn ich für etwas verantwortlich bin, bin ich auch dafür verantwortlich und kann nicht von anderen erwarten, dass sie „herausreißen", was ich vernachlässigt habe. Ich halte das in der Regel für den besten Umgang mit der Situation, denn auf das Leben wollen wir unsere Kinder ja vorbereiten.

2. Es handelt sich um eine besondere Situation (z.B. das Kind hat eine wichtige Prüfung) und es weiß grundsätzlich um seine Verantwortung – dann kann es ein Ausdruck von Liebe und vielleicht später in der Rückschau ein Bild für die Gnade Gottes sein, dem Kind das Vergessene unerwarteterweise zur Schule zu bringen.

Ein anderes Beispiel zum Thema Eigenverantwortung:

Mit zwölf Jahren trug Derek eine Zahnspange, die er laut Anweisung des Kieferorthopäden nur beim Essen und beim Sport herausnehmen sollte. Trotz ständiger Ermahnungen trug er sie nicht regelmäßig. Der Kieferspezialist kontrollierte bei den monatlichen Besuchen den Erfolg und sagte jedes Mal etwas über die offensichtlich zu kurze Tragedauer, und da ich Derek bei diesen Kontrollen begleitete, fühlte ich mich dann stets unwohl, wenn der Arzt ihn ermahnte. Ich entschuldigte meinen Sohn und nahm ihn in Schutz, aber auf dem Heimweg wurde ich immer ärgerlich und drängte ihn die ganze Zeit, die Zahnspange häufiger zu tragen.

Das passierte so lange, bis mir aufging, dass das überhaupt nicht mein Problem war. Es war Dereks Problem. Er war alt genug, um die Verantwortung dafür selbst zu tragen. Als ich ihm sagte, dass ich ihn nie mehr ermahnen und auch nicht mehr zu den Kontrollvisiten mitgehen würde, war er überrascht. Bisher hatte ich als Puffer zwischen ihm und dem Arzt agiert, hatte dessen Bemerkungen abgefangen. Als ich Derek nicht mehr begleitete, übernahm er die Verantwortung tatsächlich selbst und trug die Zahnspange häufiger.

Wer ist für welche Verantwortlichkeiten in der Familie zuständig? – Die simpelste und die erste aller Kontrollfragen eines Pädagogen dazu lautet:

Ist dieses Problem lebensbedrohlich oder moralisch gefährlich für das Kind?

Lautete die Antwort ja, dann sollten die Eltern die Verantwortung ergreifen. Andernfalls können sie dem Kind die Verantwortung – je nach Alter – überlassen, also einem Zwölfjährigen durchaus die Verantwortung für das Tragen seiner Zahnspange, wenn er regelmäßig zum Facharzt geht, der ihn ja betreut.

Wenn Sie dieses „Gefahren-Prinzip" auf die Frage der Sauberkeit im Zimmer anwenden, wird für die Praxis vieles klar. Ganz bestimmt hatte mein Sohn weder meinen Ordnungs- noch Sauberkeitssinn geerbt. Unsere jeweiligen Vorstellungen davon klafften weit auseinander. Er war ganz zufrieden damit, in einem kniehohen Durcheinander zu leben, dessen Anblick ich nicht ertragen konnte. Aber ich musste ja auch nicht darin leben und, wenn ich die Tür zumachte, es nicht einmal sehen. Es war sicher nicht lebensbedrohlich und auch nicht direkt moralisch verwerflich. Also ... war das dreckige Zimmer eher ein Problem meines Kindes, bis auf eine Ausnahme: Es gab eine Sache, die mich anging. Das war die Wäsche, die bei mir ohnehin zu den ungeliebten Haushaltspflichten gehört. Die nämlich stopfte er bei seinen seltenen Aufräumaktionen stets auf einmal in den Wäschekorb, der dann regelrecht überquoll. Weil das viel Arbeit auf einmal für mich war und ich nicht heimlich dafür sorgen wollte, dass er doch immer etwas zum Anziehen im Schrank hatte, beschlossen wir, dass ich ihm auch diesen Teil der Verantwortung überließ. Mit zwölf lernte er die Waschmaschine zu bedienen und machte seine eigene Wäsche – es funktionierte und war nun für ihn und für mich kein Thema mehr.

Wenn wir Mütter und Väter aufhören, in bestimmten Bereichen die Verantwortungen unserer Kinder zu übernehmen, bedeutet das auch, damit auch bewusst unsere Erwartungen herunterzuschrauben. Wenn die Kinder ihr Zimmer selbst sauber halten, müssen wir das Ergebnis akzeptieren: Sie machen das Bett weniger „ordentlich" und brauchen viel länger, um die Spülmaschine einzuräumen; beides könnten wir zunächst (!) sicher besser und schneller tun. Und was die Wäsche betrifft, so sollten wir uns mental auf eingegangene

Pullover und gelegentlich auf rosa Tennissocken einstellen. Wenn wir dann unser Mitgefühl offen zeigen, und zwar auf partnerschaftlicher Ebene, dann bleibt die Sache auch in der „Katastrophe" ihre Sache – und für die Kinder bedeutet es meist die größere Katastrophe – und sie wachsen damit immer stärker in ihre Verantwortung hinein. Und schon bald werden wir und vor allem sie selbst merken: Übung macht den Meister.

Unser Ziel ist es, einem heranwachsenden Kind immer mehr Verantwortung zu übertragen, denn Verantwortungslosigkeit trägt schlechte Früchte: von der Unfähigkeit, Hausaufgaben zu machen in jungen Jahren über das spätere Scheitern im Beruf bis hin zur Schwierigkeit, eine lebenslange Bindung einzugehen. Wir erreichen dieses Ziel, den uns anvertrauten Menschen zur Verantwortung und zur Eigenverantwortung zu erziehen, im Alltag vor allem dadurch, dass wir nicht ständig das für sie tun, was der Sohn oder die Tochter durchaus selbst tun könnte.

Kinder sollen ihre Kämpfe selbst austragen

Für Eltern besteht in den ersten Schuljahren der Kinder die große Versuchung, sich in deren Auseinandersetzungen und Schwierigkeiten einzumischen. Wir rennen in die Schule, zu den Nachbarn, sprechen mit Freunden, rufen Lehrer oder Trainer an. Es ginge uns – und unseren Kindern – viel besser, würden wir hier mit angemessenem Scharfblick unterscheiden, wann sie uns wirklich als Anwalt brauchen und wann sie selbst ihre Schlachten schlagen sollten. Kein leichtes Thema!

Das Kind ermutigen

Mir ging es wie vielen Müttern: Die Mutterrolle hat manchmal meine schlimmsten Seiten zum Vorschein gebracht.

Kennen Sie das: Ich kann es verkraften, wenn meine Gefühle verletzt werden, aber wenn es sich um meine Kinder handelt, werde ich zur Löwin.

Dazu eine Episode. Wir verbrachten zusammen mit zwei anderen Familien ein Sommerwochenende auf einer Berghütte, mit zwei Mädchen im gleichen Alter wie unsere zehnjährige Tochter. Es war vom ersten Moment an klar, dass die beiden Mädchen dicke Freundinnen waren und meine Tochter „außen vor" war. Im Verlauf des Wochenendes musste ich sehen, wie meine Tochter sich immer tiefer verletzt fühlte. Manchmal, wenn wir allein waren, beklagte sie sich über die beiden. Am zweiten Abend schließlich fand sie mich allein im Schlafzimmer und sank wie ein Häufchen Elend aufs Bett. „Mama, die sind so gemein zu mir", schluchzte sie und weinte an meiner Schulter. Das reichte! Ich fühlte die Löwin in mir in Angriffsstellung gehen und hörte gleichzeitig zwei Stimmen in mir. Die eine sagte: Misch dich nicht ein. Das wird sich schon regeln. Die andere widersprach: Die haben kein Recht, so gemein zu sein. Sie müssen jetzt daraus lernen.

Ich hörte auf die zweite Stimme. Nachdem ich meine Tochter getröstet hatte, marschierte ich aus dem Schlafzimmer hinaus zum Kampf. Ich fand die beiden allein im Esszimmer, wo sie miteinander tuschelten und kicherten. Das brachte in mir das Fass zum Überlaufen. „Ihr habt ja ganz bestimmt viel Spaß zusammen", sagte ich so freundlich wie möglich (obwohl es wohl eher eisig aus mir herauskam), „aber habt ihr euch eigentlich schon mal überlegt, dass ihr die Gefühle eines anderen Menschen ständig verletzt? Wisst ihr eigentlich, wie man sich fühlt, wenn man dauernd ausgeschlossen wird?"

Es dauerte nicht lange. Sie murmelten etwas vor sich hin, schnappten ihre Chips-Tüten und verzogen sich. Aber die Sache war noch nicht beendet. Meine Tochter hatte die Unterhaltung vom Schlafzimmer aus mitgehört – und war außer sich. „Wie konntest du das tun, Mama", schluchzte sie, als ich ins Schlafzimmer zurückkam. „Du hast es ja noch viel schlimmer gemacht. Jetzt bin ich für die ein Baby, das du in Schutz nehmen musst. Ich wäre schon damit fertig geworden, Mama!" – Ein typischer Fall von „gut gemeint" und „schlecht gemacht"!

Als ich mich abgekühlt und beruhigt hatte, entschuldigte ich mich bei ihr. „Weißt du", sagte ich, „manchmal regen sich Mütter so auf, dass sie Dummheiten machen, so wie ich eben, meistens, weil sie ihre Kinder lieben. Es tut mir Leid. Es war falsch, aber kannst du mich ein bisschen verstehen?"

Sie nickte und erinnerte mich in diesem Moment an meine eigene Kindheit, wo ich im gleichen Alter beschlossen hatte, meiner Mutter keine Ängste und Sorgen mehr anzuvertrauen, weil sie darunter mehr litt als ich. Gerade ihre Überreaktionen hatten einen Teil meines Vertrauens zerstört.

An diesem Nachmittag hatte ich meiner Tochter gegenüber ganz klar einen Fehler begangen. Es ging um ein für Mädchen in diesem Alter typisches Problem: Sie neigen stark zur Cliquen-Bildung und sind scheinbar immun für die verletzten Gefühle anderer. Wer es von außen sieht, kann daraus lernen, wie weh es tut, ausgeschlossen zu sein. Aber meine Verantwortung bezog sich nicht auf die beiden anderen Mädchen, sondern nur auf meine Tochter. Ich hätte sie ermutigen, aber nicht für sie kämpfen sollen. Ich hätte nicht die Welt um sie herum für sie verändern, sondern ihr helfen sollen, sich selbst so zu ändern, dass sie mit der Welt fertig werden konnte. Sie hätte lernen müssen, die Situation selbst in die Hand zu nehmen oder die momentan unangenehmen Zustände zu ertragen. Ich hatte kein Recht dazu, sie vor dieser Lektion „zu bewahren" beziehungsweise sie ihr – genau genommen – vorzuenthalten.

Zum Anwalt werden

Es gibt allerdings auch Situationen, in denen auch unsere heranwachsenden Kinder uns durchaus als Anwalt brauchen, der ihren „Fall" übernimmt und seinen Klienten in seiner Sache unterstützt. Wann brauchen Kinder einen Anwalt?

Das ist der Fall

- wenn Ihr Kind körperlich angegriffen wird
- wenn ein Lehrer die Bedürfnisse Ihres Kindes massiv verkennt

- wenn Ihr Kind massive Lernschwierigkeiten hat und eine Prüfung bevorsteht
- wenn Ihr Kind Ihnen eine Not anvertraut und Ihre Hilfe braucht
- wenn Ihr Kind fälschlich angeklagt wird
- wenn Ihr Kind sich nicht selbst ausdrücken kann
- wenn Ihr Kind nicht die Fähigkeit besitzt, in einem bestimmten Rahmen für sich selbst einzustehen

Aus: Carol Kuykendall und Elisa Morgan,
„What Every Child Needs"

Es ist jedoch absolut unangebracht, mich zum Anwalt meines Kindes zu machen und der Meinung zu sein, dass dieses Kind immer Recht hat und immer alles richtig macht. Echte Anwaltschaft erfordert einen objektiven Blick.

Geistliches Wachstum fördern

Diese „mittleren Kinder-Jahre" nach dem Kleinkindalter und vor der Pubertät sind eine Zeit, in der bei Kindern viel geistliches Verständnis wachsen kann. Die früheren Fantasievorstellungen von Gott weichen, wenn sie die Zusammenhänge von Erlösung und Gnade hören und verstehen lernen, genauso wenn sie mehr erfahren über Gott, wie ihn die Bibel uns zeigt, und den Durcheinanderbringer. Sie können inzwischen begreifen und verstehen lernen, dass Gott auf ihre Gebete nicht immer nach ihren Vorstellungen handelt, dass er uns manchmal warten lässt, dass er uns nicht immer unbedingt das gibt, was wir wollen, dass uns auch nicht alles gut täte, was wir uns wünschen – so wie sie in diesem Alter generell lernen, dass wir für unser Handeln nicht immer sofort belohnt werden.

In dieser Phase, in der sich ihr soziales Bewusstsein entwickelt, können sie lernen, zu teilen und von dem, was sie haben, auch z.B. etwas für Kinder anderswo auf der Welt abzugeben oder ein überschaubares Projekt mit zu unterstützen. Als unsere Kinder fünf waren, gaben wir ihnen das erste Taschengeld mit der Auflage, dass etwas davon gespart werden sollte, etwas ausgegeben und etwas für die Kollekte im Kindergottesdienst verwendet werden sollte; wie sie den Betrag aufteilten, war ihre Entscheidung. Und wir kommentierten, kritisierten oder schimpften sie nie, auch wenn sie mal das eine, mal das andere vergaßen. Manchmal vergaßen sie das Teilen, manchmal gaben sie mehr weg, als wir vermutet hätten.

Kinder zwischen sechs und zwölf können schon klare Entscheidungen treffen, auch die Entscheidung, ihr Leben an Gott zu binden; wichtig ist freilich, dass in keiner Weise Druck auf sie ausgeübt wird. Gott lädt Menschen ein zu sich, er zwingt sie nicht. Schon ein Kind hat die Freiheit einer eigenen Entscheidung. In einem Gottesdienst für Kinder erzählte kürzlich eine Zehnjährige, wie sie Gott in ihr Herz und ihr Leben eingeladen hatte: „Lange Zeit dachte ich, ich sei schon als Christ geboren worden, weil meine Eltern Christen waren und alles so selbstverständlich war. Irgendwann verstand ich, dass es meine eigene Entscheidung sei, und dass ich Jesus selbst annehmen musste, wenn ich das wollte. Mit sechs habe ich das eines Abends gemacht und das Jesus gesagt. Und ich habe Jesus in mein Herz gelassen. Meine Eltern waren dabei und wir haben zusammen gebetet, und dann bin ich ins Bett gegangen. Als ich am nächsten Morgen aufwachte, habe ich keinen Unterschied gemerkt, und in meinem Leben hat sich auch nichts Großes verändert. Oder doch. Ich habe gemerkt, dass ich immer mit Jesus sprechen und zu ihm beten konnte, jeden Morgen oder irgendwann den Tag über, dass er immer für mich da ist. Ich konnte beten, dreißig Sekunden oder fünf Minuten lang, immer und überall, wo ich war. Jetzt weiß ich, was eine eigene Beziehung zu Jesus ist."

Es gibt offenbar kein festgelegtes Alter für ein Kind, um Gott persönlich erleben und sich ihm anzuvertrauen zu können. Es kann im Kindergarten oder in der Grundschule sein, früher oder später. Gott kennt das Herz eines Kindes. Er weiß, wann es seine Liebe wahrnehmen und verstehen kann; er weiß, wann es den Zusammenhang von Schuld, um Vergebung bitten und neu anfangen können verstehen kann und wann die Dimension vom stellvertretenden Tod und der Auferstehung Jesu von den Toten für seine Menschen.

Eltern können ihren Kindern zeigen, wie man mit Gott lebt, wie man ihm vertraut und sich ihm konkret für sein Leben anvertraut – oder wie man früher oft sagte: wie man Jesus annimmt –, aber dabei muss ganz klar sein, dass es sich um ihre ganz eigene, persönliche Entscheidung handelt, ohne Druck und Angst, dann, wenn für sie die Zeit reif ist. Das ist ja generell so: Wir können unserem Kind den Weg zeigen, aber wir können ihn nicht für es gehen.

Und wie zeigen wir einen guten Weg? Indem wir das, was wir glauben und erleben, nicht für uns behalten, sondern auf selbstverständliche Weise in unseren Alltag mit dem Kind einbeziehen. Dass wir stimmig reden und handeln, dass wir auch in angemessener und verständlicher Weise – je nach Entwicklung des Kindes und je nach Alltagssituation – über die grundlegenden Wahrheiten und die Zusagen sprechen, Zusammenhänge erklären und anhand der Bibel immer wieder ein Stück von der großen Geschichte Gottes mit seinen Menschen erzählen. Im Idealfall erlebt das Kind bei der Mutter, bei dem Vater eine gelassene Glaubwürdigkeit, auch in Fragen des Glaubens.

Einmal stellte unser zwölfjähriger Sohn an der Schwelle zur Pubertät und von Klassenkameraden beeinflusst sein Christsein ganz grundsätzlich infrage, als er sich in einem Konflikt befand, der so einfach nicht zu lösen schien. „Aber ich will auch Spaß haben", jammerte er. Ganz abgesehen von der konkreten Situation fragte ich mich: Wie erlebt er mich, meinen Mann, unsere Freunde? Sieht das so aus, als hätten Christen keinen Spaß? Und es ist gut, sich solche Fragen zu stellen. Vermitteln wir das Bild von schimpfenden, mürrischen Menschen? Oder wo erlebt er solche? Was strahlen wir aus? Was vermitteln wir mit unserem Leben? Wie vermittelt sich denn unser Glaube? – Unsere Kinder erleben uns Tag für Tag. Und in diesen mittleren Kinderjahren beobachten sie uns recht genau.

Ausblick

Die Pubertät steht bevor. Und wir können erkennen, wie sich unsere Kinder auf der Schwelle zum Erwachsenwerden körperlich und geistig verändern. Und während sie heranreifen, dringt sie uns wieder mit aller Schärfe ins Bewusstsein, diese bittersüße Realität der Ablösung und des Loslassens, ohne die es keine Entwicklung zur Reife gibt. Ich sehe die rundlichen Händchen mit den Grübchen in den Gelenken fester und geschickter werden. Ich sehe kompakte kleine Körper sich zu sehniger Länge strecken. Ich kann nicht übersehen, dass sie mehr Zeit in ihrem Zimmer und weniger Zeit am Familientisch verbringen. Und ich muss erkennen: Sie brauchen den Spiegel, das Telefon, ihre Klamotten und CDs mehr als meine Pfannkuchen.

Jetzt zupft und zieht das volle Leben sie am Ärmel ... und mich an meinem Herzen.

MUTTERLIEBE IST EINE HINGEBENDE LIEBE

Wir füttern unsere Kinder und hoffen, dass sie bald alleine essen können; wir bringen ihnen alles Lebenswichtige bei, damit sie selbstständig werden und gut alleine zurechtkommen. So trägt die hingebende Mutterliebe eine schwere Last: Sie muss sich selbst überflüssig machen. Eine reife Mutterliebe arbeitet auf ihre eigene Abdankung hin.

C.S. Lewis,
zitiert von John Trent/Erin Healy in „My Mother's Hands"

KAPITEL 9

Lieben und Loslassen ...
von Teenagern und Jugendlichen

*Wenn ein Kind ein Teenager wird, muss es seine eigene
Identität finden können und kein Duplikat von Mutter
oder Vater werden. Wenn wir als Eltern von unseren
Teenagern erwarten, dass sie vor allem uns und unseren
Vorstellungen entsprechen, nehmen wir ihnen etwas
Wesentliches, nämlich die Entwicklungsmöglichkeiten,
die Gott in sie hineingelegt hat. Gott will nur das Beste
für sie, genau wie wir. Aber er kennt unser Kind und
seine Perspektiven, und zwar im Gegensatz zu uns vollkommen und nicht nur im Ansatz.*

David McKenna

„Gott lässt Babys so hinreißend und so süß sein, damit es uns nichts
ausmacht, nachts um drei aufzustehen und sie zu füttern. Und er
lässt Teenager so aufsässig und ungenießbar sein, damit es uns nichts
ausmacht, wenn sie aus dem Haus gehen."

Diesen Ausspruch hörte ich zum ersten Mal, als unser Ältester
zehn war, und damals lachte ich darüber, aus lauter Unverständnis
darüber. Als er dann dreizehn war, hörte ich dieselben Sätze mit
ganz anderen Ohren.

Ich erinnere mich an meine eigene Teenagerzeit als eine Zeit der
Unsicherheit. Es gab so etwas wie einen Gruppendruck, der schwer
auf mir lastete. Andererseits waren meine Mitschüler und Freunde
genauso durcheinander wie ich. Ich schwankte zwischen Liebe und
Ablehnung meinen Eltern gegenüber. Ich verbrachte viel Zeit mit

Grübeln darüber, wer ich war, wohin ich wollte und was ich tun wollte, wenn ich dort angekommen war.

Die Teenagerzeit ist eine harte Zeit. Sie ist ein Zwischenalter, die lange Phase von „nicht mehr Kind" und „noch nicht Erwachsener", die Zeit, in der der Sohn oder die Tochter nicht mehr die Privilegien und Entschuldigungen des Kindseins genießen aber noch nicht die Freiheit des Erwachsenseins haben.

Es ist eine Zeit des Kampfes um Selbstbestimmung und Unabhängigkeit, nicht viel anders als der entsprechende Kampf des Kleinkindes – erinnern Sie sich? „Ein Jugendlicher ist ein Zweijähriger mit Hormonen und Rädern unter den Füßen", sagt der Kinder-Psychiater Foster Cline, der viele Ähnlichkeiten zwischen beiden Altersphasen feststellt.

Die Aufgabe der Teenager- und Jugendjahre, unabhängig von der Nähe und der Stärke der Beziehungen innerhalb der Familie, ist das Eigenständigwerden und das Lösen von der Familie, um eine Antwort zu finden auf die Frage: „Ganz unabhängig von meiner Familie: Wer bin ich?"

> **Die Aufgabe der Teenager- und Jugendjahre ist es, eine Antwort zu finden auf die Frage: „Wer bin ich?"**

Diese Phase stellt die Eltern vor die Aufgabe, die Grenzen zu erweitern. Sie erinnern sich an den Satz „Kinder brauchen Wurzeln und Kinder brauchen Flügel" – nun ist es an der Zeit, die Kindern nach und nach ihre Flügel immer ein bisschen mehr testen und gebrauchen zu lassen. In dieser Zeit zeigt sich reife Elternliebe in weniger Anweisungen und mehr Vertrauen.

Für beide Seiten, für Mütter und Väter und für Kinder, ist es eine emotional schwierige Zeit. Manche Eltern kommen damit besser zurecht als andere. „Das waren erfüllte und auf gute Art herausfordernde Jahre", hörte ich einmal von einem begeisterten Elternteil. „Ich fand unsere Kinder als Teenager großartig und habe es sehr genossen zu sehen, wie sie sich in ihrer Persönlichkeit entwickeln!"

Andere Eltern empfinden diese Jahre als große Herausforderung: „Die Pubertät war ein einziger langer Kampf um Unabhängigkeit.

Meine Teenager waren launisch, egoistisch, rebellisch und einfach nicht zum Aushalten."

Wie kommt es zu so unterschiedlichen Erfahrungen? Welche Rolle spielt die Ebene, auf der der Teenager seinen Kampf austrägt und welche Rolle die elterliche Reaktion darauf?

Wie Eltern in der Pubertät auf ihre Kinder reagieren

Der bewusste Umgang mit drei Faktoren kann Eltern helfen, die Pubertät ihres Kindes gut zu bewältigen. Es geht entscheidend um die eigene innere Einstellung, um Verständnis und um Erwartungen.

Die eigene innere Einstellung

„Ich glaube", schreibt Charles Swindoll, „der entscheidende Unterschied im täglichen Umgang mit Dingen ist die innere Einstellung, die ich wähle." Diesen Satz hatte ich viele Jahre am Kühlschrank hängen, weil er mir immer dann half, wenn ich die Umstände nicht ändern konnte – zum Beispiel in der Pubertät meiner Kinder. Sie waren auf der Reise in die Unabhängigkeit. Dazu mussten sie alle Launen und Probleme und die dramatische Rebellion dieser Phase durchlaufen, alles Dinge, die ich nicht verändern und beherrschen konnte. Aber – ich konnte meine innere Einstellung ändern und beherrschen.

Wir wissen, dass sie sein muss – und wir können der Pubertät unserer Tochter oder unseres Sohnes positiv und mit dem Willen begegnen, zuzuhören und Kompromisse zu schließen, oder wir können eine verbissene Entschlossenheit an den Tag legen. Wir haben die Wahl. Wir können die gesamte Periode als stürmische Jahreszeit ansehen, die es einfach auszuhalten gilt, und uns für die unvermeidlichen Auseinandersetzungen wappnen, und wir können uns sagen: „Wir stehen vor einer Aufgabe und wollen das Beste daraus machen." Wir haben die Entscheidung über unsere innere Haltung selbst in der Hand.

Verständnis

Verständnis bedeutet die Bereitschaft, die Welt immer auch einmal mit den Augen unserer Kinder zu sehen und ihre Gefühle und Bedürfnisse wahrzunehmen. Erinnern wir uns noch daran, wie man sich fühlt, wenn einem die Stimme plötzlich ins Falsett umkippt oder die Pickel im Gesicht sprießen?

Wie geht es uns heute, wenn das Haar nicht liegt oder bei einer Einladung alle außer uns höchst formell gekleidet sind? Wir fühlen uns vielleicht fehl am Platz und unsicher. Was empfinden wir, wenn wir hören, dass Freunde und Bekannte sich ohne uns getroffen haben? Wir fühlen uns ausgeschlossen. Wie geht es uns, wenn jede andere im Gymnastikkurs fünfzig Bauch-Übungen schafft und wir nur zwölf? Wir fühlen uns als Versager. Wie reagieren wir, wenn jemand unser Aussehen, Handeln oder Denken kritisiert? Trotz aller Selbstverteidigung entsteht tief innen doch leicht eine große Unsicherheit.

Jugendliche haben die gleichen Gefühle – aber sie erleben sie in der Regel viel intensiver, denn sie haben noch nicht dieselbe Reife und Erfahrung, um mit ihnen fertig zu werden. Wir müssen sensibel für sie sein, wenn sie in dieser Ambivalenz stecken, sich von uns lösen zu müssen und doch noch immer unsere Bestätigung zu brauchen. Um besser zu verstehen, was sie tagtäglich durchmachen, ist es gut, ihnen zuzuhören, anstatt zu verurteilen und mitzufühlen statt zu kritisieren.

Erwartungen

Unsere Erwartungen – die realistischen und die unrealistischen – basieren auf der Erinnerung an unsere eigenen Erfahrungen und Zukunftsvorstellungen und darauf, wie wir uns das Leben gedacht haben. Je mehr wir aber über die Pubertät wissen und je deutlicher wir uns erinnern, desto realistischer werden wir uns auf das Leben mit unserem Kind während dieser Zeit einstellen können.

Die Pubertät ist für den Sohn und die Tochter die Zeit der Verwandlung aus der Abhängigkeit von den Eltern hin zur Unabhängigkeit. Das Bedürfnis von Jugendlichen, sich von den Eltern zu lösen, ist begründet und notwendig. Wir können dieses Bedürfnis akzeptieren und unterstützen und so den Prozess erleichtern, oder wir können den Anstrengungen des Kindes entgegenhalten und den ganzen Prozess traumatisch werden lassen.

Die Rebellion ist in diesem Ablösungsprozess eine ganz normale Erscheinung, weil ein junger Mensch herausfinden muss, was er unabhängig von seiner Herkunftsfamilie über die Welt denkt. Mädchen und Jungen in diesem Alter formulieren, bauen und testen eigene Werte aus, und dieser Vorgang rüttelt unter Umständen stark an unseren Wertvorstellungen. Auch wenn wir das entsprechende Denken nicht gut finden, sollten wir es nicht als persönliche Zurückweisung verstehen. Es ist keine. Heranwachsende in der Pubertät sind eben jung und unsicher und stellen uns in Frage, weil es gar keinen anderen Weg hin zur Selbstständigkeit gibt. Dieses Infrage-Stellen der bisherigen Übereinstimmung ist nicht feindselig gemeint und bleibt auch nicht für immer bestehen. Pubertät ist eine Lebensphase – sie hat einen Anfang und auch ein Ende.

Wenn es einem Jugendlichen nicht erlaubt wird, seine Individualität zu entfalten, bleibt ihm nur eine der zwei folgenden Möglichkeiten: die dramatische Rebellion oder die stille Anpassung. Beides ist nicht unbedingt wünschenswert, für keine der beiden Seiten. Die dramatische Rebellion kann dazu führen, dass die Tochter oder der Sohn sich auf die falschen Freunde einlassen oder sogar von zu Hause weglaufen; die stille Anpassung erzeugt Probleme, die zwar erst im Erwachsenenalter auftauchen, aber nicht minder schwer sind.

> Die Rebellion in diesem Ablösungsprozess ist eine ganz normale Erscheinung.

Eine Fünfunddreißigjährige erzählte mir einmal, wie ihre Mutter sie bis zum einundzwanzigsten Lebensjahr dazu brachte, alle sechs Monate zum Friseur zu gehen, wo sie immer einen Kurzhaarschnitt und eine krause Dauerwelle verpasst bekam. Sie hasste die Frisur und die Prozedur, aber es kam ihr nie in den Sinn, sich der Diktatur der Mutter über ihr Leben zu widersetzen. Noch lange, nachdem sie das Abitur hatte und von zu Hause weggezogen war, kämpfte sie mit einer Ich-Schwäche, die sie seit ihrer Jugend gelähmt hatte. „Ich durchlebte die normale Rebellion von Jugendlichen nicht, bevor ich verheiratet war, und dann war es ein furchtbar schmerzhafter Ablösungsprozess von den Eltern. Es dauerte erschreckend lange, bis ich mich als eigenständige Person sehen konnte und Selbstbewusstsein gewann." Und dann fügte sie hinzu: „Ich hoffe, dass meine eigene Tochter als Teenager etwas von dieser Rebellion auslebt, weil ich weiß, dass es notwendig und gesund ist."

Die Mutter dieser jetzt erwachsenen Tochter war fälschlicherweise davon ausgegangen, dass die Jugendzeit einfach eine Fortsetzung der geregelten Kontrolle der Kinderzeit war.

Lebensaufgaben für Teenager

Wir haben festgestellt, dass es die Aufgabe eine Teenagers ist, sich von der Familie zu lösen und Eigenständigkeit zu gewinnen. Die Experten Henry Cloud und John Townsend nennen in ihrem Buch *Raising Great Kids* folgende „Lebensaufgaben" für Teenager:

- Eigenständig denken lernen und eigene Meinungen entwickeln
- Bisher übernommene Werte bedenken, mit eigenen Augen betrachten und persönliche Werte festlegen
- Eigene Wünsche und Ziele formulieren und verfolgen
- Fähigkeiten und Begabungen ausbauen
- Eine eigene Spiritualität entwickeln
- Selbst Geld verdienen
- Zur Verwirklichung dieser Ziele die Eltern um Rat fragen können

Untersuchungen zeigen, dass Jugendliche vor allem auf drei Ebenen um ihre Selbstständigkeit kämpfen: in ihrem Verhalten, im Bereich ihrer Gefühle und im Bereich der Werte.

Verhaltensautonomie: bei Verabredungen, Freizeitaktivitäten, der Wahl der Freunde, dem Zeitpunkt abendlicher Heimkehr, in Fragen von Kleidung und Frisur.

Gefühlsautonomie bezieht sich auf das Selbstvertrauen, Selbstkontrolle und die Verschiebung der emotionalen Verbundenheit von der Familie auf die Freunde. Die engsten Freunde sind für Teenager ungeheuer wichtig. Sie verbringen sehr viel Zeit am Telefon und weniger in der Familie. Sie bauen Freundschaften mit anderen Erwachsenen auf – einem Trainer, Lehrer oder Nachbarn – um die Lücke zu füllen, die sie durch die Ablösung von den Eltern spüren. Die Eltern sollten dies unbedingt als positive Schritte werten und nicht als persönliche Zurückweisung oder als Grund zur Eifersucht.

Werteautonomie betrifft den Versuch der Jugendlichen, für sich selbst gültige moralische und religiöse Werte sowie Berufs- und Lebensziele herauszufinden – ein wichtiger Schritt in der Klärung der eigenen Identität. Gerade dieser Drang nach Werteautonomie führt oft zur Rebellion, wovon schon die Rede war, zum Infragestellen und zur Ablehnung der elterlichen Regeln und Wertvorstellungen, was die typischen emotionalen Auseinandersetzungen auslöst. Der Schlüssel zu einem friedlichen und und im wahrsten Wortsinn guten Zusammen-Leben zwischen Eltern und Teenager in dieser Zeit der Veränderung heißt: Loslassen.

Wenn ein Kind in der Pubertät sich von uns zurückzieht und seine Eigenständigkeit sucht, müssen wir uns immer bewusst machen, dass es ganz andere Bedürfnisse hat als wir selbst. Wir wollen als Mutter oder Vater gebraucht werden – ein Teenager arbeitet darauf hin, uns nicht mehr zu brauchen. Diese auseinander strebenden Interessen verlangen von den Eltern Reife, Liebe und innere Großzügigkeit in höchstem Maß.

Gleichzeitig braucht ein Teenager mitten im Rückzug von uns nach wie vor die Sicherheit und die Wärme unserer Liebe. Wir tun unserem Kind etwas Gutes, wenn wir den inneren Tank immer wieder auffüllen, wenn

> **Loslassen ist der Schlüssel zu einem guten Zusammenleben zwischen Eltern und Teenager.**

sie down sind und sich leer und traurig mal wieder wie an einem Boxen-Stop bei uns einfinden. Ein Teenager braucht – trotz seiner vielleicht zur Schau gestellten Kratzbürstigkeit – immer wieder eine Umarmung, die Hand auf der Schulter und das Gespräch unter vier Augen, auch wenn es weniger Gelegenheiten dafür gibt.

Die Aufgabe der Eltern

Bei der Reise durch die Höhen und Tiefen der Erziehung in der Pubertätszeit tut es gut, sich immer wieder das große Ziel und die Grundregeln des Loslassens vor Augen zu stellen.

Der Prozess des Loslassens

Auf einer Unabhängigkeits-Skala von Null bis Hundert würde ein Baby den Wert Null erhalten; es ist vollkommen von den Eltern abhängig. Während des Loslass-Prozesses erhöht sich der Prozentwert der Unabhängigkeit nach und nach, indem wir einem Kind Freiheit gewähren und Verantwortung von unseren Schultern auf seine übertragen. Unser Ziel ist die hundertprozentige Unabhängigkeit, wenn sie volljährig werden, das bedeutet dann ungefähr „75 Prozent Unabhängigkeit" (und 75 Prozent Eigenverantwortung) in der Oberstufe. Ein Tipp: Es ist gut, ab und zu eine Art Inventur zu machen. Zum Beispiel im Teenageralter mit folgenden Fragen:

- Löst die Tochter, der Sohn schon Probleme durch eigenständiges Denken?
- Zeigt er/sie Merkmale eines guten Charakters wie Ehrlichkeit, Redlichkeit und die Fähigkeit und die Bereitschaft, Verantwortung für den Alltag und das eigenen Leben zu übernehmen?
- Trifft sie/er gute Entscheidungen und setzt sich für gute Ziele ein?
- Übernimmt er/sie Aufgaben selbstständig?
- Behandelt sie/er andere gut?
- Hat er/sie Überzeugungen und Glauben?

Unsere Kinder sollen ein solides Fundament aus tragfähigen Werten und aus Vertrauen zu Gott, Vertrauen zu sich selbst und zu anderen Menschen bekommen, die gesunde Fähigkeit, Liebe zu geben und anzunehmen und einen Sinn für Eigeninitiative und konsequentes Handeln. Dazu wollen wir sie ermutigen und befähigen; wir wollen sie nicht mit den Mechanismen der Kontrolle „zu etwas bringen". Solche Mechanismen der Kontrolle – wie Befehle, Drohungen oder gefühlsmäßige Manipulation – versuchen, Macht auszuüben, um ein bestimmtes Handeln zu erzwingen. Sie erreichen allenfalls äußerlich und auf kurze Zeit ihr Ziel, sie hinterlassen aber keine positive Prägung, ganz im Gegenteil.

Ein Kind befähigen und ermutigen heißt, ihm ein Bewusstsein von Macht und Kontrolle über sich selbst finden zu helfen – und ihm die Verantwortung für sich selbst zu überlassen bzw. zu übergeben. Manchmal ist es vielleicht sogar gut, sie ihm ausdrücklich zuzusprechen. Wie das konkret aussieht? – Hier ein paar Kontrollfragen für Mütter und Väter:

Was würde Ihr Sohn, Ihre Tochter sagen: Trifft es zu, dass Sie als Mutter oder Vater ...

- die Zügel mehr und mehr lockern anstatt sie anzuziehen?
- mehr Informationen als Befehle geben?
- Ihr Kind zum Denken anhalten anstatt sein Denken zu bestimmen?
- ihm erlauben und es darin unterstützen, eine eigene Meinungen zu haben und zu äußern?
- ehrliche Fragen und Zweifel gestatten, wenn Ihre Tochter/Ihr Sohn dabei ist, einen eigenen, persönlichen Glauben zu finden?
- Ihrem Kind die Konsequenzen eigener Entscheidungen überlassen?
- Machtprobleme vermeiden?

Bleiben wir noch einen Moment bei diesem letzten Punkt, denn Machtprobleme gehören vielleicht zu den erdrückendsten und am häufigsten verbreiteten Erscheinungen der Teenager-Phase.

Machtprobleme

Das Miteinander kann schnell und grundsätzlich außer Kontrolle geraten, wenn im Alltag mehr oder weniger alles um die geheime Frage kreist: „Wer hat hier das Sagen?" Denn bei einer solchen Konstellation muss zwangsläufig die eine oder andere Seite gewinnen („Recht behalten") oder verlieren („im Unrecht sein"). Ein Teenager auf der Suche nach Selbstständigkeit möchte nicht verlieren, genauso wenig wie Vater oder Mutter. So können leicht – und völlig unnötig – Frontlinien entstehen, und es geht ja nicht ums Gewinnen oder Verlieren, sondern ums gute Miteinander. Ein einfaches Gegenmittel bei „Gefahr im Verzug": Die Mutter, der Vater hält innerlich etwas Abstand und überdenkt die Situation mit der Einsicht, dass es *nicht* um die Klärung der Machtfrage geht, dass sie oder er sich bewusst macht: Ziel ist es, dass der Teenager mehr und mehr Eigenverantwortung und Selbstkontrolle entwickelt – und dass er, mal mehr, mal weniger geschickt, auch genau darum kämpft. Und das ist ja ein guter Kampf ... und er muss auch gar nicht so kämpferisch ausfallen. Hier ein paar „Erinnerungs-Punkte" für Mütter und Väter, die dabei helfen können:

- Das Aufrechterhalten der guten Beziehung ist wichtiger, als mit allen Mitteln Recht zu behalten (oder die Macht).
- Der Kampf um Kontrolle oder Macht ist ein Kampf, den wir nicht führen müssen. Wir können Verantwortung abgeben und gleichzeitig Verantwortung behalten.
- Wir können einen Teenager nicht zwingen, etwas zu tun; aber wir können ihn wissen lassen, was wir tun würden (wenn das gefragt ist) und was wir tun werden, in dem einen oder anderen Fall. Das ist der Punkt, an dem wir gefragt sind und konsequent handeln können – im Bereich unserer Verantwortung.

- Wir geben dem Teenager verschiedene Wahlmöglichkeiten. Er oder sie trifft die Wahl und hat damit die Freiheit genauso wie die Verantwortung für die Konsequenzen dieser Wahl, ganz so, wie er/sie das im Erwachsenenleben immer wieder erfahren wird.

Wer kämpft wessen Kämpfe?

Für manche Eltern ist es eine ständige Versuchung, die Kämpfe ihrer Kinder austragen, statt sie die selbst ausfechten zu lassen. Wer dieser Versuchung nachgibt, vermittelt seinen Teenagern zweierlei:

1. Dass er ihm/ihr nichts zutraut und
2. den Eindruck, dass Mama und Papa immer da sein werden, um Gerechtigkeit im Leben herzustellen.

Eine meiner Freundinnen ist Vertrauenslehrerin von Oberstufenschülern. Sie berichtet mir immer wieder von Eltern, die Kämpfe ausfechten, die eigentlich die Kämpfe ihrer Kinder sind – etwa wenn ein Mädchen aus der Theatergruppe ausgeschlossen wird oder wenn ein Junge nicht zu einer bestimmten Sportauswahl zugelassen wird. Manche Eltern stürmen dann zum Vertrauens- oder Klassenlehrer und versuchen, „Recht" für den Sohn oder die Tochter zu bekommen, so wie sie schon immer versucht haben, ihr Kind vor Ungerechtigkeiten zu beschützen. Nur – ihr Kind ist kein kleines Kind mehr und kann und muss Konflikte selbst austragen lernen. Und – davon abgesehen – muss ein Heranwachsender lernen, dass Gerechtigkeit nicht immer zu erreichen ist und dass man auch mit ungerechten Umständen konstruktiv umgehen lernen muss.

Natürlich gibt es andererseits durchaus Situationen, in denen Eltern ihre Kindern unterstützen und ihnen beistehen müssen. Aber da müssen die Umstände genau abgewogen werden. Der Vater einer Oberstufenschülerin beschreibt eine Situation, in der er überlegte, ob er eingreifen und sich engagieren sollte oder nicht: „Meine Tochter wurde in ihrem Lieblingsfach von der bisher immer glatten Eins um eine ganze Note abgestuft, weil sie durch einen Urlaub einen Tag zu viel in der Schule versäumte. Nach Aussage des Lehrers zog – nach den Regeln der Schule – das Versäumnis eines einzigen Schultages aus einem anderen Grund als Krankheit eine automatische Absenkung der Note nach sich. Ich kämpfte mit mir, ob ich mit dem Lehrer reden sollte. Die Regel war starr und ungerecht, das schien mir auf der Hand zu liegen. Aber noch wichtiger, fand ich, war, dass meine Tochter lernen musste, dass das Leben voller unfairer Regeln ist, die ich nicht für sie ändern kann. Ich ermutigte sie, mit dem Lehrer zu sprechen, und ich übernahm das bewusst nicht für sie."

Vielleicht eine aufschlussreiche Textstelle in diesem Zusammenhang:

Wir danken Gott auch für die Leiden, denn in solchen Leiden lernen wir, geduldig zu werden. Geduld aber vertieft und festigt unseren Glauben, und das wiederum gibt uns Hoffnung. Und diese Hoffnung wird uns nicht enttäuschen. Denn durch den Heiligen Geist, der uns geschenkt wurde, ist Gottes Liebe in uns.

Römer 5,3-5

Die frühen Pubertätsjahre

Einige typische Merkmale bei Teenagern sind allgemein bekannt: Schüler der Mittelstufe zeigen erste Anzeichen der Pubertät und sondern sich ab. Sie werden launisch und ziehen sich oft in ihr Zimmer zurück, dessen Dekoration nun ebenfalls ihre Persönlichkeit ausdrücken soll. Oder sie treten den Rückzug in die Familie eines Freundes oder einer Freundin an. Sie schwanken ständig zwischen Abhängigkeit und Unabhängigkeit, wie verspielte Welpen, die im einen Moment um Aufmerksamkeit betteln und im nächsten knurren.

Die Mittelstufenzeit bringt so radikale Veränderungen ins Leben von Teenagern, dass Experten sie als die schwierigste Phase der Kindheit einordnen. Der Körper verändert sich, die Freunde kämpfen erfolgreich mit den Eltern um Bedeutung im Leben des Teenagers, alle bisherigen Werte werden in Frage gestellt und angezweifelt. Schon der Wechsel von der Grundschule zur weiterführenden Schule bringt durch veränderte Strukturen enorme Veränderungen mit sich. In der Regel wechseln die Kinder nicht nur die Schule, also das gewohnte Gebäude, sondern sie haben nun völlig andere Stundenpläne und müssen sich – je nach Schule – auch für bestimmte Fächer und außerplanmäßige Aktivitäten entscheiden. Die erweiterte Selbstbestimmung bringt Schülern der Mittelstufe mehr Wahlmöglichkeiten, aber auch mehr Druck und Versuchungen als früher. An der Schule und auf dem Schulhof werden sie auf ungewohnte Weise mit Sex, Alkohol und Drogen konfrontiert. Auch wenn angehende Teenager mit ihren Eltern eng im Gespräch sind: „Eltern können keinen größeren Fehler machen, als zu glauben, dass ihr Kind niemals Drogen nehmen wird", so ein Fachmann für Drogenkonsum bei Jugendlichen.

Die Konsequenzen ihrer Handlungen werden bei den Elf-, Zwölf-, Dreizehnjährigen nun ernster, aber das bedeutet nicht, dass wir die Zügel jetzt anziehen müssten. Im Gegenteil, daran sei erinnert! Die Fehler, die sie machen, können von uns als Gelegenheiten zum Gespräch und zum Lernen genutzt werden.

Eltern werden beobachten, wie die Meinung „der anderen" in der Klasse Druck und auffällige Veränderungen im Verhalten ihrer Kinder hervorrufen können. Ein Mädchen, das bisher eine Art Musterkind war, beginnt sich extrem auffällig oder nachlässig anzuziehen, ganz anders als bisher. Aber sie will damit nicht unbedingt gegen ihre Familie rebellieren, sondern sie will sich vor allem ihren Freunden anpassen, um dazuzugehören. Irgendeine Form von mehr oder weniger uniformiertem „Look" ist ein Kennzeichen der Pubertät, und das hat wesentlich zu tun mit der Frage „Wer bin ich?"

Darum ist es gut, wenn Eltern sich überlegen, in welchen Bereichen sie ihren inzwischen zu Jugendlichen gewordenen Kindern Freiheiten lassen und in welchen sie fest bleiben wollen. Auf lange Sicht gesehen hielten wir es z.B. für sinnvoll, alle Angelegenheiten des eigenen Geschmacks und Stils grundsätzlich frei zu geben, also Kleidung, Frisur, Musik, Raumgestaltung, Ordnung im Zimmer. Nach wie vor gültig blieben bei uns die Grund-Werte des Umgangs miteinander, etwa die Wahrheitsliebe und der Respekt für andere, wozu bei uns gehörte, dass wir Eltern informiert waren, wo die Kinder jeweils unterwegs waren und wann sie wiederkommen würden.

Oberstufenzeit

Wenn Jugendliche wie Zweijährige mit Hormonen auf Rädern sind, dann gilt das besonders in der Oberstufenzeit. Mofas, Mopeds und Autos sind für sechzehn- bis achtzehnjährige Jugendliche wie ein Vehikel in die Freiheit, für Eltern dagegen manchmal fast ein Grund zum Herzinfarkt.

Motorisierte Jugendliche eröffnen Eltern eine bisher ungeahnte Welt voller neuer Sorgen und Ängste. Alle Entscheidungen in diesem Bereich können schwerere Konsequenzen haben, sowohl im Straßenverkehr als auch für die persönliche Freiheit. Viele Eltern verknüpfen das mit dem Mofa, Moped, Motorrad oder später mit dem Auto fahren mit Bedingungen, zum Beispiel einem bestimmten Notendurchschnitt, einem Beitrag für Versicherung und Unterhalt des Gefährts und mit der zuverlässigen Information, wann die Tochter oder der Sohn kommt und geht. „Ich will keine unnötigen Ängste ausstehen, und ich will wissen, wer zum Abendessen da ist oder nicht", so eine Mutter ganz konkret.

Das Familienmoped oder das Auto benutzen zu dürfen ist gewissermaßen an einen Vertrag geknüpft. Eine Regel zu verletzen bedeutet, den Vertrag zu brechen, und das hat einen Verlust der Rechte zur Folge: Kein Fahrzeug mehr für eine bestimmte Zeit. Bei klaren Vereinbarungen weiß jeder, woran er ist, und es gibt keinen Streit darüber und keine Schimpferei: Eine Sechzehnjährige wird eben nicht mehr wie eine Neunjährige erzogen und bestraft. Wir reden, denken und argumentieren mit ihnen „auf Augenhöhe", bleiben im Gespräch und halten uns an die gemeinsam festgelegten Regeln. Damit bleiben wir als Mutter und Vater fair und berechenbar.

Was ist in dieser Altersphase unsere Aufgabe, wenn es um Entscheidungen geht? Wir nehmen immer mehr die Rolle eines Beraters ein. Unser erklärtes Ziel, nach wie vor: Die Tochter, den Sohn im Denken zu unterstützen, nicht aber, ihnen zu sagen, was sie denken sollen. Unsere Meinung oder Erfahrung kann ihnen allenfalls helfen, selbst die Möglichkeiten und Konsequenzen einer Entscheidung zu erkennen. Nicht mehr und nicht weniger. Im Vordergrund stehen Informationen. Und solange die realen Konsequenzen einer Entscheidung nicht lebensbedrohlich sind, sind es ihre eigenen Entscheidungen.

Eric ist der Sohn einer befreundeten Familie, ein talentierter Fußballer, und er wurde schon in der Oberstufe von sportorientierten Hochschulen im ganzen Land, aber auch von der heimischen Universität als Spieler angefragt. Als er sich für eine Hochschule entscheiden musste, war klar: Das ist eine wichtige Entscheidung, nicht lebensbedrohlich, aber lebensverändernd. „Wir Eltern dachten, dass er außerhalb studieren sollte, nicht hier in der Nähe, denn wir fanden, dass er bald auf eigenen Füßen stehen lernen sollte und dass er so weit wäre. Aber wir sagten ihm klar, dass die Entscheidung allein seine Sache war."

Der Entscheidungsdruck auf Eric verstärkte sich, als er unterwegs war, um sich die verschiedenen Hochschulen anzuschauen. Am letzten Abend vor der Entscheidung saß er mit einem seiner möglichen zukünftigen Trainer zusammen und erörterte mit ihm die Aussichten in Michigan.

Danach entschied Eric, sich zurückzuziehen, und er ging in die Zahnarztpraxis seines Vaters, wo er den Rest des Abends und der Nacht in Ruhe alleine nachdenken und über der Entscheidung beten konnte. Am Ende dieser – schlaflosen – Nacht entschied er sich für die Universität ganz in der Nähe. Seine Eltern akzeptierten und unterstützten diese Entscheidung, auch wenn sie etwas anderes gut gefunden hätten.

Je mehr wir unsere heranwachsenden Kinder zur Eigenständigkeit ermutigen und auf Augenhöhe mit ihnen sprechen, desto wichtiger wird es ihnen werden, was wir denken. Sie können sich in Ruhe unsere Meinung anhören, wenn sie sicher sind, dass wir sie zu nichts zwingen.

Entscheidungsschwache Teenager

Manchmal fällt es Jugendlichen ausgesprochen schwer, Entscheidungen zu treffen. Eine Mutter beklagte sich letztens bei mir, dass ihre fünfzehnjährige Tochter nicht einmal zu kleinen Entscheidungen fähig sei, zum Beispiel, ob sie ins Kino gehen sollte oder nicht, was sie anziehen oder was sie im Restaurant bestellen sollte. „Wie kann ich ihr helfen?", wollte sie wissen.

Wenn Kinder an diesem Punkt Hilfe brauchen, haben wir mehrere Möglichkeiten. Die erste: Wir können die Wahlmöglichkeiten für sie einschränken. Wenn der Sohn oder die Tochter eine Tapete aussuchen soll, können wir ihm oder ihr z.B. aus dem gesamten Angebot zwei Musterbücher mit einem jugendgemäßen Angebot in die Hand drücken und sagen: „Suche dir doch hiervon etwas aus." Eine zweite Möglichkeit: Wir können gemeinsam herausfinden, was sie etwa hindert, sich für eine bestimmte Unternehmung mit Freunden zu entscheiden. Wir können über eventuelle Ängste und – nicht unwichtig – über die Bewertung einzelner Für-und Wider-Argumente sprechen und ihnen helfen, eine Entscheidung zu treffen, die ihnen entspricht und hinter der sie stehen können.

Schlechte Entscheidungen

Was tun, wenn ein Teenager unter den Anforderungen der Schule in der Oberstufe fast zusammenzubrechen droht? Oder wenn Eltern entdecken, dass ihr Sohn oder ihre Tochter sich mit Drogen oder Alkohol eingelassen oder schlechte Verhaltensweisen angenommen hat und es kaum Einflussmöglichkeiten für die Eltern zu geben scheint?

Ich sprach mit einer Mutter, die solche Situationen mehr als gut kannte. Sie war durch ihre drei Teenager mit jedem nur möglichen Problem konfrontiert und am Ende ihrer Kraft angelangt; zu diesem Zeitpunkt lernte sie eine Selbsthilfeorganisation namens „Toughlove" (strenge Liebe) kennen, die auf dem Prinzip aufbaut, dass Kinder in einem bestimmten Alter sich für ihr Handeln verantwortlich wissen – und dass wir sie zur Verantwortung ziehen *müssen*, wenn wir sie lieben und ihnen den Weg ins Leben erleichtern wollen. Wer immer „Fünfe gerade" sein lässt oder – scheinbar liebevoll – alle Verantwortung und Pflichten des jugendlichen Sohns oder der jugendlichen Tochter übernimmt oder Versäumtes „ausbügelt", tut seinem Kind nämlich nichts Gutes. Ganz im Gegenteil.

Jene Mutter berichtete: „Ich gehörte zu den Müttern, die dachten, es sei schon alles zu spät. Ich hatte wohl alles falsch gemacht, als sie klein waren. Ich war zu nachgiebig. Ich übersah, was sie angestellt hatten, weil es mir so Leid tat, dass sie ohne Vater aufwuchsen. Die Gruppe, in die ich zum Glück kam, half mir zu begreifen, dass ich ihnen die Verantwortung für das, was sie taten oder unterließen, regelrecht *überlassen* musste, wenn ich sie liebte. Auch und gerade, wenn das schwere Konsequenzen für sie bedeutete. Sie mussten lernen, dass das, was man tut oder lässt, Folgen hat im Leben, wenn auch spät ... besser spät als nie!"

Und ihre Situation war tatsächlich nicht einfach: Mit sechzehn begann ihr Sohn zu trinken, kam immer wieder volltrunken nach Hause und fiel ins Delirium. Dann machte er irgendwann noch Schulden, verlor seinen Führerschein und stahl Autos.

„Toughlove" half der Mutter, für sich selbst zu sorgen und ihrem Sohn beizubringen, ebenfalls für sich selbst zu sorgen und auch Verantwortung zu übernehmen. Sie setzte klare Grenzen und sprach die deutlich aus, z.B.: „Ich will keinen Betrunkenen im Haus haben." Dadurch stand ihr Sohn vor der Wahl. Wenn er zu Hause leben wollte, musste er nüchtern bleiben. Sie würde ihm helfen und ihn unterstützen, aber wenn er betrunken ankam, musste er gehen.

„Es zerriss mir das Herz, aber es war die einzige Lösung für unser Problem. Und sie funktionierte. Er ist jetzt einundzwanzig, er ist trocken, und er zahlt alle Schulden zurück. Es vergeht kein Tag, an dem er mir nicht sagt, dass er mich liebt und dass er mir dankbar dafür ist, dass ich ihn stark genug geliebt habe, um fest zu bleiben und ihm zu helfen, das zu sein, was er heute ist."

Manche Eltern stehen während dieser Jahre in einem mindestens so dramatischen Kampf. Ich kenne viele Mütter und Väter, die bei dem Versuch, ihren schwer drogenabhängigen, depressiven, verantwortungslosen oder von zu Hause weg gelaufenen Jugendlichen zu helfen, regelrecht zerbrochen sind. Mein Herz schlägt für diese Eltern; ich kann ihnen nur raten, professionelle Hilfe und Beratung bei Psychologen und Ärzten zu suchen – und bei Freunden, die sie unterstützen und vielleicht sogar für sie beten. Auch praktische Bücher können eine Hilfe sein, den Weg zu gehen, den man als richtig erkannt hat.

Geistliches Wachstum

Wie steht es um die innere Entwicklung unserer Jugendlichen, nicht nur um die seelische und geistige, sondern auch um die geistliche? Wie können wir ihnen während des Prozesses, erwachsen zu werden, helfen, die Liebe und Gnade unseres Gottes (2. Petrus 3,18) zu erfahren und besser kennen zu lernen?

Viele Mütter und Väter, die Christen sind, wünschen sich für ihr Kind gute Freunde, die auf dem Weg mit Gott sind, und dass ihr Kind gemeinsam mit den Freunden in der Jugendgruppe der Gemeinde aktiv ist, im Musikteam mitmacht, sich bei diakonischen Aufgaben engagiert oder in Leitungsfunktionen hineinwächst, und das alles gerne und mit Überzeugung. Solche Träume sind ... Träume. Und in vielen Familien sieht die Realität anders aus. Viele Kinder glaubender Mütter und Väter haben Zweifel an Gott und am christlichen Glauben, lehnen ihn ab oder rebellieren aktiv gegen das, was bislang in Sachen Glauben in der Familie galt und gilt. Das macht viele Eltern hilflos.

Dieses Infragestellen auf diesem Gebiet ist allerdings nichts anderes als in anderen Lebensbereichen auch. Es gehört zum normalen Ablöse- und Reifeprozess dazu; es gehört zu dem Weg, den eigenen Weg zu finden. Als Kinder haben diese Jugendlichen die Bibel kennen gelernt und das eine oder andere auswendig gekannt. Jetzt versuchen einige, dieses Wissen zu prüfen und wollen wissen, was sich damit anfangen lässt. Oder sie wenden sich davon ab, wie sie sich erst einmal von fast allem abwenden, was den Eltern wichtig ist. Und das ist erst einmal kein Grund zur Beunruhigung. Viele Fachleute sind sich einig, dass die Grundwerte eines glaubwürdig erlebten Glaubens einen jungen Menschen auch durch die Stürme der Pubertät tragen, und dass selbst nach Zeiten der Ablehnung und der Umwege die meisten dazu zurückfinden. Außerdem *muss* ein erlernter Glaube von einem erwachsen werdenden Menschen in Frage gestellt werden, damit er überhaupt sein eigener Glaube werden kann. Und das ist ja nicht nur in der Pubertät so. Wir wachsen immer mehr in unseren Glauben, in die Beziehung mit Gott hinein – auch durch Anfragen und Antworten, die wir darauf finden. Wenn wir uns mit Zweifeln und Fragen vor Gott aufrichtig auseinander setzen, entwickelt sich der Glaube und erreicht oft eine Tiefe und Tragfähigkeit, die mit einer anderen, nicht fragenden Lebenshaltung niemals erreicht werden kann.

Bestürzte Eltern fragen manchmal: „Wieso verliert die Kirche ihre jungen Leute?" Fragt man die Kids, ist die Antwort oft: „Es ist so langweilig" oder „Es hat mit unserem Leben nichts zu tun." Das sind Antworten, die Anfragen sind – Anfragen, die weiterbringen können.

Und die Eltern? Sollten sie ihre Teenager oder Jugendlichen zum Gottesdienst zwingen? Ich halte es für gut, wenn Eltern ihren Kindern eine gewisse Wahl lassen, aber bei ihrer Leitlinie „Ich und mein Haus wollen dem Herrn dienen" bleiben – und etwa gemeinsam verabreden, was es heißt, den Feiertag zu heiligen ... und für alle annehmbare Sonntags-Programm-Möglichkeiten zu überlegen. Eine andere Möglichkeit hat mir ein Vater erzählt, der seinem Sohn die Wahl lassen und einen guten geistlichen Einfluss zukommen lassen wollte. Die beiden entschieden nach der Vorgabe des Vaters

„1 x pro Woche", dass der Sohn mindestens einmal pro Woche eine gemeindliche Veranstaltung besuchte, und der Sohn hatte dabei die Wahl, wann und wo er hinging. Wenn er den Jugendkreis besuchte, war er frei, zum Sonntagsgottesdienst zu gehen oder nicht.

Jugendlichen im Oberstufenalter sollte diese Entscheidung dann aber schon ganz allein überlassen sein, auch wenn sie noch zu Hause wohnen. „Sie machen ihre Wäsche, teilen ihr Geld ein, entscheiden übers Heimkommen und kochen sogar manchmal für die ganze Familie", so eine Mutter. „In ein paar Monaten sind sie sowieso ganz auf sich allein gestellt, wenn sie zur Uni gehen. Und wir möchten, dass sie auf alles vorbereitet sind."

Wir wollen für unsere Töchter und Söhne tun, was wir können. Das heißt, sie fit und selbstständig werden zu lassen für das Leben, das auf sie zukommt. Und das heißt auch: sie mehr und mehr loszulassen. Denn letztlich gehören sie nicht uns, sondern sich und Gott. Und Gott meint es gut mit ihnen. Ihm kann ich meinen Sohn, meine Tochter getrost anvertrauen.

Ich erinnere mich noch, wie es war, als meine Tochter Kendall sich mit dem nagelneuen Führerschein ans Steuer unseres Wagens setzte, mir zuwinkte und losfuhr. Mit einem Lächeln habe ich sie ziehen lassen, denn ich habe mich für sie gefreut. Und ich habe leise gebetet.

Vater im Himmel, dieses Mädchen fährt jetzt auf die Autobahn ... und auf die Autobahn des Lebens. Sie ist mir ein großer Schatz, und ich liebe sie. Ich habe manches falsch gemacht; ich habe ihr manches nicht rechtzeitig gesagt. Aber jetzt ist sie kein kleines Kind mehr, und sie weiß hoffentlich, was sie wissen muss. Ich will sie bewusst loslassen, auch meine Sorgen um sie. Und ich will sie und meine Sorgen dir anvertrauen. Im Glauben und im Vertrauen, dass du sie liebst, ihr beistehst und bei ihr bleibst, auch in schwierigen Situationen.

Loslassen und auf die „elterliche Gewalt" verzichten

Unsere Kinder loszulassen heißt nicht, sie sich selbst zu überlassen; es bedeutet, sie Gott zurückzugeben und uns selbst zurückzunehmen. Es heißt weder, unsere Verantwortung wegzuschieben, noch die Autorität, die wir zum Erfüllen unserer Aufgabe brauchen, aufzugeben. Aber es bedeutet, eine geheime Art von Bevormundung aufzugeben, die von unnötiger Angst und selbstsüchtigem Ehrgeiz diktiert wird.

John White, „Parents in Pain" (Eltern im Schmerz)

KAPITEL 10

Wenn es ernst wird
oder: „Leb dein Leben, Mama!"

*Eltern müssen frei werden von ihren Kindern, damit die
Kinder von ihren Eltern frei werden können.*

Marguerite und Willard Beecher, „Parents on the Run?"

Nur zwei Dinge auf Erden sind uns ganz sicher: der Tod und die
Steuer, schrieb Benjamin Franklin vor mehr als hundert Jahren. Für
Eltern gibt es noch eine weitere Gewissheit, nämlich die, dass ihre
Kinder erwachsen werden und das Haus verlassen – höchstwahr-
scheinlich. So ist es gut. Und so sieht es nach Gottes Vorstellungen
in der Familie aus.

Der Vollzeit-Job von Eltern ist zeitlich begrenzt. Vor Jahren sah
ich einmal eine Grafik, auf der die Lebensabschnitte eines durch-
schnittlichen Lebens mit Segmenten eines Kreises dargestellt waren.
Es überraschte mich, wie klein der Abschnitt war, der die Kinderphase repräsentierte. Wer aktuell in diesen Abschnitt einbezogen ist,
vergisst leicht, dass es auch noch ein Leben nach dem Kind oder den
Kindern gibt. Unmittelbar neben diesem Segment im Kreis droht
dann der mit dem „leeren Nest".

Verheiratete haben noch eine andere Möglichkeit, perspektivisch
auf diese Phase der Kindererziehung zu blicken. Nehmen wir an, Sie
leben lange genug, um Ihren sechzigsten Hochzeitstag zu feiern.
Dann verbringen Sie nur rund ein Drittel dieser Jahre mit aktiver
Kindererziehung, zwei Drittel dagegen zusammen mit Ihrem Ehe-

partner – ohne Kinder im Haus. Wie gut wir uns wieder auf ein Leben ohne Kinder einstellen können, hängt eng damit zusammen, wie wir (miteinander) gelebt haben, solange noch Kinder im Haus waren. Wie viele Eltern wissen nicht mehr, wer sie sind oder was sie miteinander anfangen sollen, wenn die Kinder ausgeflogen sind! Viele Väter und noch mehr Mütter beziehen ihre Identität außerhalb des Berufs allein aus der Elternrolle. Und mit dem Auszug des Nachwuchses empfinden sie sich als nutzlos. Sie scheinen mit ihrer gewohnten Rolle noch einiges andere verloren zu haben.

> **Wir sollten uns nicht so dicht an die Fersen unserer Kinder heften, dass wir selbst nicht mehr vorwärts kommen.**

Deswegen: Wir sollten uns nicht so dicht an die Fersen unserer Kinder heften, dass wir nicht mehr vorwärts kommen.

Dieses Verwobensein des eigenen Lebens mit dem des Kindes oder der Kinder geschieht oft so, dass wir es selbst nicht wahrnehmen, was sich da entwickelt (beziehungsweise: zurückbildet), bis wir an der Schwelle zum nächsten Lebensabschnitt stehen – und vollkommen unvorbereitet sind auf ein Leben ohne Kinder.

Vor vielen Jahren bereits hatte ich mir geschworen, dass ich niemals eine dieser Mütter sein wollte, die ständig um ihre Teenager herumwuseln und Dinge für sie erledigen, die sie selbst tun können, während sie die Augen verdrehen und stöhnen: „Lass das doch, Mama" oder „Leb' doch dein eigenes Leben, Mama!"

Während der Oberstufenzeit unserer Kinder überlegte ich mir, wie genau die Schritte aussehen konnten, mit denen ich in die kinderlose Zeit meines Lebens wechseln konnte. Und trotzdem wurde ich überrascht. Wieder einmal.

Verschiedene Überraschungen

Das ganze Leben ist voller Überraschungen, und wir sind sogar überrascht, wenn wir etwas in der Art schon erwartet haben.

Überraschung: Ehe

Ich war eine gut informierte junge Frau. Und ich war der Meinung, ich wüsste, was eine Ehe ist. Glücklich. Romantisch. Zwei Menschen, die eins werden. Vor unserer Trauung absolvierten mein Freund und ich das in unserer Gemeinde vor der Hochzeit übliche Eheseminar. Unser Pfarrer zeigte sich angesichts unserer lässigen Haltung dieser Anforderung gegenüber geduldig; für uns war „diese Sache" offen gestanden nichts anderes als ein Punkt auf der To-Do-Liste vor der Hochzeit. Einer von vielen. Außerdem hatten wir weder große Probleme noch erwarteten wir welche. Wir erwarteten nur noch, die Glocken zum Happy End läuten zu hören.

Der Pfarrer muss unsere Gedanken gelesen haben, als er uns zum ersten Treffen begrüßte. „Ihr scheint gut zueinander zu passen", begann er langsam, „aber keiner von euch ist perfekt. Ihr habt beide Fehler, die euch in den kommenden Jahren aneinander anfangen werden zu stören. Tatsächlich", so fuhr er fort, „möchte ich nicht mit euch tauschen, so aufregend eine Hochzeit auch sein kann. Meine Frau und ich haben einige Zeit gebraucht, um uns auf das alltägliche Miteinander in der Ehe einzustellen; wir sind uns beide einig, dass unsere Beziehung heute viel besser ist als bei unserer Hochzeit vor fünfzehn Jahren. Das also als Ermutigung – und als realistischen Tipp."

Ich hörte ihm mit einem Anflug von Arroganz zu. *Wir*, dachte ich selbstgefällig, *wir sind anders*. Wir, das sehe ich heute, waren nicht anders. Wir fanden, dass sich Gegensätze anziehen – bis sie verheiratet sind. Und ich sehe, dass eine gute Ehe schlichtweg harte Arbeit bedeutet, wenn zwei Menschen lernen wollen, wirklich *zusammen* zu leben.

Überraschung: Muttersein

Den gleichen Erschütterungen begegnete ich, als ich Mutter wurde. Diese Veränderung war für mich sogar noch umwälzender. Denn zumindest in der Ehe gab es doch Phasen, in denen ich allein war oder mich zurückziehen konnte. Als Mutter hatte ich plötzlich solche Rückzugsmöglichkeiten überhaupt nicht mehr. Über Nacht war ich plötzlich für diesen Säugling verantwortlich geworden, der nichts allein konnte und immer und überall auf mich angewiesen war.

Nichts und niemand scheint Frauen auf diese Abhängigkeit vorzubereiten. Schon gar nicht jene Experimente in der Schule, bei denen den Schülern ein Ei oder eine Puppe in die Hand gedrückt wird, um ihnen einen Begriff von Elternschaft zu geben. Die üblichen Regeln: Ihr könnt euer Ei oder eure Puppe – euer Baby – nicht unbeaufsichtigt lassen, wenn ihr keinen Babysitter habt. Schon bei diesem Experiment dauert es nicht lange, bis man sich von den Aufgaben überfordert fühlt. Aber ein Ei oder eine Puppe schreit wenigstens nicht wie ein richtiges Baby nachts um halb drei.

Auch die Ehe hat mich nicht auf diese Art der Abhängigkeit vorbereitet. Mein Mann und ich waren natürlich in einer gewissen Weise voneinander abhängig, aber er fing weder an zu jammern, wenn ich den Raum verließ, noch folgte er mir in die Toilette und hing mir dort am Bein. Genau diese scheinbar unablässigen Bedürfnisse meiner Kleinkinder aber, die haben mich oft an den Rand meiner Kraft gebracht. Ich merkte: Ich musste einen eigenen Weg finden, wenn ich nicht untergehen wollte.

Wenn ich heute zurückblicke, erkenne ich, auf wie unergründliche Weise die Fürsorge für ein abhängiges Kind unsere Hingabe vertiefen kann und wie mit den Jahren, in denen unsere Existenz so eng miteinander verwoben ist, die Liebe zu dem Kind oder den Kindern wächst. Ihre Abhängigkeit erzeugt unsere Bindung an sie.

Und obwohl uns die Zeit dieser engen Bindung – und des Angebundenseins – manchmal wie im Schneckentempo zu verlaufen scheint, im Rückblick scheinen sie wie ein Videofilm im Schnellrücklauf vorübergegangen zu sein. Mein Mann und ich bekamen drei Babys innerhalb von fünf Jahren. Ich sehe mich heute wie eine Figur aus einem Chaplin-Film nonstop wie aufgezogen durch die Zeit rennen, um gerade die Bedürfnisse des Kindes zu stillen, das sie am lautesten äußert.

Dann kam der Tag, an dem alle Kinder aus den Windeln waren. Unsere kleinste Tochter war knapp drei und wir standen vor der Frage, der sich alle Paare irgendwann stellen müssen: Wollen wir noch mehr Kinder? Wir hatten den Eindruck, dass die Familie komplett war. Und so entschieden wir: keine Kinder mehr. Ich war vollkommen überrascht, dass ich danach für Wochen in einer schrecklichen Depression versank.

Obwohl ich wusste, dass wir die richtige Entscheidung für uns getroffen hatten, fühlte ich mich, als ob mir mein wichtigster Lebensinhalt genommen würde. Es war vorbei. Mein Körper hatte seine wichtigste Aufgabe erfüllt und beendet. Ich würde nie wieder dieses sich in mir regende Leben spüren. Ich würde nie wieder Milch haben oder ein knuddeliges Baby stillen. Schon als Jugendliche hatte ich ein starkes Bewusstsein dafür entwickelt, dass Gott, weil ich eine Frau war, meinen Körper für die Aufgabe vorbereitete, Leben zu tragen und zu nähren. Diese Entscheidung nun war das erste Anzeichen dafür, dass diese Lebensaufgabe beendet war. Ich empfand diese Entscheidung als ein gewaltiges Loslassen. Als ich dann später eine Gebärmutteroperation hatte, erlebte ich dagegen keine der üblichen emotionalen Schwierigkeiten. Wahrscheinlich, weil ich den Verlust schon viel früher beweint hatte.

Nach und nach wurden meine persönlichen Freiheiten wieder größer. Nachdem die Jüngste in den Kindergarten gekommen war, konnte ich den Wocheneinkauf in Ruhe – und in etwas weniger als einer Stunde – erledigen. Ihre Unabhängigkeit gab mir Zeit zum Lesen, auch zum Bibellesen, zum Schreiben und zur Pflege von Beziehungen.

Jahr für Jahr wuchs bei meinen „großen Kleinen" mit den Zentimetern auch die Reife, und im selben Maß gewann ich wieder mehr Freiheiten. Im besten Fall ist der Prozess des Unabhängigwerdens ein doppelter: für das Kind und für die Mutter und den Vater.

Loslassen hat also zwei Ziele: Das Kind von den Eltern entwöhnen und die Eltern vom Kind entwöhnen. Wir bereiten unseren

Nachwuchs auf ein Leben ohne uns vor, während wir uns langsam wieder auf ein Leben ohne sie vorbereiten.

Die Selbstwahrnehmung schärfen

Wir müssen erkennen, dass wir letztlich unabhängig von unseren Kindern sind und uns nicht über sie identifizieren. Wir müssen ihre von unseren Bedürfnissen unterscheiden lernen, unser Ich von ihrem Ich, ihre Gefühle von unseren Gefühlen. Das hört sich banal an, aber wir befinden uns auf diesem Gebiet in einem Netz gegenseitiger Abhängigkeiten. Manchmal verlieren wir das Gefühl dafür, wer wir eigentlich selbst sind, wenn wir die Bedürfnisse unserer Kinder erfüllen – eine Gefahr, der mir besonders Frauen ausgesetzt zu sein scheinen.

Meine Bedürfnisse – ihre Bedürfnisse

Es fällt mir oft schwer, meine Bedürfnisse im Gleichgewicht mit denen der Kinder zu halten, denn ich hatte lange das Grundverständnis, dass ich dann eine gute Mutter und selbstlose Christin bin, wenn ich meine eigenen Bedürfnisse denen meiner Kinder opfere. Heute weiß ich es besser. Und trotzdem tappe ich manchmal in diese alte Falle. Dann hilft es, mir bewusst zu machen, wer ich bin und wozu Gott mich berufen hat. Dass ich mehr bin als die Mutter meiner Kinder. Jeder Mensch, auch eine Mutter hat Bedürfnisse, aber die kollidieren oft in irgendeiner Weise mit denen des Kindes oder der Kinder. Ich brauche zum Beispiel ein gewisses Maß an Sport, habe aber leicht das Gefühl, dass ich damit den Kindern zu viel Zeit wegnehme. Ohne Sport aber fühle ich mich träge, wabbelig, extrem schlecht gelaunt und in schlechten Zeiten voller Minderwertigkeitskomplexe. Mir das Bedürfnis nach Sport nicht zu erfüllen erweist der Familie keinen Dienst. „Mit Sport" bin ich eine zufriedenere Frau, auch eine zufriedenere und damit eine ausgeglichenere Mutter.

Genauso brauche ich Zeit für mich allein mit Gott und mit meinem Partner – jeden Tag. Dann kann ich meinen Alltag deutlich besser bewältigen. In der Organisation MOPS (Mothers of Preschoolers, Mütter von Vorschulkindern) verwenden wir das Bild der Sauerstoffmaske im Flugzeug dafür. Sie kennen das bestimmt aus den Sicherheitsinstruktionen beim Start: „Legen Sie selbst eine Sauerstoffmaske an, und sorgen Sie erst dann für Kinder und andere hilfsbedürftige Personen." Klar: Nur wenn wir selbst gut versorgt sind, können wir zuverlässig für andere sorgen. Auch unsere Kinder haben etwas davon, wenn wir auf uns selbst achten; vor allem lernen sie von uns, das Gleiche für sich zu tun. Sie lernen Eigenverantwortung.

Die eigenen Werte

Es ist wichtig, die eigenen Wertvorstellungen zu kennen und beizubehalten, unabhängig von den Bedürfnissen und Reaktionen der Kinder, auch – und gerade –, wenn Kompromisse um des lieben Friedens willen im Moment alles leichter machen. Auf Dauer machen sie alles schwieriger.

Ich kenne eine Mutter, die um des lieben Friedens willen lange Zeit ständig klein beigab. Sie ließ ihrem Kind fast alles durchgehen – sie akzeptierte Unhöflichkeit, die Verletzung von Abmachungen und sogar Unehrlichkeit, nur um Konflikte zu vermeiden. Sie trat nicht für das ein, was sie für richtig und wichtig hielt. Mit den Werten verlor sie den Rahmen für ihre Erziehung, sie verlor auch Einfluss auf ihre Kinder, die sich zu wahren kleinen „Psycho-Terroristen" entwickelten, mit denen kaum jemand etwas zu tun haben wollte. Und sie verlor noch viel mehr. Ihr Selbstwertgefühl wurde von der Situation und von den grenzenlosen Ansprüchen der Kinder aufgefressen. Es ist wichtig für uns und wichtig für unsere Kinder, dass wir als Mutter oder Vater für unsere Werte einstehen, sie verteidigen und manchmal andere damit konfrontieren, besonders unsere Kinder.

Die eigenen Gefühle

Mein Gefühlsleben ist nicht identisch mit dem Gefühlsleben meiner Kinder. Und ich sollte mich nicht zu stark mit ihren Gefühlen identifizieren. Manchmal ist das Glück meines Kindes mein Glück. Sein Versagen, seine Zurückweisung wird zu meinem. Ihre Launen werden zu unseren. Wenn dies immer wieder geschieht, haben wir die Grenzen innerlich nicht klar gezogen. Das ist nicht immer einfach, aber wichtig für unsere innere Gesundheit, für ein gutes Loslassenkönnen und eine stabile Beziehung – jetzt und später. Viele Mütter gestehen ein, dass ihr persönliches Glücks- und Lebensgefühl vom Erfolg oder der Laune ihrer Kinder abhängig ist.

Neulich rief ich eine Freundin an. Schon ihr „Hallo" verriet sie. Sie hatte wegen ihrer Tochter Lisa, einem schönen, willensstarken Mädchen auf der Schwelle zur Pubertät, einen schlechten Morgen gehabt. „Sie hatte furchtbar schlechte Laune", seufzte meine Freundin, „sie hat mich mit der Schweigetour gequält, ihr Frühstück ohne ein Wort gegessen und mir nicht Auf Wiedersehen gesagt. Ich fühle mich wie damals, als sie zwei Jahre alt war und mir den Tag so richtig verderben konnte."

Was tun? Wir können umdenken und uns selbst innerlich stabiler machen. So wie es die Mutter eines Oberstufenschülers nach einer innerlichen Neu-Orientierung ausdrückte: „Mein Glück kann und soll nicht von dem meines Sohnes abhängen."

Ego-, Geschmacks- und Auffassungsfragen

Es gibt Grundwerte wie Ehrlichkeit und Zuverlässigkeit, die zu vertreten der Entwicklung des Kindes gut tun. Und es gibt eine bestimmte Art von persönlichen Werten, die eher Fragen persönlichen Geschmacks und persönlicher Auffassung sind, z.B. Fragen des Erscheinungsbildes. Wenn diese wie Grundwerte behandelt werden, kann das einigen Schaden anrichten. Wieder geht es um die Frage von unguter oder falscher Identifikation mit dem Kind. Ich kenne eine Frau, deren Tochter ein leichtes – wirklich: nur *leichtes* – Übergewicht hat. Die Mutter fürchtet offenbar, das könnte ein schlechtes Licht auf sie werfen. Andauernd kritisiert und nörgelt sie nun an ihr herum, sodass es den Eindruck macht, das Gewichtsproblem sei für sie wichtiger als für ihre Tochter.

Ein anderes Beispiel ist ein Vater aus meinem Bekanntenkreis, der sein Ego offenbar vom Erfolg seines Sohnes in der Schule abhängig macht. Die verantwortlichen Lehrer schlugen vor, der Junge solle eine Klasse wiederholen, um mehr Reife für die nächste Stufe zu gewinnen. Der Vater lehnte das ab und zwang den Sohn dazu, in die nächste Klasse zu wechseln, obwohl der offensichtlich überfordert war – Hauptsache, der Junge „blieb nicht sitzen". Was das für seine innere Entwicklung und sein Lernen bedeutete, spielte keine Rolle.

Eine tragische bis tragikomische Situation hatten wir kürzlich bei einem Sportwettkampf an der Schule. Ein jugendlicher Spieler, offenbar der Star des Jahrgangs, was seine spielerischen Leistungen anging, besiegelte den Sieg seiner Mannschaft mit einem letzten Punkt. Der enthusiastische Vater war nach dem Abpfiff der Erste auf dem Feld, um den Ruhm seines Sohnes zu teilen – und um ihn einem Sportagenten vorzustellen, der ihn in eine lukrative Zukunft manövrieren sollte. „Aber Papa", sagte der Junge und legte den Basketball hin, „das ist doch nur Schulsport. Ich will kein Basketballspieler werden. Ich will Tänzer werden." Und verabschiedete sich mit zwei, drei Pirouetten. Der Ausdruck auf dem Gesicht seines Vaters sprach Bände. Spätestens jetzt musste er feststellen, dass seine Träume nicht die Träume seines Sohnes waren und dass er nie danach gefragt hatte, was sein Junge wollte und was er gut konnte. Unter dem Aspekt „Leb' dein Leben, Papa" muss er sich fragen lassen, warum er seinen sportlichen Ambitionen nicht selbst in irgendeiner Weise nachgeht, anstatt sie in seinen Sohn hineinzuprojizieren.

Alle Verantwortung für Mutter oder Vater – nein!

Es gilt auch in kleinen Fragen, das „Leb' dein Leben, Mama" und „Leb' dein Leben, Papa". Das heißt im Alltag auch, sich nicht in Beschlag nehmen zu lassen von den Problemen, die ganz klar die Probleme des Nachwuchses sind. Wie oft machen wir uns – aus einem verzerrten Elternbild heraus – falsche Schuldgefühle: Er ist erkältet, weil ich ihn nicht an die Jacke erinnert habe. Sie schafft ihre Hausaufgaben nicht, weil ich nicht entschlossen genug die Dinge anpacke. Die Kinder langweilen sich, weil ich nicht mit ihnen ins Kino gehe. Alles ist meine Schuld. Immer bin ich für alles verantwortlich. Aber wir sind Eltern, und nicht Gott. Und wir tun gut daran, unsere Kinder Eigenverantwortung einüben zu lassen. Und selbst das Loslassen zu üben – und *unser* Leben zu leben, bei allem Einsatz für unsere Kinder.

Schützen und nähren – nicht nur den Nachwuchs!

Mütter und Väter sind dazu da, ihre Kinder zu schützen und zu nähren – klar. Weniger klar ist oft, dass sie das auch für sich selbst tun müssen: sich schützen, also abgrenzen können, und sich nähren, also etwas für das eigene innere Leben tun. Um uns abgrenzen zu können, ist es gut, einmal ganz für sich selbst zu überlegen, was (zwischen Minimum und Maximum) nötig ist für einen eigenen gesunden, ausgewogenen Lebensstil, und wo persönlich die körperlichen, geistigen und emotionalen Grenzen zum Partner und zum Kind oder den Kindern liegen. Ganz praktisch setzen wir diese Grenzen mit Worten. Das Wort Nein lässt zum Beispiel klar erkennen, wo wir stehen. Wir sagen Nein, wenn wir einem Kind die Grenzen zwischen Gut und Böse erklären wollen und zeigen ihm, was für uns richtig ist. Nein sagen beschreibt auch, was wir zu tun – oder nicht zu tun – bereit sind. „Nein", sage ich zu meinem Teenager, „ich fahre dich jetzt nicht dahin, weil ich noch zu tun habe. Aber ich kann dich in einer Stunde fahren."

Wir setzen Grenzen auch durch sichtbaren räumlichen Abstand. Eine verschlossene Schlafzimmertür bedeutet: Komm nicht rein. Achte meine Privatsphäre. Heranwachsende Kinder setzen die gleichen Grenzen für sich selbst, weil sie zunehmend Abstand und Intimität brauchen – das ist für sie genauso legitim wie für uns Mütter und Väter.

Wir setzen emotionale Grenzen, wenn wir klar definieren, welche Probleme und Aufgaben unsere sind und welche nicht. Jahrelang war ich in unserer Familie die selbst ernannte Vorsitzende für die allgemeine Fröhlichkeit und Zufriedenheit im Haus. Als ich mehr über Grenzen lernte, merkte ich, dass ich zwar die Verantwortung dafür übernehmen konnte, das Haus zu dekorieren, Geschenke zu kaufen und ein schönes Weihnachtsfest zu gestalten (was ich sehr liebe), dass ich aber nicht für die Reaktionen und Gefühle aller anderen zuständig war.

Solche Grenzen zu akzeptieren hilft uns, zu große Erwartungen abzubauen und gesunde Beziehungen aufzubauen.

Zeiten für mich selbst

Es baut mich auf, wenn ich Zeit ganz für mich habe und wenn es im Extremfall nur ein paar Minuten für mich allein sind. Zeit für mich allein füllt meine Batterien auf, gibt mir Perspektiven und hilft mir, meine Prioritäten und Verpflichtungen neu zu klären. Sie gibt mir Ruhe zum Beten.

Manche Menschen erlauben sich mehr Zeit für sich allein als andere. Männer verbringen Stunden beim Fischen. Andere wandern oder joggen regelmäßig. Ich kenne einen Familienberater, der sich den ganzen Tag mit den Problemen anderer beschäftigt und dann als Ehemann und Vater abends seiner eigenen Familie gegenübersteht. Sein Geheimnis, dann auch gerne (!) „ganz da" zu sein, besteht darin, mehrmals im Jahr einen Tag oder ein Wochenende allein zu verbringen, ohne die Herausforderungen des Alltags, um sich über seine Prioritäten und Ziele neu klar zu werden.

Als die Kinder klein waren, schien Zeit für mich allein immer sehr begrenzt zu sein. Ein paar kostbare Minuten am Morgen, bevor alle aufwachten, eine halbe Stunde im Auto, während ich eine Klavierstunde abwartete, und ganz selten ein stiller Morgen im Haus, der nur allzu oft dann vom Telefon, dem Summer am Trockner oder dem Staub auf den Möbeln gestört wurde. Ruhige Momente waren rar.

Mir fiel es leichter, zur Ruhe zu kommen, wenn ich eine längere Zeit der Einsamkeit haben konnte. Und so suchte ich immer wieder mal eine Möglichkeit. Einmal bat ich meine Familie um ein Geburtstagsgeschenk in Form eines ganzen herrlichen Tages allein in den Bergen, vom Sonnenaufgang bis zum Sonnenuntergang: Zeit zum Wandern, in der Sonne liegen, Beten, Denken, Lesen, Gott zuhören und Zeit, um aufs Neue die Frage zu stellen: „Wer bin ich?"

Nur selten gönnen wir es unserer Seele, über Stunden hinweg nachzusinnen. Normalerweise laufen die Gedanken ständig auf mehreren Ebenen nebeneinander her und drehen sich um zahllose Einzelheiten aus dem Alltag. Erst wenn wir das einmal hinter uns lassen können, kommen wir in einen anderen Bereich, zu wesentlicheren Gedanken, in denen immer wieder Schätze zu entdecken sind. In diesem Raum können wir unser Selbstgefühl neu überdenken und Antworten auf wesentliche Fragen finden, uns innerlich neu ausrichten:

- Was mache ich gern? Was mache ich nicht gern?
- Was macht mir Freude? Was quält mich?
- Was würde ich gern mit dem Rest meines Lebens anfangen, als Person, als Ehefrau/Partner/Freundin, als Mutter – körperlich, beruflich, geistig und geistlich?
- Wo hat Gott mir Gaben gegeben? Wo mir Aufgaben nahe gelegt?

Jetzt, wo meine Kinder erwachsen und aus dem Haus sind, habe ich viel mehr Zeit für mich selbst. Ich nehme die Hunde auf lange Spaziergänge mit, ich verbringe einen ganzen Mittwochabend mit Lesen. Ich wache mitten in der Nacht auf und erlebe die stille Dunkelheit als heilige Spanne Zeit für mich allein, weil ich morgens eine Stunde länger schlafen kann.

Beziehungen außerhalb der Familie pflegen

Wir bereiten uns auf ein Leben ohne Kinder vor, indem wir uns selbst pflegen, die Beziehungen zu anderen und die Beziehung zu Gott.

Beziehung zu Gott

Die erste Beziehung, die es wert ist, gut gepflegt zu werden, ist unsere Beziehung zu Gott. Sich seiner Gegenwart aussetzen, heißt zum Wesentlichen kommen. Zu *dem* Gegenüber kommen.

Menschen pflegen ihre Beziehung zu Gott auf unterschiedliche Art. Ich zum Beispiel sitze gern frühmorgens an der Küchentheke, wo ich meinen Kaffee trinken und sehen kann, wie die Sonne aufgeht, während ich in der Bibel lese und im stillen Zwiegespräch mit Gott sein kann. Diese Zeit tat mir besonders gut, als die Kinder klein waren. Das war mein „Auftanken am Morgen", bevor alles auf mich einstürmte. Ich sehnte mich nach dem Frieden, der Freude, der Geduld und der Freundlichkeit, die aus dieser Stille erwuchsen und mich durch die Hektik des Morgens brachten, wenn alle zur gleichen Zeit aus dem Haus mussten.

Jetzt, wo „das Nest" um mich herum leer geworden ist, gehe ich spontaner und flexibler mit meiner Zeit mit Gott um. Oft bin ich im Gespräch mit Gott, während ich auf der Autobahn unterwegs bin, auf einer ruhigen Strecke, und eine Lobpreismusik im Kassettenrekorder liegt – dann bin ich auf meiner morgendlichen Fahrt nach Denver und bete. Auch der Sonntagsgottesdienst zusammen mit den Freunden und Bekannten in der Gemeinde, in der Bibel nachlesen, was dort zu einem Thema alles geschrieben steht, Abende im Hauskreis, Freizeiten und Treffen mit einem Gebetspartner helfen mir, meine Beziehung zu Gott zu pflegen.

Falls man verheiratet ist, kommt nach der Beziehung zu Gott die Pflege der Beziehung mit *„dem"* menschlichen Gegenüber, mit dem man sein Leben teilt. Im Seminaren wird immer wieder betont, dass die eheliche Beziehung über der Beziehung zu den Kindern stehen soll, und das zu Recht. Aber Kinder nehmen diesen Platz, der dem Partner zusteht, ganz häufig auf so subtile Weise ein, dass die Eltern erst merken, wie fremd sie sich geworden sind, wenn die Kinder aus dem Haus sind. Das ist kein Wunder. Nachdem wir für unsere Säuglinge die Windeln gewechselt, auf ihr Bäuerchen geachtet, sie später gefüttert, getröstet und gebadet haben und später die größeren Kinder chauffiert, bekocht, ermutigt, beraten und mit ihnen gelernt haben, bleibt uns kaum noch Zeit und Energie für die Pflege der Partnerschaft.

Eine lebendige Beziehung in der Ehe kostet Zeit und Engagement. Und diese Beziehung sollte uns so wichtig sein, dass wir Zeit füreinander aus dem ganz normalen Wochenwahnsinn herausschinden, auch wenn dazu andere Dinge im Programm gestrichen werden müssen.

Mein Mann und ich hatten – wie alle anderen Paare auch – manchmal Tage, ja Wochen, in denen wir kaum miteinander sprachen außer über die Kinder und ihre Anliegen. Wir hatten in manchen Phasen keine richtigen „Gespräche" mehr. Wir wurden langsam taub füreinander. Manchmal sah ich ihn so wenig an, dass ich die Verletzung am Finger oder sein neues Hemd nicht einmal bemerkte; ich hörte ihm auch nicht zu, nicht *richtig* zu. An solchen Anzeichen merkten wir, dass wir mal wieder dringend allein zum Essen ausgehen mussten, um unserer Beziehung etwas Gutes zu tun, oder noch besser, ein Wochenende zusammen verbringen sollten. Solche Wochenenden können entweder geplant oder aus dem Moment geborene Abenteuer sein. Einmal hielt uns während der Weihnachtsferien ein heftiger Schneesturm drei Tage lang ans Haus gefesselt. Ich hatte mein gerüttelt Maß an nassen Handschuhen, tropfenden Stiefeln und halb vollen Tassen mit kaltem Kakao, als ein ehemaliger Babysitter, eine Studentin auf Ferien, am Freitagnachmittag, als das Wetter langsam besser wurde, bei mir vorbeikam. Sie erkannte wohl, dass ich mich schon wie im Gefängnis fühlte, und bot mir an, auf die Kinder aufzupassen. Und aus einer Laune des Augenblicks heraus holte ich meinen Mann vom Büro ab und buchte mit ihm ein Hotelzimmer ganz in der Nähe.

Wenn wir uns kein Essengehen oder kein Wochenende auswärts leisten konnten, machten wir lange Abendspaziergänge. Viele Paare gehen regelmäßig einmal pro Woche zusammen essen und tragen sich das als Termin in den Kalender ein.

Längere Ferien zu zweit sind schwieriger zu planen, aber die Mühe lohnt sich. Ein Paar erzählte mir, dass sie immer wieder einmal zehn Tage an den Ort reisten, an dem sie sechzehn Jahre zuvor ihre Flitterwochen verbracht hatten. Und es gab dann sogar einen romantischen Tag zu zweit: Ein Boot brachte sie bei Sonnenaufgang mit einem Picknickkorb auf eine winzige Insel, die sie ganz für sich allein hatten, und holte sie bei Einbruch der Dunkelheit wieder ab.

„Es ist schön, neu zu entdecken, warum du diesen Menschen eigentlich heiraten wolltest", sagte mir diese Ehefrau, inzwischen Mutter zweier Teenager, einmal hinterher.

So romantisch das alles klingt – ich gebe zu, dass es mir nie leicht gefallen ist, von den Kindern getrennt zu sein, weil ich mir stets Sorgen machte. Ob wohl alles in Ordnung ist? Ob der Babysitter allen Situationen gewachsen sein wird? Was, wenn die Kleine krank wird? Was, wenn dies, was wenn das … Sogar während eines gemeinsamen Wochenendes brauchte ich ganze vierundzwanzig Stunden allein dazu, um die Mutterrolle einmal beiseite zu legen und ganz die Partnerin meines Mannes zu sein. Doch immer kamen wir erfrischt und verjüngt zurück und sahen voll Dankbarkeit, dass das auch den Kindern gut tat. Und auch die Zeit ohne uns war für sie keine verlorene Zeit: Sie waren als Geschwister enger zusammengerückt und erfüllten ihre Pflichten unter „fremder Aufsicht" besser als in unserer Anwesenheit, wenn wir sie dabei kontrollierten. Außerdem sahen sie, dass ihre Mutter und ihr Vater gern zusammen verreisten, was ihnen ein großes Sicherheitsgefühl vermittelte. Ich bin heute davon überzeugt: Unseren Partner zu lieben ist fast das Beste, was wir für unsere Kinder tun können!

Beziehung zu Freunden

Mütter brauchen Freundschaft, aber gute Freundschaften ereignen sich nicht ohne weiteres. Sie erfordern Zeit und manchmal auch Opfer, aber das sind sie auch wert. Freunde sind da, wenn wir am Ende sind, sie helfen uns, wenn wir sie brauchen, sie erweitern unseren Gesichtskreis, sodass wir frische Perspektiven erhalten. Unsere besten Freunde sind auch dann noch für uns da, wenn die Kinder das Haus verlassen haben. Freunde sind etwas Wunderbares.

Ich kenne eine Mutter, die alle klassische Gefühle des Leere-Nest-Syndroms durchlebte, nachdem ihr jüngstes Kind zum Studium gegangen war. Sie war zu Hause manchmal viel allein, aber eine feste Clique von Freundinnen trug sie quasi durch diese Zeit hindurch. Sie brachten sie dazu, mit ihnen Essen zu gehen. Sie machten gemeinsame Ausflüge. Sie halfen ihr, Lebensziele neu zu definieren und ermutigten sie, wieder berufstätig zu sein. Eine ließ sogar alles stehen und liegen und fuhr einen ganzen Tag mit ihr in den Hochhäusern der Stadt Aufzug, um diese konkrete Angst in ihr zu überwinden und neue Sicherheit zu gewinnen.

Eigenen Interessen nachgehen

Wenn unsere Kinder größer werden, ist es gut, verstärkt wieder eigenen Interessen – also Aktivitäten außerhalb der Elternrolle nachzugehen. Wenn sich unser Alltag verändert, bietet das die Gelegenheit, bisher vernachlässigte Seiten in uns zu entdecken oder zu neuen Zielen aufzubrechen. Kindergarten und Schule befreien uns vom Babysitten und vom Angebundensein ans Haus, der Führerschein der Kinder erspart uns viele Taxidienste. Es ist so weit: Die Kinder, denen wir Wurzeln gegeben haben, breiten nun ihre Flügel aus ... und das ermöglicht es uns, auch unsere wieder stärker auszubreiten.

Wir Mütter können wieder oder wieder stärker in den Beruf einsteigen oder etwas Neues anfangen, wir können Fortbildungen nutzen, ehrenamtlich arbeiten oder für jüngere Frauen da sein. Wir können ein eigenes Unternehmen aufbauen, Bücher schreiben, Golf spielen lernen oder eine Bibelgruppe organisieren. Wir können unseren Träumen folgen. Die Möglichkeiten sind vielfältig.

Für Frauen, die nicht wissen, wonach sie suchen sollen, gibt es vom Arbeitsamt oder anderen Trägern Kurse für den Wiedereinstieg in den Beruf und Veranstaltungen bei evangelischen oder katholischen Familienbildungsstätten, die helfen, eigene Stärken und Qualifikationen neu auszuloten. Genauso aufschlussreich ist es, mit entsprechenden Büchern oder (Gemeinde-)Seminaren sich der Gaben (neu) bewusst zu werden, die Gott Ihnen gegeben hat. Was liegt Ihnen? Welche Gabe kann zu einer erfüllenden Aufgabe werden?

Eine meiner Freundinnen leistete sich so etwas wie ein „Sabbatjahr", nachdem ihr jüngstes Kind eine Ganztagsschule besuchte. Sie widerstand der Versuchung, sich sofort in irgendwelche Aktivitäten hineinzuwerfen; sie lehnte es sogar ab, Vorsitzende eines Komitees zu werden. Sie nahm sich ein ganzes Jahr Zeit, um für sich das Richtige herauszufinden und verlieh dem Ganzen Glaubwürdigkeit, indem sie der Zeitspanne einen Namen gab.

Während der frühen Jahre unserer Kinder war ich von zu Hause aus berufstätig; meistens schrieb ich. Als meine Kinder dann in der Oberstufe waren, wusste ich bereits, dass ich einen Beruf wollte, der mich mit anderen Menschen zusammenbrachte. Ich machte mir klar, wofür mein Herz schlug und wo meine Begabungen lagen – und das war bei den Themen Familie und Kinder. Und so schickte ich eines Tages einen Brief an eine Bekannte, an Elisa Morgan los, in dem ich mich um eine Stelle bei der Organisation MOPS International – Mothers of Preschoolers, Mütter von Vorschulkindern – bewarb. „Sollte sich eine freie Stellen ergeben, würde ich mich freuen, berücksichtigt zu werden", schrieb ich. Einige Monate später klingelte das Telefon. Es war Elisa, die mich zu einem Vorstellungsgespräch für eine neu geschaffene Stelle bei MOPS einlud. Und ich hatte das Gefühl, dass Gott hier seine Hand im Spiel hatte, dass das „meine Sache" werden könnte. Das ist jetzt sieben Jahre her. Seitdem arbeite ich bei MOPS, berate und ermutige Mütter von kleinen Kindern. Wenn ich heute auf die letzten zehn, zwanzig Jahre zurückblicke, sehe ich, wie Gott mich über alle Wegstrecken auf diesen Job vorbereitet hat.

Einer meiner Lieblingsverse in der Bibel ist: „Ich werde einen Engel vor euch hersenden, der euch auf dem Weg bewahrt und in das versprochene Land bringt" (2. Mose 23,20). Deshalb kann ich in allen Jahreszeiten des Lebens die Stelle ausfüllen, an der ich gerade stehe, das Positive daran sehen und genießen ... und mich gleichzeitig auf das freuen, was noch vor mir liegt – weil Gott mir helfen will, Erfüllung im Leben zu finden.

DIE KOLLEKTION MEINER TRÄUME

Ich wollte immer schon einmal gerne ...
Klavier spielen
Golden Retriever züchten
Eine Medaille gewinnen
Eine Boutique eröffnen
Eine Torten-Konditorei im Haus anfangen
Kinderkleidung entwerfen
Ein Buch schreiben
Professionelle Fotografin sein
Den Clown auf Kindergeburtstagen spielen
Meine eigene Website im Internet haben
– Und Sie?
Hier ist Platz für Ihre Träume:

KAPITEL 11

Wann es endgültig „so weit" ist

Jedes Ereignis, alles auf der Welt hat seine Zeit:
Geborenwerden und Sterben,
Pflanzen und Ausreißen.

Prediger 3,1-2

Es ist so weit. Es wird Zeit „auszureißen". Der Moment ist gekommen, den wir schon seit Jahren vorausgesehen haben, manchmal mit Vorfreude, manchmal voller Furcht. Der Augenblick des endgültigen Loslassens. Der Adler kann fliegen. Die Nabelschnur wird gekappt. Ein lebensverändernder Augenblick, ein Moment, um ihn in einem Foto festzuhalten.

Es gibt nur ein Problem. Niemand scheint so genau zu wissen, wann dieser Moment eigentlich gekommen ist. Es gibt keine offizielle Zeremonie, keine Abschiedsparty für Eltern, kein Foto, das den Moment festhält, in dem die Nabelschnur endgültig durchtrennt wird. Nach all diesen Jahren der Vorbereitung ist das endgültige Loslassen seltsam schwer zu fassen.

Vielleicht ist das die Schuld der Eltern? Obwohl die „Arbeitsplatzbeschreibung" einer Mutter oder eines Vaters sich nach und nach verändert hat, gibt es nie eine Titelveränderung, eine Beförderung oder eine Medaille. Eine Mutter bleibt eine Mutter, egal ob das Kind Säugling oder Student ist. Ein Vater bleibt ein Vater.

„Einmal Eltern, immer Eltern", sagt die eine Mutter.

„Als Mutter erreichst du nie die Ziellinie", sagt eine andere.

„Egal, wo deine Kinder sind, sie sind für immer in deinem Herzen."

Ich erinnere mich an einen Tag, an dem die Geburt meines ersten Kindes bevorstand, eigentlich sogar schon längst überfällig war. Eine mütterliche ältere Frau berührte mich sanft am Arm, als wir an der Kasse im Supermarkt standen. Sie musste meine Ungeduld und Müdigkeit gespürt haben.

„Ihr Erstes?", fragte sie und wies mit dem Kopf auf meinen Ballonbauch. Ich nickte.

„Genießen Sie diese letzten paar Tage", riet sie mir mit dem Lächeln einer Eingeweihten. „Sie werden nie wieder so frei sein wie jetzt. Wenn Sie erst mal Kinder haben, dann ist es egal, wie alt die sind, Sie werden sich nie mehr von ihnen lösen können."

Drei Kinder und viele Jahre später verstand ich erst wirklich, was sie gemeint hatte. Wir lösen uns von unseren Kindern, wenn wir es gut mit ihnen meinen, und zwar Tag für Tag, und eins nach dem anderen, wenn wir mehrere Kinder haben. Aber wir hören nie wirklich auf, Eltern zu sein. Unsere Verantwortung dem Sohn oder der Tochter gegenüber verändert sich, aber unsere Liebe für sie ändert sich nie.

Vielleicht hängt das auch mit unserer Kultur zusammen. Es gibt bei uns keine Rituale, die Kinder ganz eindeutig in die Selbstständigkeit entlassen. In früheren Generationen war die Trennung von Eltern und Kindern mit einer neuen, und im Vergleich zu heute eindeutigeren Verteilung von Pflichten zwischen beiden Generationen verbunden. In der Agrargesellschaft übernahmen Kinder schon weit früher feste Aufgaben. Sie heirateten früher, aber sie blieben mehr oder weniger in der Nachbarschaft, und lebten nicht – wie heute oft – eine halbe Welt entfernt. Vielfach wurde die Zusammenarbeit auf dem Hof in veränderten Aufgaben und Rollen gemeinsam fortgesetzt.

Heute ist die Trennung so unklar, dass sich Eltern und Kinder nicht einmal über den ungefähren Zeitpunkt einig sind; die Volljährigkeit ist es jedenfalls nicht. Eine Studie mit Achtzehnjährigen und deren Eltern ergab, dass die meisten der Jugendlichen auf die Frage, ob sie schon unabhängig seien, mit ja antworteten, die Mehrheit der Eltern dagegen mit nein.

Oder haben die Kinder Schuld an dieser verzögerten Ablösung? Eltern wissen oft nicht, wann ihr Kind wirklich aus dem Haus ist, weil es immer wieder zurückkehrt. Manche Töchter und Söhne sind jahrelang halb drin im Haus der Eltern und halb draußen. Oder sie ziehen nach einer gewissen Zeit der Selbstständigkeit wieder ins Elternhaus ein und sind wieder in der Kinder-Rolle.

Ein Vater war überzeugt, seine Tochter sei nun „aus dem Haus", als er seine Tochter auf der Schwelle eines Studentenwohnheims am anderen Ende der USA verabschiedete, durch einen halben Kontinent von zu Hause getrennt. Vier Jahre später stellte sich heraus, dass es für sie noch nicht „die" Trennung und Ablösung vom Elternhaus gewesen war. Sie kam nach dem Examen zurück, packte nach kurzer Zeit die Sachen in ihrem alten Zimmer zusammen, belud ihr Auto und fuhr in eine andere, ebenfalls weit entfernte Stadt, wo sie ihre erste Stelle antrat. „Dieses Mal ist es anders", berichtete er mit etwas zittriger Stimme, „diesmal ist es endgültig." Ein Jahr später war er sich darüber dann gar nicht mehr so sicher. „Sie scheint uns dieses Jahr gefühlsmäßig mehr zu brauchen als im College. Sie hat keinen Freundeskreis um sich und ruft uns mehrmals die Woche an." Einige Jahre später führte er sie in die Kirche, wo ihr Bräutigam auf sie wartete, und unterdrückte die Tränen. „Jetzt ist es so weit", sagte er sich. Man kann nie wissen. Als die Tochter dreißig war, kehrte sie mit ihrem Mann in ihre Heimatstadt zurück und ließ sich in einem Haus nieder, das nur wenige Häuserzeilen von dem der Eltern entfernt lag. Wann hatte sie sich nun „abgelöst"?

Die Lehr- und Studienjahre

In unserer Gesellschaft fällt die Trennung zwischen Eltern und Kindern meistens mit dem Beginn der Studien- oder Ausbildungszeit zusammen. Für viele Familien ist das die schwerste Phase im Ablösungsprozess. „Wenn das Kind eine Ausbildung macht", sagte ein Vater von sechs Kindern, „steckst du mehr Geld hinein als je zuvor. Und das tust du gerne. Aber du hast auch weniger als je zuvor die Kontrolle darüber, was das Kind macht. Meine Frau und ich fanden diese Zeit extrem schwierig, im Gegensatz zu den Kindern. Sie hatten von dem Stress, den sie uns verursachten, nicht den leisesten Schimmer." Dieser Vater erklärte, dass für die Kinder an die Finanzierung der Ausbildung gewisse Bedingungen geknüpft waren. „Sie mussten ihre Prüfungen bestehen. Sonst trugen wir die Kosten nicht mehr."

Die Erwartungen von Eltern und Kindern sind sehr unterschiedlich, wenn Sohn oder Tochter als Studenten während der Ferien ins Elternhaus zurückkommen, zu denselben Eltern und Geschwistern und in die alte Umgebung. Die Eltern freuen sich auf Berichte aus dem Studentenleben und wollen versäumte Zeit nachholen. Sie stellen sich gemütliche Abende um den Esstisch vor und planen die alten Lieblingsgerichte.

Der Student aber, der vielleicht seit kurzem vegetarisch lebt und jetzt nicht weiß, wie er das seinen Eltern beibringen soll, träumt davon, morgens lange zu schlafen und abends seine Freunde zu treffen. Die Konflikte sind vorprogrammiert; am Ende der Ferienzeit bleiben deswegen oft verletzte Gefühle, aufgeheizte Stimmung und vergossene Tränen zurück ... und jeder ist enttäuscht.

„Ich habe mich auf eine liebevolle, herzliche Tochter gefreut, die ihr Zuhause vermisst; was ich bekam, war eine junge Dame, die entschlossen war, die angebliche Einmischung ihrer Eltern in ihr Leben nicht länger zu dulden", sagte eine Mutter nach dem ersten Besuch ihrer Tochter zu Hause. Eine Tochter erzählt: „Meine Eltern versuchten viel zu sehr, mich noch zu erziehen, als ich sie besuchte. Nachdem ich drei Monate ganz auf mich gestellt war, musste ich plötzlich zu einer bestimmten Zeit zu Hause sein und Verpflichtungen übernehmen."

In unserem eigenen Haushalt bekam ich den Eindruck, die Ernährungs-Aufsichtsbehörde sei angerückt, als meine Tochter aus dem College zurückkam. Plötzlich wurde jede Dose und Packung in der Speisekammer sorgfältig auf Nahrungsmittelzusätze und Konservierungsmittel hin untersucht; vieles war in ihren Augen inakzeptabel und musste dank der College-Ernährungslehre und der Überzeugungsarbeit einiger neuer Freunde weggeworfen werden. Unser Sohn durchlief mehrere „Zeige-mir-deine-Frisur-und-ich-sage-dir-wer-du-bist"-Phasen, die von Zottelmähne über Ponyfrisur bis zum kahlkopfähnlichen Rasierschnitt reichten. Wir wussten während der ersten Ferientage nie, wer da nun gleich zur Haustür hereinkommen würde. *Wer ist dieser Mensch?*, fragte ich mich jedes Mal neu, wenn unsere Kinder heimkamen.

Hochzeitsglocken

In der Regel markiert die Hochzeit eines Sohnes oder einer Tochter tatsächlich den endgültigen Schritt des Ablösungsprozesses, aber auch hier scheinen Eltern und ihre Nachkommen uneinig zu sein, was die Endgültigkeit des Anlasses betrifft und die Gefühle, die er auslösen kann.

Bei uns war unser Sohn Derek der Erste, der heiratete. Wir waren alle innerlich etwas durcheinander und versuchten, uns den veränderten Beziehungen anzupassen. Sogar Dereks Schwestern konnten sich nicht vorstellen, wie sich seine Heirat auf die Familie auswirken würde. „Heißt das, ich kann ihn nicht mehr anrufen und muss blöde Nachrichten auf den Anrufbeantworter sprechen?", fragte Kendall mit Tränen in den Augen. Derek ist jetzt seit zwei Jahren verheiratet, und ich habe den Eindruck, wir sortieren immer noch jeder seinen Platz in dieser neuen Konstellation. Wir haben akzeptiert, dass er und seine Frau nicht immer an Weihnachten nach Hause kommen, und wir sind dabei, zu lernen, dass in einer erweiterten Familie die Liebe Altes loslässt, um Platz für Neues zu machen. Vielleicht geht es anderen Müttern und Vätern ja ähnlich: Die Hochzeit meines Sohnes erinnerte mich an meine eigene zögernde Ablösung von den Eltern.

An meinem Hochzeitstag spürte ich wenig davon. Zunächst war ich vollkommen von den vielen Vorbereitungen in Beschlag genommen, dann reisten mein Mann und ich direkt ab in die Flitterwochen. Ein paar Tage später verspürte ich in unserem Urlaub den ersten Trennungsstich zwischen mir und meiner Familie. Ich hatte ihnen ja nicht einmal richtig für die schöne Hochzeit gedankt, und sie hatten sich solche Mühe gegeben! Ich hatte tatsächlich während der Flitterwochen Heimweh nach ihnen. Als wir später in meinen Heimatort zurückkehrten und uns dort niederließen, mein Mann Jura studierte und ich arbeiten ging, war es manchmal so, als spielten wir Ehe. Beide Familien lebten im gleichen Ort. Wenn wir zum Essen bei den Eltern waren, fühlten wir uns wieder wie Kinder, mit den entsprechenden Aufgaben und Pflichten.

Erst Jahre später, als wir all unser Hab und Gut zusammen-packten und mein Mann seine Stelle auf Rhode Island Chicago an-nahm, erlebte ich die Trennung von den Eltern und unsere neue Unabhängigkeit stark und deutlich. Die räumliche Trennung von den Familien half meinem Mann und mir zusammenzuwachsen. Wir wurden sicherer und selbstständiger. Unsere Beziehung zu den Eltern war nun eine Beziehung zwischen Erwachsenen, wohl auch deshalb, weil wir inzwischen selbst Vater und Mutter geworden waren und die Elternrolle nun mit ihnen teilten.

Wenn das erste Enkelkind da ist, kann das die Eltern-Kind-Beziehung in der Herkunftsfamilie positiv oder negativ verändern. Die erste Möglichkeit: Die frisch gebackenen Eltern fühlen sich jetzt den eigenen Eltern ebenbürtig, weil sie die Aufgaben und Opfer der eigenen Eltern mit neuen Augen sehen. Die andere: Das neue Baby führt zu Spannungen zwischen den Generationen, weil die Großeltern an der Erziehung der Eltern Kritik üben. Wir erlebten die erste Version. Obwohl unsere Eltern manchmal noch uns gegenüber in die Elternrolle verfielen und obwohl wir manch-mal das schuldbewusste Gefühl von Kindern hatten, war die Ab-lösung endgültig gelungen.

Zurück ins „alte Nest"

Eine verzögerte Ablösung wird meistens dann noch schwieriger und auf der emotionalen Seite für alle Beteiligten verwirrender, wenn erwachsene Kinder ins Haus zurückkehren, nachdem sie schon längere Zeit allein gelebt haben.

Eltern und Kinder können dadurch in schwieriges Fahrwasser geraten, weil Rollen und Beziehungsmuster klar scheinen, aber nicht unbedingt klar bzw. noch gültig sind.

> **Eine verzögerte Ablösung wird meistens noch schwieriger, wenn erwachsene Kinder ins Haus zurückkehren, nachdem sie schon längere Zeit allein gelebt haben.**

Es sind unterschiedliche Gründe, die junge Erwachsene wieder an den elterlichen Herd zurückbringen. Oft liegen die Gründe dieser so genannten „Bumerang-Kids" im finanziellen Bereich, aber ungeachtet der Gründe bringt die Situation viel an Spannungen und Anpassungsschwierigkeiten in die Familie, ob der junge Erwachsene nun allein oder mit einer Partner und Kind/ern kommt, ob noch andere Geschwister im Haus sind oder nicht.

Wie begegnet man nun dieser Situation?

Eine gemeinsame, klare Planung ist ein guter Einstieg. Zunächst müssen die Eltern für sich selbst grundsätzlich ein Ja finden und dann auch aussprechen – oder auch nicht. Einige Eltern lehnen das Arrangement ab, weil sie befürchten, die Kinder könnten aufs Neue abhängig von ihnen werden und auf Lebenszeit im „Hotel Mama" wohnen. Andere sind der grundsätzlichen Überzeugung, dass die Haustür immer für ihre Kinder offen stehen muss.

In unserem Fall zog Kendall, unsere Jüngste, nach ihrem College-Abschluss wieder bei uns ein. Wir waren uns alle darüber im Klaren, dass das nur vorübergehend war, während sie sich nach einem Job umsah und ihre Hochzeit plante, die in wenigen Monaten stattfinden sollte. Wir kochten zusammen, machten lange Spaziergänge mit den Hunden und gingen zu dritt zum Gottesdienst. Jeder von uns bewahrt bis heute kostbare Erinnerungen daran in sich auf – an eine gemeinsame „Extra-Zeit", die sich so wohl nicht wieder ergeben wird.

Wenn Sie die Möglichkeit erwägen, ein Kind wieder zu Hause wohnen zu lassen – prüfen Sie Ihre eigene Motivation!

Sehr auf Nähe bedachte Eltern (aus der Sicht der Kinder häufig klammernde oder besitzergreifende Eltern), die darin eine Möglichkeit sehen, wieder Einfluss auf das Leben des Kindes zu legen oder seine Gesellschaft erwarten zu dürfen, geraten dann in der Realität schnell in große Konflikte.

Und welche Erwartungen sind berechtigt? Welche Regeln sollen gelten? Soll das Kind etwas zum Unterhalt und zur Miete beitragen?

Wenn die erwachsene Tochter oder der erwachsene Sohn einen Job hat, verabreden viele Eltern zumindest eine Beteiligung an Miete und Lebenshaltungskosten. Wenn das „Kind" kein eigenes Einkommen hat, hat es sich bewährt, auf einem Plan zu bestehen, der das Ziel hat, innerhalb einer bestimmten Zeit Arbeit zu finden, eine Ausbildung oder spezielle Fortbildung zu machen. Auch eine Beteiligung an der Hausarbeit ist zu klären: z.B. die Wäsche machen, putzen und ein bis zwei Mahlzeiten in der Woche übernehmen.

Sind noch jüngere Geschwister im Haus, wird das erwachsene Kind wohl seine eigenen Entscheidungen treffen, sich aber allgemein an die Hausordnung und das Wertesystem der Familie halten, damit bei den Geschwistern keine zu große Verunsicherung entsteht.

Bei klaren Absprachen und einem guten Umgang mit der Situation kann die Zeit für beide Seiten emotional und geistlich Gewinn bringen: Eltern und erwachsene Kinder lernen Kompromisse schließen und sich gegenseitig zu unterstützen. Wenn es dagegen schlecht läuft – und das ist meistens der Fall, wenn nichts klar abgesprochen ist –, kann eine Heimkehr das Kind wieder voll abhängig werden lassen oder die Beziehung stark verletzen. Am besten ist es erfahrungsgemäß, das Arrangement als Arrangement auf Zeit, möglichst auf eine gemeinsam festgelegte Zeit zu treffen und zu leben. Dann kann es ein weiterer Schritt auf der Reise in die Unabhängigkeit sein – für beide Seiten.

Eltern und Kinder –
eine neue Beziehung „auf Augenhöhe"

Das große Ziel, wenn die Kinder erwachsen geworden sind, ist eine „erwachsene", sprich: eine partnerschaftliche Beziehung zwischen den Generationen. Und eine solche Beziehung „auf Augenhöhe" ist so wie zu anderen Erwachsenen auch; es wäre unangemessen, aneinander herumzuziehen und den anderen verändern zu wollen.

Die große Chance ist die Chance auf eine besondere Freundschaft. Schließlich haben wir eine gemeinsame Geschichte, gemeinsame Erinnerungen, wir waren dabei, als unsere Kinder sich zu dem entwickelten, was sie heute sind. Wobei – genau darin steckt auch eine Gefahr: Wir kennen ein Stück Geschichte sehr gut. Und wir *meinen,* daher „automatisch" den Sohn oder die Tochter *heute zu kennen.* Aber das ist nicht unbedingt der Fall. Wir wissen *vielleicht,* wo der andere verletzlich ist. Wir kennen *vielleicht* die Schwachpunkte des anderen. Aber oft genug akzeptieren wir Eltern die Veränderungen im anderen nicht und sehen den Sohn, die Tochter, wie wir sie mit sechzehn gesehen haben. Oder wie wir sie uns als Erwachsene gedacht haben. Aber das ist unser Bild, und das entspricht nicht unbedingt dem Menschen, der uns nun gegenübersteht.

Stolpersteine in der neuen Beziehung
zwischen erwachsenen Kindern und ihren Eltern

Wo liegen die häufigsten Hindernisse?

„Ihr Kind ist kein Kind mehr"

Vermutlich sind es gerade die kleinen Gewohnheiten, die unseren Kindern verraten, wenn wir sie noch immer als „kleine Kinder" sehen. Wir möchten ihnen noch immer sagen, wie sie ihr Leben führen sollen. Wir möchten noch immer Kontrolle ausüben. Allein unsere Sprache macht sie zu Kindern. „Zieh doch den Mantel an. Schnall' dich an. Du musst mehr Gemüse essen/mehr schlafen/ wieder in die Kirche gehen. Du solltest dir jetzt keinen Hund kaufen! So viel kannst du doch nicht für die Miete ausgeben!"

Wenn ich wieder einmal in diese Ich-bin-doch-deine-Mutter-Haltung verfallen bin, gibt es für mich nur einen Weg zurück. Und der besteht in einer einzigen Frage: Wie würde ich mich fühlen, wenn *meine* Mutter das zu mir sagen würde?

Und wenn das noch nicht hilft: Würde ich dasselbe, was ich da zu meinem Sohn oder meiner Tochter gesagt habe, auch zu einer Freundin sagen?

Außerdem: Meine ich denn, ausgerechnet meine Kommentare würden ihr Verhalten verändern? Wirken sie eigentlich positiv? – Wenn die Antwort darauf nein lautet, ist die Sache klar. Ich sollte besser meinen Mund halten ... und mein Herz ermahnen, nicht so anmaßend zu sein, alles besser wissen zu wollen.

Die Grundfrage dahinter ist – für alle Eltern: Erlauben wir unseren Kindern, Erwachsene zu sein, oder wollen wir sie in der Kinderrolle festhalten?

Versteckte Schuldzuweisungen

Ein weiterer Stolperstein auf dem Weg zu einer gesunden Beziehung mit den inzwischen erwachsenen Kindern ist die versteckte, aber hochwirksame Art, wie wir manchmal Schuldgefühle in ihnen wecken.

Versteckte Schuldzuweisung ist eine Art Bestechung, ein Versuch, das Verhalten des erwachsenen Kindes zu manipulieren und zu kontrollieren. Die Taktik ist unterschiedlich, die Ergebnisse sind immer die gleichen: Die inzwischen erwachsene Tochter, der erwachsene Sohn fühlt sich schuldig, weil er die Eltern nicht erfreut hat, genau wie in der Kindheit, als er Angst hatte, durch Ungehorsam die Liebe der Eltern zu verlieren. Er spürt eine altbekannte Hilflosigkeit und weiß nicht, wie er damit umgehen soll – ganz wie früher. Ein Beispiel:

Eine erwachsene Tochter ruft ihre Mutter an.

„Hallo", sagt die Tochter, als die Mutter abgenommen hat.

„Ach, hallo", antwortet die Mutter und tut überrascht, „von dir hab' ich ja schon lange nichts mehr gehört ... ich dachte, du hättest meine Nummer vergessen."

„Ehm ... ich hab' viel zu tun gehabt", verteidigt sich die Tochter mit dem Versuch einer Entschuldigung.

Statt sich über den Anruf zu freuen, macht die Mutter Vorwürfe. Die erwachsene Tochter fühlt sich wie ein ungezogenes Kind und bleibt für den Rest des Gesprächs auf der Entschuldigungs-Schiene und überhaupt defensiv. Dieses Verhalten der Mutter verlockt die Tochter nicht gerade, öfter anzurufen, was aber gerade die Absicht der Mutter war – genau das Gegenteil passiert. Die Tochter hat die Mutter „nicht erfreut", sie fühlt sich auf subtile Weise gemaßregelt wie ein kleines Kind. Das frustriert sie, sie ärgert sich und schwört sich, die nächste Zeit nicht mehr zu Hause anzurufen.

Ich habe als erwachsene Tochter ganz ähnliche Erfahrungen gemacht und schwor mir daraufhin, mit meinen eigenen Kindern ganz einfach ehrlich umzugehen. Ich wollte ihnen sagen, dass ich mich freute, wenn sie anriefen. Bei großen Pausen dazwischen wollte ich zugeben: „Ich mache mir etwas Sorgen, wenn ich so lange nicht mit dir gesprochen habe."

Ich muss zugeben, dass ich heute noch manchmal auf diese „Schuldschiene" gerate, auch wenn ich das nicht will. Aber ich habe ein gutes Korrektiv; meine Kinder lassen es mir nicht durchgehen.

„Sch-Sch-Schuldschiene, Mama!", bekomme ich zu hören, wenn ich mal wieder nahe dran bin, ihnen auf diese Weise meine Sicht der Dinge aufdrücken zu wollen.

Auch Geschenke, die an Bedingungen geknüpft sind, können Schuldgefühle erzeugen – und damit Beziehung belasten. Etwa dann, wenn ein Geschenk wie eine Art „Bestechung zu mehr Aufmerksamkeit" gerät. Das Geschenk eines Flugtickets zum Weihnachtsfest zum Beispiel ist automatisch mit der Verpflichtung verbunden, „doch wenigstens eine gewisse Zeit" (nämlich mehr als nur einen Tag oder zwei) bei den Eltern zu verbringen und an den Familientraditionen teilzunehmen. Wenn das Kind aber nun um eine Flugticket für den März bittet? Gilt das Angebot nur, solange das Kind die elterlichen Wünsche im Blick auf die Weihnachtstraditionen erfüllt?

Auch Geldgeschenke gehen oft mit Bedingungen einher. „Unser Sohn und seine Frau brauchten Geld, weil sie pleite waren und die Miete zahlen mussten", erzählt ein Vater. „Wir gaben ihnen das Geld, erfuhren aber später, dass sie die Miete anderweitig zusammenbekommen hatten und das Geld dann für etwas anderes verwendet hatten, das uns nicht angemessen erschien. Wir regten uns monatelang auf. Erst nach einer Weile kamen wir zu der Einsicht, dass wir nicht den Zweck bestimmen konnten, wenn wir ihnen Geld schenkten. Ein Geschenk muss aus freiem Entschluss gegeben werden – und dem Beschenkten den freien Entschluss lassen, wie er es einsetzt."

Ratschläge und Geschenke sollen unseren Kindern etwas Gutes tun und nicht als Machtmittel benutzt werden – dahinter steht die Frage der eigenen Motivation, die sollten wir Eltern prüfen, weil uns der Wunsch nach Einfluss oft so nahe liegt.

Ich denke, es ist gut, davon auszugehen, dass wir Fehler machen und dass auch unsere Kinder Fehler machen, dass wir oder sie etwas tun oder etwas lassen und damit die Beziehung belasten. Wenn unsere Tochter zum Beispiel lange nicht anruft oder wir sie zu sehr drängen, dann gestehen wir das dem anderen als Fehler offen ein, wenn wir das merken. Und dann vergeben wir einander ohne viel Aufhebens. Wir Eltern wissen inzwischen: Wir brauchen die Kinder nicht mehr, damit sie unsere Bedürfnisse erfüllen. Wir unterstützen ihre Unabhängigkeit und erkennen ihre Freiheit an.

Schuldgefühle der Eltern

Es gibt noch einen anderen Aspekt, wenn es um Schuld und Schuldgefühle geht in der Eltern-Kind-Beziehung: wenn ein Kind sich nicht so entwickelt (hat), wie die Eltern es gehofft oder erwartet hatten.

Es herrscht allgemein die unausgesprochene Annahme, dass Eltern für alles die Verantwortung haben und alle Möglichkeiten besitzen, das Richtige für ihre Kinder zu erreichen. Dieses Denken führt zu einem Klima, das unweigerlich Schuldgefühle erzeugt, wenn etwas „schief geht" und Erwartungen enttäuscht werden. Diese große Enttäuschung oder Sorge kann pathologische Züge annehmen und die gesamte eigene Zukunft der Eltern lähmen oder gar verhindern, sogar so weit, dass eine Mutter und/oder ein Vater nicht mehr frei sind, Gottes Perspektiven für sie im nächsten Lebensabschnitt zu sehen.

Ein simples Beispiel: Sie nennen Ihr Kind Johannes oder Lukas und träumen davon, dass er der biblischen Persönlichkeit mit diesem Namen entspricht. Stattdessen ist Ihr Sohn in seinen Grundzügen ein Rebell, undankbar und stellt Ihren Glauben und alle Ihre Werte in Frage. „Was haben wir falsch gemacht?", fragen Sie sich dann womöglich.

Von Geburt an stellen Sie sich vor, dass Ihre Tochter ein gläubiger Mensch wird. Sie bringen sie zum Kindergottesdienst und verzichten auf viele eigene Pläne, nur um auch während der weiteren Entwicklung für sie da zu sein. Sie haben eine gute Beziehung zueinander, aber jetzt ist sie mit siebzehn schwanger und unverheiratet und hat mit Glauben gar nichts im Sinn. „Was haben wir falsch gemacht?"

Die Wirklichkeit hinter diesem Schmerz habe ich erst mit der Zeit verstanden: Wir sind *verantwortlich* am Erziehungsprozess unserer Kinder *beteiligt*, aber wir sind nicht für die *Ergebnisse* verantwortlich.

Wir sind für ihre Erziehung verantwortlich, wenn sie noch klein sind.

Wir sind dafür verantwortlich, ihnen Grenzen zu setzen.

Wir sind dafür verantwortlich, ihnen den Samen des Gottvertrauens und des Glaubens ins Herz zu legen.

Wir sind dafür verantwortlich, dass sie ihre Einzigartigkeit erkennen.

Wir sind dafür verantwortlich, sie bedingungslos zu lieben.

Man könnte die Liste noch fortsetzen. Die letzte Verantwortung, die wir tragen, aber ist die, dass wir Gott die Verantwortung für die

Ergebnisse überlassen. Wir sind nicht für die Resultate unseres Einsatzes verantwortlich. Wir haben nicht die Entscheidungsgewalt über die Charakteranlagen, mit denen unsere Kinder geboren werden. Wir können nicht alle Lebensumstände kontrollieren, während sie heranwachsen. Wir haben den Willen unserer Kinder nicht in der Hand. Sie haben einen freien Willen wie wir. Sie treffen irgendwann ihre eigenen Entscheidungen, und das müssen wir ihnen zugestehen – indem wir sie loslassen.

Nicht wir, sie selbst sind für sich verantwortlich. Und das heißt auch: Wenn wir mit ihren Entscheidungen nicht einverstanden sind, entschuldigen wir sie nicht, wir unterstützen sie auch nicht und bürgen nicht für sie. Wir schicken einem drogenabhängigen Sohn kein Geld. Wir erlauben unserer Tochter nicht, bei uns im Haus mit ihrem Freund zu schlafen, mit dem sie in einer anderen Stadt ein Appartement hat.

Unsere Sache ist es auch, Gott zu vertrauen, die Kinder loszulassen und zu erkennen, dass sie für ihre Entscheidungen und Handlungen allein verantwortlich sind, wenn sie erwachsen sind. Ganz sicher haben wir in der Erziehung Fehler gemacht. Denn: Alle Eltern machen Fehler. Wir hätten gern manches anders gemacht, wir hätten vielleicht gern in ihren Kindertagen die geistliche Reife gehabt, die wir heute haben. Aber Gott steht mit seinem Angebot der Vergebung vor uns, und das gilt für all das, was in unseren Augen nicht gut war, vielleicht für lange schwere Jahre. Wir können all das loslassen und neu anfangen. „Ich will euch in reichem Maß zurückgeben, was diese gefräßigen Heuschrecken Jahr für Jahr vernichtet haben", so eine Zusage Gottes nach dem Buch Joel (2,25).

Unsere Kinder sind nicht unser Aushängeschild. Diese Wahrheit zu erkennen hilft uns, loszulassen und uns an ihrer und unserer Freiheit zu freuen, trotz aller Höhen und Tiefen und auch in Phasen des verzögerten Loslassens.

OHNE GARANTIE

Ich sage jetzt etwas, das vielleicht diejenigen irritiert, die sich strenge, voraussehbare und kompromisslose Regeln fürs Leben wünschen. Es gibt keine Garantie bei der Kindererziehung. ... So gerne wir auch eine „wasserdichte" Sicherheit hätten und uns wünschten, wir bräuchten nur dies und jenes tun, und alles würde richtig laufen – diese Sicherheit gibt es nicht. ... Diese Realität macht uns umso mehr von Gott abhängig, weil nur er allein im Leben unserer Kinder Seine Macht und Gnade erweisen kann. ...

Wenn Sie Mutter oder Vater sind, dann möchte ich Sie einfach ermutigen, alles in Ihrer Macht Stehende anzugehen, das Falsche zu bekämpfen und das Richtige zu tun. Tun Sie auch alles, um Ihren Kindern den Weg zu Jesus Christus zu zeigen. Lassen Sie sie Ihre ganze Liebe und Ihren Glauben spüren und erkennen. Leben Sie so, wie Sie reden – und überlassen Sie das „Ergebnis" Gott.

Charles Swindoll

KAPITEL 12

„Mission beendet!"

oder: Sie haben Wurzeln, sie haben Flügel ... und jetzt fliegen sie!

*Ich habe euch ernährt, ermutigt, erzogen und
unterstützt, meine Kinder. Euch loszulassen, sollte ein
natürlicher Schritt sein. Dass ich euch zutraue, allein zu
fliegen, ist der größte Beweis meiner Liebe.*

Yvonne Ohumukini Urness

Das Examen ist geschafft! Sie hat einen Job bei einer Internet-Firma weit weg von hier angenommen.

Er hat einen Studienplatz bekommen und will sich das Studium selbst finanzieren.

Er geht zur Bundeswehr.

Sie hatten mit ihr die Hochzeit geplant, den Tag mit den Gästen gefeiert und ihr zum Abschied einen dicken Kuss gegeben.

Er macht eine Amerikareise, ehe er sich irgendwo fest niederlässt.

– Endlich haben sie alle ihren Platz gefunden. Kennen ihre Wurzeln und benutzen ihre Flügel. Sie schweben. Fliegen frei.

Sie sind irgendwie stolz ... traurig ... einsam ... erregt ... hast Angst vor deiner eigenen Zukunft, fühlst dich hin- und hergerissen ... wie leer ... vollkommen durcheinander. Keine Sorge. Das ist ganz normal.

Wir ziehen Kinder groß, damit sie uns verlassen können. Warum fühlen wir uns dann so merkwürdig, wenn sie gehen?!

Ein Abschied ist eben immer ein Abschied. Wir können uns in der konkreten Situation daran erinnern, dass Loslassen ein Prozess mit zwei Seiten ist: Er entwöhnt ein Kind von den Eltern und entwöhnt die Eltern von den Kindern. Und ein solcher Entwöhnungsprozess ist naturgemäß mit Schmerzen verbunden. Und dann ist da noch das „leere Nest" ... und bei dem Wort *leer* klingt so vieles mit, auch etwas Pathetisches. Das Haus ist leer. Alles scheint nun so leer. Das klingt fast so, als ob das Leben keinen Sinn mehr hätte, wenn die Kinder aus dem Haus sind.

Was wir empfinden, ist ein Abschied und ein echter Verlust. Deswegen durchlaufen wir Phasen der Trauer, wie auch sonst beim Verlust eines lieben Menschen. Trauern ist eine natürliche Reaktion auf jeden Verlust, sei es Tod, Scheidung oder eine andere Trennung, so wie der Auszug der Kinder aus dem Haus.

Den Verlust betrauern

Jeder Fachmann kann es bestätigen: All diese Trauergefühle sind in dieser Phase normal und gesund, und es erleichtert und verkürzt den Trauerprozess letztlich, wenn man diese Gefühle nicht verdrängt, sondern bewusst durchlebt – um dann wieder in eine andere Phase kommen zu können. Es ist also gut und richtig, die Gefühle, die durch die Trennung entstehen, zuzulassen. Wir fühlen uns vielleicht bedrückt, verunsichert, antriebslos und unmotiviert. Diese Gefühle sind real, aber sie „haben ihre Zeit"; irgendwann sind sie vorbei. Und wir erleben wieder ganz andere, neue, helle, schöne Zeiten vor uns. Sogar von dem bewussten Abschiednehmen, das dann hinter uns liegt, können wir gestärkt hervorgehen, weil darin die Möglichkeit liegt, innerlich zu wachsen.

Wer hat es schwerer, im leeren Nest zu sitzen – die Mutter oder der Vater? Ich kann nur sagen: Vorsicht vor Standardantworten! Es mag schwerer sein für diejenige Mutter, die all die Jahre zu Hause vor allem für die Kinder gesorgt hat und für die diese Aufgabe bislang die Hauptquelle ihrer Identität war. Sie hat womöglich das Gefühl, „nichts zu tun zu haben" und wenig Selbstvertrauen, ihre Situation zu verändern. Aber nur wenige Frauen kommen völlig unvorbereitet an diese Schwelle zu einem Leben jenseits der Mutterschaft. Durch die allgemeine höhere Lebenserwartung betreten Frauen diesen Lebensabschnitt mit der Zuversicht, dass in dieser neuen Phase der Freiheit noch einige Möglichkeiten für sie selbst vor ihnen liegen.

Viele Väter spüren das leere Nest oft stärker als erwartet, auch wenn sie vielleicht nicht gut darüber sprechen können. Manche Väter fühlen sich plötzlich viel älter und trauern darum, viele Gelegenheiten zu gemeinsamen Erlebnissen mit den Kindern verpasst zu haben. Sie bedauern, dass ihr Beruf sie oft daran gehindert hat, mehr Zeit mit den Kindern zu verbringen.

Ich hörte einmal einen Vater sagen, Gott hätte den Zeitplan für Väter nicht richtig eingerichtet. Sein Beruf hätte genau dann ein Maximum an Zeit und Energie gefordert, als die Kinder klein waren und ihn brauchten. Zwanzig Jahre später, als der Arbeitsdruck nachließ, seien seine Kinder schon aus dem Haus gewesen.

Andere Faktoren

Die Phase des leeren Nestes trifft unter Umständen mit anderen Veränderungen im Leben zusammen. Für Frauen kann es die Menopause sein. Für Männer und auch für Frauen kann es die Midlife-Crisis sein, die Zeit, in der man noch konfrontiert wird mit der Zeit, die vergangen ist, und der Lebenszeit, die noch bleibt, und seine Werte neu überdenkt. Das kann der Auslöser sein, in ein kleineres Haus zu ziehen oder umzubauen, die Kinderzimmer in

Büros, Gästezimmer oder gar Zimmer zum Vermieten zu verwandeln. Das alles kann neue Energien freisetzen, es kann aber auch negativen Stress verursachen.

Die Zeit, in der die Kinder aus dem Haus gehen, fällt manchmal auch zusammen mit einer schweren Krankheit der eigenen Eltern oder mit deren Tod. „Ich werde plötzlich von zwei Generationen gleichzeitig schwer gefordert", erklärte mir eine Mutter. „Mein Sohn packt seine Sachen fürs College zusammen und verabschiedet sich, und mein Vater stirbt an Krebs. Ich muss einen doppelten Verlust verdauen; das macht mich durcheinander und irgendwie auch wütend."

Im Umgang mit den älter werdenden Eltern erleben die erwachsenen Kinder die Rollenumkehrung oft als eine große emotionale Last. Es ist nichts mehr, wie es war. Nicht die Mutter oder der Vater kümmern sich mehr um uns, sondern wir kümmern uns immer mehr um sie. Wir fahren sie, anstatt sie fahren zu lassen. Wir erinnern sie daran, eine Jacke mitzunehmen, falls es kalt wird. Wir helfen ihnen beim Aussuchen in der Menükarte und schneiden sogar ihr Fleisch klein. Fällt diese Rollenumkehrung mit der leeren Nestphase zusammen, dann wird uns noch deutlicher bewusst, wie die Zeit vergeht. Wir werden an unsere Sterblichkeit erinnert.

Auch in der Ehe vollziehen sich in dieser Zeit Veränderungen. Wir decken nur noch zwei Gedecke auf und fangen wieder an, über die Person nachzudenken, die mit uns den Salat isst. Wenn die Aufmerksamkeit der früheren Jahre dahin ist (weil man sich in der Kinderzeit wenig Zeit für Zweisamkeit genommen hat – siehe voriges Kapitel), beschleicht uns Melancholie über die Vergänglichkeit.

Aus all diesen Gründen und noch vielen anderen kann die Leere-Nestphase zur manchmal beängstigenden Herausforderung werden, die nicht ohne Schmerzen zu überwinden ist. Aber wir müssen daran nicht zerbrechen, ganz im Gegenteil. Der Schmerz, wenn er nicht verdrängt wird, kann uns zu einer neuen Reife führen, sogar zu ganz neuer Kraft, weil wir etwas durchstanden und überwunden haben.

Weiter geht's!

Das Haus ist „leer", und wie jede Veränderung liegt in dieser Situation die Chance zu etwas Neuem.

„Zwei Wochen lang hatte ich das heulende Elend, nachdem unsere Jüngste das Haus verlassen hatte, aber es kamen keine Tränen", erzählte mir eine Mutter. „An einem Freitagnachmittag stand ich dann mit dem Einkaufswagen vor dem Regal mit Müsli und Getreideflocken. Plötzlich traf es mich wie ein Blitz: Ich brauchte ja gar keine Cornflakes mehr zu kaufen. Und da kamen dann die Tränen. Ich weinte lange dort zwischen den Regalen. Aber dann kam ich nach Hause, in eine aufgeräumte Wohnung ohne Dreckwäsche, und mein Mann und ich hatten ein tolles freies Wochenende miteinander. Und das gefiel mir sehr!"

Manchmal müssen wir erst aufgerüttelt werden, um uns überhaupt neu motivieren lassen zu können. Dann ist es allerdings häufig zu hören, dass Eltern in der Phase der „neuen Unabhängigkeit" geradezu begeisterte Berichte über ihr neues, verändertes Leben und ihre Unternehmungen abgeben.

Jetzt ist es an der Zeit, sich ehrlich mit allen Möglichkeiten auseinander zu setzen, die für die Zukunft in Frage kommen. Die Autorin und Rednerin Jill Briscoe sagte einer Frauengruppe auf einem Seminar: „Es ist eine wunderbare Lebensphase! Sie möchten gern wieder berufstätig sein? Gut! Die Arbeitswelt braucht vor Leben sprühende Frauen mit Überzeugung und Erfahrung, die Licht in dunkle Ecken bringen."

> Es ist an der Zeit, sich ehrlich mit allen Möglichkeiten auseinander zu setzen, die für die Zukunft in Frage kommen.

Viele Frauen erleben ihre fünfziger Jahre als die besten ihres Lebens – das sind doch ermutigende Nachrichten, die unbedingt an junge Frauen weitergegeben werden sollten, die wie ich vorher unnötigerweise die Trübsinnigkeit des „leeren Nests" fürchteten!

Wie mit allen großen Veränderungen unseres Lebens ist auch hier vieles eine Frage der Einstellung: Wir können uns mit dem Negativen beschäftigen oder das Positive sehen und wertschätzen. Endlich kann ich die Familienkutsche gegen ein flotteres Auto eintauschen! Endlich bleibt mal wieder etwas vom Essen übrig. Endlich sind Strom- und Wasserrechnung wieder niedriger und auch die Lautstärke der Stereoanlage; wir können sogar die Musik selbst auswählen. Wir können wieder spontan sein: Mittagessen kochen oder nicht oder ganz wegfahren, ganz, wie wir wollen. Das Bad ist sauber, und die Abende geben uns wieder Zeit füreinander, für Hobbys, für andere Menschen.

Und wenn Sie es nicht schaffen, das leere Nest als positive Möglichkeit zu sehen? Reden Sie darüber, mit einem Menschen Ihres Vertrauens, mit Gott. Sprechen Sie Ihre Trauer und Angst aus. Vertrauen Sie sich und die ganze Zukunft Gott an, bitten Sie ihn um den Frieden, der höher ist als alles Denken und Fühlen, und um Gottes Nähe auch im nächsten Lebensabschnitt. Sie können sicher sein: Gott hat Perspektiven für Sie und Ihre Zukunft in Ihr Leben gelegt, die es zu entdecken gilt. Er meint es gut und will das Beste für Sie, mehr, als Sie es für Ihre Kinder wollen.

Beten für die Kinder

Wenn die Kinder Hunderte von Kilometern entfernt leben, scheint Beten oft das Einzige zu sein, was wir für sie tun können.

Meine Kinder sind jetzt aus dem Haus, und ich bete jeden Morgen für sie, sinngemäß mit dem Gebet, das Jesus kurz vor seinem Tod für seine Jünger betete (Johannes 17,6-26). In meinen eigenen Worten bete ich, ...

... dass sie vor dem Bösen bewahrt bleiben und in allen Schwierigkeiten und Herausforderungen – sei es körperlich, seelisch, geistig oder geistlich – bei Gott geborgen sind. Dass sie z.B. gut umgehen können mit Entmutigung, Angst oder Unsicherheit.

... dass sie suchen und erkennen, was gut ist in Gottes Augen und dass sie auch im Einklang mit Gott leben. Dass sie ihre Entscheidungen entsprechend treffen, und dass diese Entscheidungen sie Profil gewinnen lassen und immer mehr zu Gottes Ebenbild formen.

... dass sie einen gläubigen Menschen neben sich haben, der ihnen unter die Arme greift, wenn sie müde werden und ihnen den Weg zurück zu Jesus zeigt, wenn sie ihn verloren haben.

Für die Kinder zu beten, ist immer noch eine Sache von Müttern und Vätern, auch wenn andere Eltern-Aufgaben abgeschlossen sind.

Belohnungen

Loslassen hat seinen Lohn – und der ist größer, als wir uns je vorgestellt haben. Erinnern Sie sich an Hannas Geschichte. Sie war so viele Jahre unfruchtbar. Endlich hatte sie einen Sohn, Samuel, den sie ganz Gott anvertraute und abgab. Mit fünf weiteren Kindern wurde sie reich gesegnet. Und Samuel diente Gott mit ganzer Kraft. Kann eine Mutter mehr belohnt werden?

Der Segen in unserem Leben hat verschiedene Gesichter. Wir haben unsere Kinder erzogen, geliebt und dann das Nest aufgestört, damit sie sich frei wissen und sich aufmachen. Die Zeit der aktiven Verantwortlichkeit ist für uns vorüber. Wir werden sie immer lieben, immer für sie beten, aber unsere Arbeit ist getan. Und dazu verspricht uns Gott, dass jedes Ende ein neuer Anfang ist. Wir stehen am Ende einer bestimmten Lebensphase, aber auch am Anfang einer neuen, ausgestattet mit neuen Möglichkeiten, neue Abenteuer mit Gott zu erleben.

Es ist an der Zeit, die eigenen Flügel zu spüren und aufzubrechen.

Aber alle, die ihre Hoffnung auf den Herrn setzen,
bekommen neue Kraft.
Sie sind wie Adler, denen mächtige Schwingen wachsen.
Sie gehen und werden nicht müde,
sie laufen und sind nicht erschöpft.

Jesaja 40,31

Lass sie mich wieder halten!
Na, wie geht's dir, kleiner Engel?
Sch-sch, schön schlafen, mein Schatz.
Bist du noch nicht müde?
Alles ist gut. Wein' doch nicht.
Nein, nein. Nicht anfassen.
Komm zu Mami.
Tu das aus dem Mund. Pfui!
Das ist nichts für dich.
Das brauchen wir nicht mehr.
Du bist doch schon ein großes Kind.
Sag Mami, wenn du aufs Töpfchen musst, ja?
Lass die Sachen deines Bruders in Ruhe.
Geh in dein Zimmer.
Nein, das darfst du nicht.
Ich hab' dir eben erst ein Glas Wasser gebracht.
Geh wieder ins Bett.
Räum deine Spielsachen auf.
Spiel' bitte nicht in der Garderobe.
Kannst du ein Bild für Oma malen?
Halt still.
Vergisst du auch nicht, es morgen mitzubringen?
Ich glaube ganz sicher, dass sie noch deine Freundin sein will.
Hast du geübt?
Guck' doch mal unters Bett.
Geh und wasch dir die Hände.
Du bist noch nicht alt genug dafür.
Da wollen Papa (Mama) und ich erst mal drüber reden.
Wo hast du es denn zum letzten Mal gesehen?
Hör' auf, deinen Bruder zu ärgern.
Geh und räum dein Zimmer auf.
Komm und deck den Tisch.
Kau nicht an deinen Nägeln.

Hast du deine Aufgaben gemacht?
Jetzt komm endlich vom Telefon weg.
Iss dein Gemüse.
Du bist für deine Sachen selbst verantwortlich.
Hast du gesagt diesen Samstag?
Gewiss – wenn du es von deinem eigenen Geld bezahlst.
Sag ihr, du rufst zurück.
Versuch es mit einer Nummer größer.
Da ist ein Junge am Telefon für dich.
Sei rechtzeitig zurück.
Ich hab' nicht gesagt, dass das geht.
Komm direkt danach heim.
Nein, heute Nachmittag brauche ich das Auto.
Kommst du dieses Wochenende heim? Nächstes Wochenende?
Und was weißt du über ihn?
Das hast du dir sicher gut überlegt.
Ich hab' sie bestellt, weil ich dachte, du magst sie.
Aber Rosa war doch immer deine Lieblingsfarbe.
Wie du willst. Es ist deine Sache.
Setz dich nicht auf deinen Schleier.
Ruf uns an, wenn du da bist. Rutsch nicht auf dem Reis aus.
Tschüss, mein Schatz.

Robin Jones

Epilog

Meine Kleine heiratet! In ein paar Wochen wird unsere dreiund-zwanzigjährige Tochter ein wunderschönes weißes Kleid tragen, am Arm ihres Vaters zum Altar schreiten und einen gut aussehenden jungen Mannes namens David anstrahlen. Dann wird sie vor Gott und der Gemeinde einer neuen Liebe und Beziehung lebenslange Treue schwören. Sie wird einen neuen Namen tragen und ein neues Zuhause haben, beinahe am anderen Ende des Landes.

Ich werde bestimmt weinen. Größtenteils aus Freude, weil diese Hochzeit und dieser junge Mann die Antwort auf unsere Gebete sind, unsere Tochter möge jemanden heiraten, der Gott liebt und sie auf Händen trägt. Aber da ist auch noch die kleine Ecke voller Trauer in meinem Herzen, in der ich mich frage, wie ihre Ehe unsere Beziehung verändern wird.

Weil Kendall die erste meiner beiden Töchter ist, die heiratet, ist die Rolle der Mutter der Braut neu für mich. Vor zwei Jahren war ich die Mutter des Bräutigams und versuchte damals, die Rolle ganz „traditionell" auszufüllen: Trage beige und halte den Mund. Nun ja.

Aber Kendall ist mein *Baby*, und diesmal finde ich die Rollenvor-gaben viel komplizierter. Und will ich bestimmten Vorgaben über-haupt entsprechen? Um mir darüber klar zu werden, suchte ich kurz nach der Verlobung den Rat einer Freundin.

„Lass die Braut und den Bräutigam alle wichtigen Ent-scheidungen allein treffen", warnte sie mich. „Am besten ist, du sagst zu gar nichts deine Meinung."

Ich befolgte ihren Rat, und alles ging gut, mit den Kuchen, den Farben der Blumen, der Musikauswahl und der Farbe der Braut-jungfernkleider. Aber ich war überrascht, wie stark ich mich für die Sache mit der Kerze der Einheit engagierte, einem Teil der Hoch-zeitsliturgie bei uns, die symbolisiert, dass zwei Menschen eins wer-den. Die beiden Mütter kommen nach vorn und zünden zwei Ker-zen an, die Braut und Bräutigam repräsentieren. Nach dem Ring-tausch und dem Segen nehmen die beiden die Kerzen und zünden damit eine einzige an, die Kerze der Einheit. Und jetzt hat man die Wahl: Sollen die einzelnen Kerzen danach ausgeblasen werden oder nicht? Beides ist möglich, und ich stellte plötzlich mit Erstaunen fest, dass ich es nur schwer ertragen könnte, sie verlöschen zu sehen. Meine Tochter sollte ja in der neuen Beziehung aufgehen – aber doch nicht „ausgelöscht" werden! Aber das verstand ich erst später.

„Bitte nicht", bat ich sie in einem schwachen Augenblick am Abend. Kendall und ich saßen auf Hockern an der Küchentheke, den Hochzeitsplaner vor uns ausgebreitet.

Kendall schaute mich an, überrascht von der Emotionalität meiner Stimme. „Ich spreche mit David", murmelte sie – eine immer vertrauter werdende (und, zugegeben, durchaus angemessene) Antwort.

Natürlich verstand sie (wie ich selbst) im ersten Moment nicht, dass meine Reaktion wenig mit Kerzen und Flammen zu tun hatte. Es ging um Lieben und Loslassen. Denn die Kerze repräsentierte Kendall als Individuum mit allem, was sie zu dieser neuen Einheit beitrug. Und dahinter steckte unsere Familie mit all der Liebe, die sie zu dem gemacht hatte, was sie heute war.

Noch immer höre ich mein leidenschaftliches Crescendo, als ich zum letzten Mal bat: „Bitte blas' deine Kerze nicht aus, Kendall! Für mich ist das, als ob du uns aus deinem Leben ausschließen würdest!"

Zugegeben, das klingt ziemlich melodramatisch, aber als Mutter der Braut durfte ich es vielleicht bei diesem Anlass einmal sein. Noch immer weiß ich allerdings nicht, ob Kendall nun ihre Kerze ausblasen wird oder nicht. (Ich überlege mir ernsthaft, ob ich nicht so eine Trickkerze besorge, die sich nach dem Ausblasen von selbst wieder entzündet, falls sie es doch versuchen sollte.)

Ich weiß nicht, wie diese Kerzenszene ausgehen wird, und das scheint mir dem Ende dieses Buches angemessen zu sein. Ich verstehe es als Gottes freundliche Erinnerung daran, dass Loslassen ein lebenslanger Prozess mit ständigen Veränderungen in den verschiedenen Beziehungen ist. Gott will uns in all dem treu zur Seite stehen, und ich habe die Erfahrung gemacht, dass ich in diesem Wissen beherzt Neues wagen kann. Ich weiß, jedes Loslassen ist mit einem neuen Anfang verbunden. Und das bereichert mein Leben, auch wenn es mich herausfordert.

Ich will dieser neuen Herausforderung zum Loslassen in der gleichen Weise begegnen, wie ich alles andere bewältigt habe, mit einem Gebet des Vertrauens, das meine Hoffnung ausdrückt und mein Herz weitet, wenn wir wieder einmal einen Neuanfang in der Familie zu feiern haben.

Lieber himmlischer Vater,
während wir die Hochzeit meiner Tochter vorbereiten, lege ich dir diesen Menschen, den ich dreiundzwanzig Jahre lang gehegt und gepflegt habe, ganz in die Hände und vertraue ihn dir an.

Obwohl diese junge Frau nun weniger Kind und weniger mein Kind sein wird, weiß ich doch, dass sie immer dein Kind sein wird.

Sie wird weit weg ziehen, aber ich bitte dich, dass sie immer in deiner Nähe sein kann.

Beschütze sie, Herr. Versiegle in ihrem Herzen alle ewigen Wahrheiten, die sie bisher gelernt hat. Und öffne ihr Herz für neue Erfahrungen mit dir.

Segne ihre Ehe. Danke für die Liebe, die sie und ihr David füreinander und für dich haben und pflegen wollen. Möge deine Liebe sie immer umgeben und sie zu den Menschen machen, die sie nach deinem Willen sein sollen.

Und was diese kleine Traurigkeit in mir betrifft ... sie erinnert mich daran, dass es uns etwas kostet, wenn wir unsere Kinder so lieben, wie du es willst. Deshalb ist es eine süße Traurigkeit. Doch ich möchte sie trotzdem an dich abgeben, denn ich weiß, dass du sie lindern wirst, bis sie ganz aufhört. Und schon jetzt will ich mich über die Hoffnung freuen, die dieser Neuanfang in unsere Familie bringt. Amen.

Danksagung

Lieben und Loslassen, die Botschaft dieses Buchs, ist für mich auch heute noch das gleiche leidenschaftliche Anliegen wie zu der Zeit, als ich das erste Mal darüber schrieb. Mein Dank gilt dem Verlag Zondervan, der mir Gelegenheit zu dieser erweiterten, überarbeiteten Ausgabe gab, besonders Scott Bolinder, Sandy Vander Zicht, Brian Phipps und Sue Brower, außerdem ein riesiges Dankeschön an Evelyn Bence, meine Lektorin, die Teile des Buchs umgestellt, die Übergänge geglättet und entscheidend zur endgültigen Fassung beigetragen hat.

Ich danke auch meinen Freunden in der Organisation MOPS für ihre anhaltende Unterstützung und Beratung, besonders Elisa Morgan, Mary Beth Lagerborg und Karen Parks, die nicht nur mein Engagement für die Bekanntmachung von MOPS bei möglichst vielen Müttern teilen, sondern auch meine Liebe zum Schreiben und zu Büchern. Sie haben viel zum Inhalt dieses Buches beigetragen.

Natürlich danke ich vor allem auch meiner Familie: meinen drei flügge gewordenen Kindern Derek, Lindsay und Kendall für den Prozess des Liebens und Loslassens, den wir gemeinsam erlebt haben und in dem sie mir immer wieder eine große Hilfe waren; und meinem Mann Lynn dafür, dass er mich ermutigt und an all die wunderbaren Dinge erinnert hat, die auch im nächsten Lebensabschnitt noch vor mir liegen.

Literaturnachweis

1. Ron Hutchcraft, Five Needs Your Child Must Have Met at Home (Grand Rapids: Zondervan, 1994)

2. Donald Joy, Bonding (Waco: Word, 1985)

3. Nancy P. McConnell, „Thoughts on Motherhood" (Colorado Springs: Current, Inc., 1983)

4. „Parent Burn-out: Latest Sign of Today's Stresses", interview with Joseph Procaccini in U.S. News and World Report (7 March 1983)

5. Kevin Leman, Parenthood without Hassles – Well, Almost (Irvine, Calif.: Harvest House)

6. Dolores Curran, Traits of a Healthy Family (Minneapolis: Winston Press, 1983)

7. Henry Cloud and John Townsend, Boundaries for Kids (Grand Rapids: Zondervan, 1998)

8. Harriet Lerner, Mother Dance (New York: Harper Perennial, 1999)

9. Gien Karssen, Her Name Is Woman, Book 1 (Downers Grove, Ill.: Inter Varsity, 1975)

10. Miriam Huffman Rockness, Home, God's Design (Grand Rapids: Zondervan, 1990)

11. Evelyn Bence, Prayers for Girlfriends and Sisters and Me (Ann Arbor: Servant, 1990)

12. P. Roger Hillerstrom, Your Family Voyage
    (Grand Rapids: Revell, 1993)

13. Judith Viorst, Imperfect Control
    (New York: Simon and Schuster, 1998)

14. Phyllis Theroux, „What Your Kids Really Want", American
    Home, (May 1977)

15. David Elkind, The Hurried Child (Reading, Mass.:
    Addison-Wesley, 1981)

16. Henry Cloud and John Townsend, The Mom Factor
    (Grand Rapids: Zondervan, 1996)

17. Judy Downs Douglass, What Can a Mother Do?
    (San Bernardino, Calif.: Here's Life, 1988)

18. Erma Bombeck, Motherhood, The Second Oldest Profession
    (New York: McGraw-Hill, 1983)

19. Larry Christenson, The Christian Family
    (Minnepaolis: Bethany House, 1970)

20. Kay and Jan Kuzma, Building Character
    (Mt.View, Calif.: Pacific Press, 1979)

21. Hughes Mearns, „Every Child Has a Gift", Keys to Happiness
    (Pleasantville, N.Y.: Reader's Digest Association, 1955)

22. Janet Chester Bly, If My Kids Drive Me Crazy, Am I a Bad
    Mom? (Colorado Springs: NavPress, 1991)

23. Elisa Morgan and Carol Kuykendall, What Every Child Needs,
    (Grand Rapids: Zondervan, 1997)

24. Henry Cloud and John Townsend, Boundaries
(Grand Rapids: Zondervan, 1997)

25. Bob Barnes, Ready for Responsibility (Grand Rapids:
Zondervan, 1997)

26. John Trent/Erin M. Healy, My Mother's Hands
(Colorado Springs: Waterbrook, 2000)

27. Michaels V. Bloom, Adolescent-Parental Separation
(New York: Gardner Press, 1980)

28. Tim Brennan, Delbert S. Elliott and David Huizinga,
The Social Psychology of Runaways (Lexington, Mass.:
D.C. Heath and Co., Lexington Books, 1978)

29. Haim G. Ginott, Between Parent and Teenager
(New York: Macmillan, 1969)

30. Carol Kuykendall, Give Them Wings (Colorado Springs:
Focus on the Family, 1994)

31. John White, Parents in Pain (Downers Grove, Ill.:
InterVarsity, 1979) / Eltern im Schmerz (Marburg:
Verlag der Francke–Buchhandlung, 1982)

32. H. Norman Wright, Seasons of a Marriage
(Ventura Calif.: Regal Books, 1982)

33. Elisa Morgan and Carol Kuykendall, What Every Mom Needs
(Grand Rapids: Zondervan, 1995)

34. Evelyn Bence, Leaving Home (Wheaton, Ill.: Tyndale, 1986)

35. Elinor Lenz, Once My Child, Now My Friend
    (New York: Warner Books, 1981)

36. Charles Swindoll, The Living Insights Study Bible
    (Grand Rapids: Zondervan, 1996)

37. Ray Ashford, The Surrender and the Singing: Happiness
    through Letting Go (Minneapolis: Winston Press, 1985)

38. Carol Kuykendall, A Mother's Footprints of Faith
    (Grand Rapids: Zondervan, 1997)

39. Carol Staudacher, A Time to Grieve (San Francisco:
    Harper San Francisco, 1994)

40. Carolyn Johnson, Forever a Parent: Relating to Your Adult
    Children (Grand Rapids: Zondervan, 1992)

Die Bibelzitate sind der Übersetzung „Hoffnung für alle"
(Brunnen Verlag, Basel und Gießen, 1996) entnommen.

Die MOPS–Story

MOPS ist das Kürzel für Mothers of Preschoolers, eine amerikanische Organisation für Mütter von Vorschulkindern. In einer MOPS-Gruppe finden Mütter Verständnis, Hilfe und Rat für alle Probleme des Alltags in der Familie. Derzeit treffen sich in den Vereinigten Staaten, Kanada und dreizehn anderen Ländern etwa 2.500 Gruppen mit insgesamt rund 100.000 Frauen im kirchlichen Raum, um sich der Fragen und Problemen von Müttern anzunehmen, ihnen kreative Hilfe, Informationsquellen und Solidaritätsangebote zu vermitteln. Es gibt das MOPS-geleitete MOMSense-Radio und ein Magazin dazu, die MOPS-Website und Veröffentlichungen aus dem Kreis der Mitarbeiterinnen – wie dieses Buch.

Die Adresse:
MOPS International
P.O.Box 102200
Denver, CO 80250-2200
USA

E-Mail: Info@MOPS.org
Website: http://www.MOPS.org

Karin Vorländer

„Männer machen Geschichte, Frauen machen sauber ..."

Wege aus der Rollenfalle

80 Seiten, Taschenbuch
ISBN 3-7655-3733-0

Mit einem zwinkernden Auge geht Karin Vorländer das Familien-Thema Nr. 1 an: Arbeit, Gaben, Aufgaben und ... die Aufgabenverteilung. Viele Beispiele und Tipps machen Mut, im Zusammenleben mit Kindern den eigenen Weg zu finden.

Gary Chapman

Die andere Seite der Liebe

Ärger, Wut und Zorn –
Wie „negative" Gefühle
zur positiven Kraft werden

208 Seiten, Paperback
ISBN 3-7655-1204-4

Wie kann man es schaffen, mit Konflikten in Freundschaft, Familie und Beruf besser zurechtzukommen? Der Autor Gary Chapman – erfahrener Paar- und Familientherapeut – zeigt ganz praktisch, wie Sie mit Ärger, Wut und Zorn umgehen können, damit diese scheinbar negativen Gefühle zur positiven Kraft werden.